Roberta Lee

Schluss mit dem Stress

Das erste ganzheitliche
Programm gegen Burn-out

Aus dem Amerikanischen
von Gabriele Herbst

Krüger Verlag

Die Übersetzerin dankt Dr. Sabine Schrag für fachliche Rücken-
deckung und freundschaftliche Verbundenheit.

Die Autorin hat die in diesem Buch besprochenen Fallgeschichten
anonymisiert. Jede Ähnlichkeit mit realen, lebenden oder toten
Personen ist rein zufällig und nicht beabsichtigt.

Kein Buch kann den diagnostischen Sachverstand eines
bewährten Arztes ersetzen. Sprechen Sie unbedingt mit Ihrem
Arzt, bevor Sie eine gesundheitsrelevante Entscheidung treffen,
insbesondere wenn Sie an einer Vorerkrankung oder behand-
lungsbedürftigen Symptomen leiden.

Deutsche Erstausgabe

Die amerikanische Originalausgabe erschien 2010
unter dem Titel »The Superstress Solution«
im Verlag Random House, New York
© 2010 by Roberta Lee

Deutsche Ausgabe:
Erschienen im Krüger Verlag, einem Unternehmen
der S. Fischer Verlag GmbH, Frankfurt am Main
© S. Fischer Verlag GmbH, Frankfurt am Main 2010
Satz: Pinkuin Satz und Datentechnik, Berlin
Druck und Bindung: CPI – Clausen & Bosse, Leck
Printed in Germany 2010
ISBN 978-3-8105-1150-8

Inhalt

Teil III Ihre persönliche Strategie gegen Superstress

Einführung – Ein neuartiger Stress, eine neuartige Gegenstrategie

Im Licht der einzigen eingeschalteten Lampe in dem ansonsten dunklen Flugzeug tippe ich diese Zeilen in meinen Laptop. Nach einem Monat in der Inselwelt Mikronesiens befinde ich mich wieder einmal auf dem Heimweg nach New York. 1988, als frischgebackene Ärztin, hatte ich diese Korallenriffinseln erstmals besucht. Gleich nach meiner Assistenzarztzeit war ich in den U.S. Public Health Service eingetreten und sofort für fünf Jahre dorthin versetzt worden. Ich sollte der dortigen Bevölkerung medizinische Versorgung auf westlichem Niveau bieten und erkrankte Inselbewohner falls nötig zu eingehenderer Behandlung auf die Hauptinsel bringen. Seither bin ich während der vergangenen neun Jahre jedes Jahr für einen Monat in diese Ecke der Welt zurückgekehrt, um mich intensiv mit ihren traditionellen Heilern zu befassen, deren Vorstellungen von Krankheit und Gesundheit zu erforschen und auch um zu lernen, welche Heilpflanzen sie wie anwandten. Vieles von dem, was ich dort erfuhr und beobachtete, ist in meine heutige ärztliche Tätigkeit eingeflossen, und ich bin immer noch tief beeindruckt von den Verfahren und Denkweisen der einheimischen Heilkundigen, mit denen ich zusammengearbeitet habe.

Jetzt, während das gleichmäßige Dröhnen der Triebwerke die Kabine erfüllt, kommt es mir vor, als seien meine sämtlichen Mitreisenden sanft entschlummert, nur ich nicht. Ich wünschte mir, das Geräusch würde auch mich einlullen, damit ich wenigstens einen Teil des strapaziösen zwanzigstündigen Flugs verdämmern könnte. Doch ich kann kein Auge zutun – und nicht nur, weil ich so beengt sitze. Ich kann nicht schlafen, weil ein quälender Schmerz, der in meinem Genick begann, jetzt in die Muskeln zwischen meinen Schulterblättern ausstrahlt. Früher trat er immer etwa einen Monat nach meiner Rückkehr auf, doch jetzt macht er sich schon ein paar Stunden nach meinem Abflug stechend und schneidend bemerkbar. Ich glaube, ich weiß, warum.

Mit jedem Jahr wird mein Leben in New York spürbar hektischer und anstrengender, und ich weiß schon in dem Augenblick, da ich aus dem Flugzeug steige, was mich erwartet. Als Ärztin muss ich heute viel schneller reagieren als noch vor zehn Jahren – und das Tag und Nacht. Meine Patienten erwarten das, da offenbar auch sie in ihrer eigenen hektischen Welt gefangen sind. Zudem weiß ich nur zu gut, dass die Gelassenheit, die ich während dieses Monats auf der Insel genossen habe – eine Gelassenheit, die ich zu schätzen gelernt habe –, in dem Augenblick, in dem ich meinen Sicherheitsgurt löse, verflogen sein wird.

In Mikronesien klingt für mich jeder Tag, ganz gleich, wie schwer ich arbeite – und manchmal dauert mein Arbeitstag vom frühen Morgen bis zur Abenddämmerung –, stets mit einem Gefühl von Frieden und Ruhe aus. Und bei jeder Rückkehr in die Vereinigten Staaten empfinde ich in dieser Hinsicht den Kontrast zwischen dort und hier schärfer. Während die Inselbewohner offenbar unverändert in sich ruhen, werde ich – und meine Patienten in New York, wo ich seit vielen Jahren lebe – immer gehetzter.

Dazu kommt noch etwas: Meine Patienten *wirken* nicht nur immer gestresster, sie schildern Stresssymptome auch *in immer früheren Jahren*. Früher saßen die meisten Patienten praktischer Ärzte wegen altersbedingter Krankheiten wie Diabetes, Bluthochdruck und Herzkrankheiten im Wartezimmer. Sie waren in den Fünfzigern, Sechzigern und darüber. Doch mein Patientenbestand entwickelt sich in genau die entgegengesetzte Richtung. Es finden sich immer mehr Dreißig- und Vierzigjährige darunter.

Überdies taucht eine ganze Reihe völlig neuer Beschwerden in den Krankengeschichten auf, bei jungen wie alten Menschen. Manche suchen mich auf und wissen genau, dass sie furchtbar unter Druck stehen, aber nicht, ob und was sie dagegen tun sollen. Andere kommen mit, wie wir heute wissen, stressbedingten Beschwerden. Trotzdem verneinen sie meine Frage, ob sie sich gestresst fühlten. »Ich weiß nicht, was es ist, Frau Doktor«, japste ein Patient, der sich praktisch in mein Sprechzimmer schleppte. »Aber ich weiß, dass ich irgendwas haben muss, weil ich so schlecht schlafe. Ich bin erschöpft. Die Energie ist weg ... zusammen mit meinen sexuellen Bedürfnissen.« Eine andere Patientin – eine Warenbörsianerin Ende dreißig, deren Büro ganz in der Nähe des Ortes lag, wo das World Trade Center gestanden hatte – kam wegen einer ausgeprägten Nesselsucht auf Brust und Stirn zu mir. Auf die Ursache wusste sie sich keinen Reim zu machen. Sie wusste nur, dass sie ständig nervös und angespannt war. Als ich sie fragte, was außer ihrem höchst stressigen Job sie wohl noch so belasten könnte, erklärte sie mir mit stoischer Ruhe, dass nichts anders sei als sonst. Ihr war nicht einmal der Gedanke gekommen, dass die Nähe zum Ort einer solchen Katastrophe ihr vielleicht psychisch zusetzen mochte.

Diese beiden Menschen stellen keine Einzelfälle dar. Viele meiner Patienten leiden unter einer Mischung aus Reizbarkeit und Angst, konsumieren zu viel Alkohol oder Medikamente, haben Schlafstörungen und kapseln sich ab. Viele kommen völlig verwirrt durch ihre Beschwerden zu mir – sie stehen vor einem Rätsel, woher ihre seltsamen Verdauungs-, Allergie-, Atmungs-, Sexual- und Hautprobleme bis hin zu Autoimmunerkrankungen und Herzkrankheiten rühren. Und dann gibt es noch Patienten, die durchaus wissen, was mit ihnen los ist. Sie klagen: »Ich bin total gestresst!« Die große Mehrheit jedoch hat keine Ahnung, dass Stress ihre Beschwerden hervorruft oder mitbedingt. Sie wissen lediglich, dass sie irgendeine Grenze überschritten haben, dass sie sich etwas »eingefangen« haben, das nicht von selbst wieder weggeht.

Ein neuartiger Stress, eine neuartige Gegenstrategie

Was sie sich »eingefangen« haben, ist eine bedrohliche Form von
Stress. Sie weist Ähnlichkeiten mit einem Syndrom auf, das Psy-
chologen als »Posttraumatische Belastungsstörung« (PTBS) bezeichnen. Als man diese Erkrankung nach dem Ersten Weltkrieg
erstmals als solche erkannte, bezeichnete man sie als »Granaten-
schock« oder »Kriegsneurose«. In der Regel geht einer PTBS ein
katastrophales Lebensereignis voraus, etwa Krieg, Vergewaltigung,
Verwicklung in einen Unfall mit Toten oder lebensbedrohliche
Krankheit. Das Opfer bleibt nach dem Ereignis in einem Dauer-
zustand erhöhter innerer Erregung, der mit so deutlich erhöhter
Häufigkeit zu Rückzug vom Leben, Schlafstörungen und Drogenmissbrauch führt, dass eine eigene diagnostische Kategorie gerecht-
fertigt schien. Viele Betroffene finden nach dem ursprünglichen
Trauma und dessen emotionalen Nachwirkungen allmählich in
ihr gewohntes Leben zurück. Aber nicht alle. Bei manchen bleiben die Stressreaktion und die Erinnerungen bestehen, als habe
das Ereignis erst gestern stattgefunden. Manche PTBS-Betroffene
durchleben das traumatische Ereignis oder die Ereignisse in Rück-
blenden oder Albträumen immer wieder aufs Neue. Infolgedessen
neigen sie dazu, Orte, Menschen oder Dinge zu meiden, die sie
an das Ereignis erinnern. Ihr inneres Gleichgewicht bleibt dauerhaft gestört, ihr Körper verharrt buchstäblich im »Kriegszustand«.
Doch obwohl die meisten meiner Patienten keines der häufig mit
einer PTBS verbundenen Erlebnisse durchgemacht haben, zeigen
sie ganz ähnliche Symptome.

Was ist los?

Vor etwa zehn Jahren beschloss ich, eine bestimmte Gruppe von
Patienten genauer ins Auge zu fassen. Sie wiesen eine Fülle körperlicher Symptome auf, wie sie meistens bei multiplen Persönlich-
keiten vorkommen, und verneinten, mehr als den üblichen Stress
zu haben. Nach vielen stundenlangen Gesprächen mit solchen
Patienten kam mir eines Tages wie ein Blitz aus heiterem Himmel
die Erleuchtung: Diese Menschen standen schon so lange unter so
extremem Stress, dass ihnen ihr Stresszustand nicht einmal mehr

auffiel! Körperlich war ihr Zustand von einem ganz zarten Hellgrau in ein tiefdunkles Tintenschwarz abgeglitten, doch sie hatten diesen Abstieg nicht bemerkt. Der Stress war zu einem unsichtbaren Bestandteil ihrer Lebenslandschaft geworden.

Und es handelte sich nicht nur um Stress am Arbeitsplatz. Sie hatten Arbeitsstress *und* Geldstress *und* Erziehungsstress *und* Beziehungsstress *und* Taxisuche-im-Regen-Stress. Schicht um Schicht von Stress legte sich in so dünnen Ablagerungen auf ihre Schultern, dass sie die Belastungen im Einzelnen gar nicht mehr wahrnahmen. Hier, direkt vor meiner Nase, sah ich eine heimtückische neue Bedrohung des menschlichen Wohlbefindens. Eine bedrohliche neue Art von Stress, einen Stress des 21. Jahrhunderts, der so weit über alles hinausging, das mir je untergekommen war, dass ich ihm einen neuen Namen gab: *Superstress.*

Es ist nicht der Stress aus Omas Zeiten, das ist sicher.

Ich will damit keinesfalls sagen, dass irgendein einzelnes Ereignis – nicht einmal der 9. September – diese Epidemie ausgelöst hätte. Ganz und gar nicht. Ich glaube vielmehr, dass sich im vergangenen Jahrzehnt das Tempo unseres Lebens so sehr beschleunigt hat, dass wir uns nicht mehr einreden können, wir würden noch genauso leben wie unsere Großeltern – oder auch nur wie unsere Eltern. Das 21. Jahrhundert ist gerade mal zehn Jahre alt, und doch stellt es uns schon vor neue, gefährliche Herausforderungen. Und viele von uns heißen sie nicht nur willkommen, sondern suchen sie geradezu.

Denken Sie nur an die Früchte des technischen Fortschritts, die wir tagtäglich benutzen. Mit Handys, Taschencomputern und neuen Kommunikationsformen wie SMS und Twitter stehen wir 24 Stunden am Tag »auf Abruf«, und das Privatleben wird löcherig. Einer kürzlich von support.com in Auftrag gegebenen Umfrage zufolge behaupteten 40 Prozent der achtzehn- bis fünfundzwanzigjährigen Studenten, sie kämen ohne ihr Handy nicht zurecht. Und dennoch berichteten dieselben Studenten nach einer freiwilligen dreitägigen Abstinenz von geringerem Stress, niedrigerer Herzfrequenz und niedrigerem Blutdruck.[1] Und dann gibt es da natürlich noch den Computer. Die meisten von uns starren jeden

Tag viele Stunden auf flimmernde Monitore, innerlich ständig in Habachtstellung für E-Mails und Online-Nachrichten, die rasche Antworten erfordern. Die eben erwähnte Studie mit über 1000 Teilnehmern stellte fest, dass 65 Prozent der Befragten mehr Zeit mit dem Computer als mit ihrem Ehe- oder Beziehungspartner verbrachten. Und mehr als 80 Prozent der Befragten gaben an, sie seien jetzt in höherem Maße abhängig von ihrem Computer als noch vor drei Jahren.

Die Technik ist jedoch nicht der einzige Übeltäter. Lärm, sogar in den kleinsten Ortschaften, kann in erheblichem Maße Stress verursachen. Haben Sie schon mal vor einer roten Ampel neben einem Wagen angehalten, dessen Boxen so laut dröhnen, dass Ihr eigenes Auto erzittert? Sie haben nur zwei Möglichkeiten: Entweder Sie überfahren die rote Ampel, oder Sie bleiben stehen und halten das Gewummer aus. Haben Sie sich schon mal mit einem Freund, den Sie lange nicht gesehen haben, zum Mittagessen verabredet und dann beim Warten das Rendezvous der jungen Frau am Nebentisch mit *ihrem* Freund miterleben müssen? Nur dass niemand sonst an ihrem Tisch sitzt und sie die Entfernung ungedämpft am Handy überbrückt? Für Shakespeare war die ganze Welt eine Bühne. Heutzutage ist die ganze Welt eine Telefonzelle.

Jahrzehntelang versammelte sich die Familie im trauten Heim um den Fernseher, doch auch dieses Medium hat sich verändert. Heute flimmern die Sendungen in einem Tempo über den alles andere als kleinen Bildschirm, dass uns schwindelig wird. Wenn wir einschalten, werden wir mit rasend schnell wechselnden Sinneseindrücken bombardiert, auf die unser Nervensystem mit immer neuen Wogen der Erregung reagiert. Immer mehr Wirbelmontagen-Werbespots flackern wie MTV-Clips vor unseren Augen, und wir verschwenden keinen Gedanken daran. Wir hocken einfach da und lassen uns berieseln, blind und taub für die Außenwelt. Heute sind Bildschirme allgegenwärtig. Vor zehn Jahren war ein Fernseher in einer Bank undenkbar. Heute hängt er da. In jedem Café können Sie Talkshows verfolgen, auf dem Flughafen CNN sehen, und in den New Yorker Taxis läuft auf dem in die Rückenlehne des Vordersitzes eingelassenen Bildschirm die Sitcom des Tages.

Im Wartezimmer Ihres Zahnarztes hängt wahrscheinlich genauso wie in seinem Behandlungsraum eine Glotze. Sie können sich die Zähne richten lassen und währenddessen verfolgen, wie zwischen den Kontrahenten einer Gerichtsshow die Fetzen fliegen. (So viel zum Multitasking!)

Die Anforderungen in Beruf und Privatleben sind ebenfalls sprunghaft nach oben geschnellt. In einer Kultur, in der dauerhafte, messbare Produktivität weit vor langfristigem Denken rangiert, setzen die Arbeitgeber vielfach Zielvorgaben, die wir ohne Wenn und Aber erfüllen müssen. Der Wettbewerb um Plätze in den besten Schulen ist so hart, dass sich viele Eltern in Zugzwang sehen, jeden Schritt ihres Sprösslings zu lenken und zu planen, oft auf Kosten ihrer Freizeit und der des Kindes. Muss der fünfjährige Sammy wirklich in den »Schachclub« gehen? Er muss, wenn er sich von der Angst seiner Eltern anstecken lässt, er könnte in 13 Jahren nicht intelligent genug für eine Eliteuniversität sein. (Ich begrüße die nächste Generation Supergestresster.)

Und zu diesen tagtäglichen Anforderungen und Zwängen kommt dann noch das kulturelle Hintergrundrauschen: Nachrichten rund um die Uhr, die uns mit Terror- und Katastrophenmeldungen in ständiger nervöser Anspannung halten, Zynismus und Korruption in den Schaltstellen der Macht, verheerende Kriege in Afghanistan und im Irak, Vogel- und Schweinegrippe, Milzbrand und tödliche Krankenhauskeime, Amokläufe in Schulen und Einkaufszentren, Bombenanschläge in Madrid und London, die Tragödie in Darfur, Kriegsrecht im Atomwaffenstaat Pakistan – und so weiter und so fort.

Biologisch gesehen aber hat sich die Menschheit nicht über die »Inselzeit«, das heißt das gemächliche Tempo des Insellebens, hinaus entwickelt. Dennoch müssen wir in allem, was wir tun, unser Tempo um Größenordnungen anziehen, um noch mitzukommen. Doch auf Dauer schaffen wir das nicht. Jedenfalls nicht ohne einen Preis zu zahlen. Denn die Konstruktion unseres Gehirns und unseres Organismus ist immer noch dieselbe wie zur Zeit unserer Urahnen, obwohl sich um uns herum alles immer schneller verändert. Einige Beispiele:

Unsere Ernährung hat sich verändert. Es ist kein Geheimnis, dass das, was wir essen, sich immer weiter von seiner natürlichen Beschaffenheit entfernt. Nehmen Sie einmal bei Ihrem nächsten Einkauf ein Päckchen Brühwürfel zur Hand und lesen Sie sich die Zutatenliste laut vor. Es ist wirklich gut, dass die Deklaration der Inhaltsstoffe auf der Verpackung gesetzlich vorgeschrieben ist. Aber für die Liste dieser Stoffe selbst gibt es kaum Einschränkungen. Zudem hat sich mit dem Aufkommen von Fastfood – sogar Gourmet-Fastfood – unser Nahrungsmittelspektrum verändert. Und von den Portionsgrößen will ich gar nicht erst anfangen.

Unser Schlaf-Wach-Rhythmus hat sich verändert. Wenige von uns erwachen, wenn die Sonne aufgeht, und gehen zu Bett, wenn sie untergeht. Wir stehen noch vor Sonnenaufgang auf, um ins Sportstudio zu gehen, denn später am Tag ist dazu keine Zeit mehr. Und wir arbeiten die halbe Nacht durch, weil sich unsere Arbeit selten zu einer normalen Zeit beenden lässt. Und selbst wenn wir weit vor Mitternacht schlafen gehen, dringt in vielen Fällen das künstliche Licht der Umgebung in unser Schlafzimmer und stört unseren natürlichen zirkadianen Rhythmus.

Die Arbeitszufriedenheit schwindet offenbar rasch. Dafür gibt es viele Gründe. Einer davon ist das Rollenspektrum, das unsere Gesellschaft Männern und Frauen anbietet. Wir genießen zwar Vielfalt und Wahlfreiheit, müssen jedoch dafür die damit einhergehende Verkomplizierung des Lebens in Kauf nehmen. So laden wir uns womöglich zu viele Rollen auf einmal auf, während doch die menschliche Natur eher auf eine ausgelegt ist – entweder versorgen *oder* schützen, entweder füttern *oder* ernähren.

In der heutigen Arbeitswelt hat die Angst vor Entlassung epidemische Ausmaße angenommen. *Rationalisierung,* ein Wort, das vor Jahrzehnten nur Betriebswirten und Vorstandsmitgliedern geläufig war, ist – leider – Allgemeingut geworden. Dasselbe gilt für *Outsourcing.* Und der menschliche Faktor scheint an vielen der noch verbliebenen Arbeitsplätze nicht gerade auf erfreuliche menschliche Beziehungen hinauszulaufen. Anders gesagt, der nette kleine Plausch wie früher im Geschäft oder im Café ist heutzutage allzu selten geworden. Ich suchte kürzlich einen Laden einer Imbisskette auf und bestellte ein Sandwich und Kaffee. Noch während ich sprach, tippte die Bedienung hinter der Theke meine Bestellung in den Computer. Sie stellte die Zutaten meines Sandwichs zusammen, ließ den Kaffee aus einem riesigen Automaten laufen, tat beides in eine Papiertüte, verschloss sie, reichte sie mir, nahm das Geld entgegen, gab mir das Wechselgeld heraus und sah dabei nicht ein einziges Mal auf. In Mikronesien, wo es als unhöflich gilt, bei jeder Art von Austausch nicht wenigstens Blickkontakt herzustellen, wäre ein solches Verhalten undenkbar.

Wir machen uns etwas vor, wenn wir glauben, wir könnten die von außen auf uns einstürmenden Belastungen – unpersönliche Kontakte, wenig Schlaf, immer mehr Arbeit, weniger Freizeit, Kindererziehung, kriselnde Ehen, wenig Bewegung, hastig im Gehen verschlungenes Junkfood und vorverarbeitete Nahrungsmittel, mit Koffein und Zucker vollgepumpte Getränke, süchtig machende Geräte, von denen wir die »Bildschirmkrankheit« bekommen, Verkehrsstaus, Flugverspätungen und so weiter – unbegrenzt wegstecken und unbeschadet davonkommen. Jede dieser Situationen ist mit einem »Fausthieb« für unser Nervensystem verbunden, und wenn sich diese Schläge häufen, dann hämmern sie uns buchstäblich in den Superstress hinein. Fazit: Unser Nervensystem ist für eine solche Prügelorgie nicht geschaffen.

Die Evolution hat den Menschen dafür gerüstet, kurzfristige Stresssituationen zu bewältigen. Im Notfall können wir sogar ziemlich lange anhaltenden Stress ertragen, etwa eine zerrüttete Ehe oder einen Stapel fälliger Rechnungen bei leerem Bankkonto. Doch immerzu und überall Stress lässt unseren Zustand schließlich in eine regelrechte Krankheit umschlagen. Diese Krankheit nenne ich Superstress.

Bei Superstress handelt es sich nicht bloß um überreizte Nerven. Superstress ist eine neue Pandemie und so tödlich wie jede andere Seuche in der Geschichte der Menschheit. In der zweiten Hälfte des 20. Jahrhunderts ging ein Großteil der Gesundheitsprobleme auf das Zigarettenrauchen zurück, und so führte man eine massive Kampagne, um die Leute zum Aufhören zu bewegen. Danach brach das Jahrzehnt des Übergewichts an. Da die Fettleibigkeit in unserer Gesellschaft zunimmt, versucht die Medizin, an allen Fronten gegenzusteuern, bevor 50 Prozent unserer Bevölkerung von Krankheiten wie Diabetes bedroht sind.

Doch wir leben im 21. Jahrhundert. Heute hat sich das wissenschaftliche Interesse von Fett auf Stress verschoben – und keinen Augenblick zu früh. Im Verlauf der Lektüre werden Sie erfahren, dass genauso viele, wenn nicht noch mehr Krankheiten auf Stress zurückgehen wie auf Übergewicht. Doch während sich Letzteres leicht diagnostizieren lässt – machen wir uns nichts vor, man braucht nur hinzuschauen –, hat Stress kein Gesicht. Er verbirgt sich heimtückisch hinter Krankheiten, die er selbst hervorgerufen hat. Mit anderen Worten, wenn Sie unter Superstress stehen und nichts dagegen unternehmen, wird jeder Arzt – ob Schulmediziner oder Schamane, ob Anhänger der integrativen oder der Apparatemedizin – Ihnen dasselbe sagen: *Diese Art von Stress kann Sie umbringen.*

Doch es gibt eine gute Nachricht: Es muss nicht so weit kommen.

Die Anti-Superstress-Strategie

Schöpfen Sie Mut. Ich rate Ihnen nicht, auf eine Insel in den Südpazifik zu ziehen. Auch nicht, sich aus jeder Ihnen begegnenden Stresssituation zurückzuziehen. Schließlich wissen Sie so gut wie ich, dass dies heutzutage schlichtweg unmöglich ist. (Seien wir mal ehrlich. Würden Sie Ihren stressigen Job kündigen? Nein. Bereiten Ihnen Ihre Kinder niemals Sorgen oder Ärger? Wunschdenken.) Die Lösung liegt woanders: in einem neuen Ansatz zur Erhaltung Ihrer Gesundheit, in einem einfach umzusetzenden Plan für Ihr Wohlbefinden, den ich die *Anti-Superstress-Strategie* nenne. Einige der traditionellen Heilverfahren, die ich in Mikronesien kennengelernt und mir angeeignet habe, fließen ebenso in sie ein wie die integrativen Methoden, die ich als eine der ersten Absolventen des namhaften Arizona Center for Integrative Medicine von Andrew Weil erlernt habe. Hinzu kommen noch die Erfahrungen, die ich in meiner eigenen integrativen Praxis in New York gesammelt habe. Aus all dem speisen sich meine ganzheitlichen »Rezepte«. All dies ist in das Buch, das Sie gerade in Händen halten, eingeflossen.

In Kapitel 1 definiere ich Superstress auf der Grundlage wissenschaftlicher Erkenntnisse umfassender. Auf den 71 bis 73 finden Sie dann einen ziemlich schonungslosen Fragebogen. Bitte füllen Sie ihn aus, denn so können Sie feststellen, wie groß Ihr Superstress ist. Vielleicht erkennen Sie auch schon das Muster, wann er am häufigsten zuschlägt und wie er sich in Ihrem Alltagsverhalten bemerkbar macht. Auch was Ihnen entgeht, wenn Sie in einem extrem gestressten Zustand verharren, werden Sie herausfinden.

Teil II meines Plans beschreibt die »Mittel und Wege der Veränderung«. Sechs verschiedene Werkzeuge sollen dem Superstress den Garaus machen und eine gesündere Lebensweise an seine Stelle treten lassen. Diese Hilfsmittel bilden die Grundlage des vierwöchigen Anti-Superstress-Programms, das Sie in Teil III wochenweise beschrieben finden. Sollten Sie jedoch wie viele meiner Patienten eine »Schnellbehandlung« Ihrer stressbedingten Symptome vorziehen, finden Sie im Kapitel 10 »Anti-Superstress-Strategien für Ihren Typ« provisorische Sofortmaßnahmen. Möglicherweise müssen Sie zunächst Ihre offensichtlichsten oder schlimmsten stressbedingten Symptome angehen und Ihren Stress so weit herunterfahren, dass Sie eine längerfristige Perspektive überhaupt erst ins Auge fassen können. Ich hoffe, dass Sie dann an dieser Stelle auch das Vierwochenprogramm in Erwägung ziehen.

Wenn Sie sich von einer Veränderung Ihres Lebensstils spürbare Verbesserungen erhoffen – von klarerem Denken bis zu besseren Beziehungen in der Liebe, der Familie, zu Freunden und Arbeitskollegen, höhere Leistungsfähigkeit, mehr Freude, mehr Lachen und bessere Gesundheit im Allgemeinen –, dann wird das Vierwochen-Anti-Superstress-Programm Sie diesem Ziel näher bringen. Es bietet Maßnahmen des 21. Jahrhunderts gegen ein Leiden des

21. Jahrhunderts. Letztlich schult es Ihr Nervensystem, automatisch auf Ruhe umzustellen, den Stress-Stromkreis abzuschalten und Sie in tiefe Entspannung zu versetzen.

Mein Programm gründet in den Prinzipien der integrativen Medizin und soll Ihnen beibringen, die eng mit Superstress verknüpften negativen Gedanken und Gefühle unter Kontrolle zu halten. Sie werden lernen, Ihre Empfindungen in Situationen, in denen Sie sich wohl in Ihrer Haut und ganz entspannt fühlen, und in schlimmen, belastenden Situationen zu erkennen und zu unterscheiden. Sie werden zudem lernen festzustellen, was genau an diesen jeweiligen Umständen Ihre Gefühle auslöst, und Sie werden lernen, Körper und Geist so zu steuern, dass Sie zu innerer Ruhe finden und sich diese bewahren, gleichgültig, mit welchen realen, drängenden Problemen Sie konfrontiert sein mögen. Kurzum, dieses Programm zeigt Ihnen einen Weg, wieder Herr (oder Herrin) im eigenen Haus zu werden. Es eröffnet Ihnen dann, wenn Sie ihn brauchen, einen Zugang zu Ihrer ganz persönlichen Zuflucht der Ruhe und des inneren Friedens.

Das Leben ist so viel mehr als nur eine Folge von Notfällen, Stichtagen, Fehlern, Damoklesschwertern, Zwickmühlen, Fallstricken, Schuldgefühlen, Sorgen und Verlusten. Es kommt drauf an, was Sie draus machen. Mir ist natürlich klar, dass die Vorstellung, Ihren Stress loszulassen, Ihnen vielleicht genauso viel Angst einjagt wie die, von einem Zug in voller Fahrt abzuspringen. Aber wenn Sie dieses Buches gelesen haben, werden Sie wissen, warum es Ihnen so geht und warum Sie an keinem einzigen Tag in Ruhe und Frieden vor sich hinleben können. Sie tragen Ihren Stress seit langem wie ein Ehrenzeichen mit sich herum, doch jetzt ist es an der Zeit, es abzulegen.

Mein Behandlungsplan ist in vier einwöchige Abschnitte unterteilt, was die Übergänge sehr erleichtert. Wenn Sie sich mehr Zeit als vier Wochen lassen möchten, ist das natürlich auch in Ordnung. Gehen Sie Ihr eigenes Tempo. Ich möchte, dass Sie sich gestärkt fühlen, nicht überfordert. Keine dieser Veränderungen ist allzu schwierig, jeder Mensch schafft sie. Das heißt, jeder Mensch, der einsichtig und lernfähig ist – *und Mut zur Veränderung besitzt.*

Also, warum es nicht versuchen? Warum nicht die unnötige Stress-überlastung – den krankmachenden Superstress – abschütteln und sich all das Gute zurückholen, das Sie in Ihrem Leben jetzt entbehren?

Das Tor zu Ihrer Zuflucht steht offen. Sie müssen nur noch hindurchschreiten.

Roberta Lee

Teil I
Was ist Superstress?

Kapitel 1
Was Superstress in Ihrem Körper
und in Ihrer Seele anrichtet

Wir führen tagtäglich das Wort »Stress« im Munde, aber was be-deutet es eigentlich wirklich? Wahrscheinlich würde jeder, den Sie danach fragen, eine andere Definition liefern. Stress ist eine sowohl physiologische als auch psychische Reaktion auf Ereignisse, die uns aus dem Gleichgewicht bringen. Stress tritt ein, wenn die täglichen Anforderungen und Alltagsaufgaben von *außen* unsere Fähigkeit, sie zu bewältigen, überschreiten. Doch Stress hängt auch mit *inneren* Faktoren zusammen. Dazu gehören Gesundheitszustand, emo-tionales Wohlbefinden, Ernährung und sogar Schlafdauer. Überdies hängt Stress auch stark von unserer Interpretation dessen ab, was uns begegnet, das heißt davon, wie wir Ereignisse *wahrnehmen*.

Jeder Mensch deutet eine potentiell gefährliche Situation anders. Nehmen wir beispielsweise an, dem 1,85 Meter großen Anthony geht mitten in einer dunklen, verrufenen Gegend das Benzin aus. Auf dem Marsch zur nächsten Tankstelle bemerkt er einen Trupp von vier kräftig gebauten Gesellen, die auf ihn zukommen. Er be-achtet sie kaum und setzt seinen Weg unbeirrt fort. Stieße dassel-be Missgeschick seiner Schwester zu, würde sie beim Anblick der Männer a) auf die andere Straßenseite wechseln, b) in den nächs-ten offenen Laden flüchten oder c) das Pfefferspray in ihrer Hand-tasche hervorholen, »für alle Fälle«. Bei Anthony erzeugt dieses Nichtereignis lediglich ein Echo auf dem Stress-Radarschirm. Seine Schwester jedoch, die eine mögliche Gefahr für sich wahrnimmt, wird eine weit ausgeprägtere Stressreaktion zeigen. Die Stressreak-tion bereitet uns darauf vor, uns in Sicherheit zu bringen. Im Kern geht es darum, inwieweit man die Kontrolle über eine Situation hat. Je nachdem, wie wir die Lage wahrnehmen, empfinden wir viel oder wenig Stress, und davon hängt wiederum ab, wie viel oder wie wenig Kontrolle wir zu haben glauben.

Einen stressauslösenden Umstand bezeichnet man als Stressfaktor oder *Stressor*. Ein Ereignis, das uns zu einer so starken Anpassung zwingt, dass unsere Bewältigungsfähigkeiten an Grenzen stoßen, ist ebenfalls ein Stressor. Die Bandbreite reicht von einem geringfügigen Ärgernis bis hin zu der Angst vor einem Leib und Leben bedrohenden Menschen oder Objekt wie in unserem obigen Beispiel. Den ganzen Tag lang wirken Stressoren auf uns und infolgedessen auf unser Nervensystem ein. Zu den schwerwiegenden Stressoren zählen einschneidende Lebensereignisse, wie eine Scheidung, ein flügge gewordenes Kind, eine unerwünschte Schwangerschaft, ein Umzug in eine andere Stadt, eine berufliche Veränderung, ein Schulabschluss oder eine Krebsdiagnose. Zwar mögen solche Einbrüche ins gewohnte Leben sehr belastend sein, doch am schwersten setzen uns in der Summe die alltäglichen, immer wiederkehrenden Stressoren zu. Zu diesen gehören:

- *Umweltstressoren* wie Lärmbelastung durch plärrende Radios, bellende Hunde oder Martinshörner oder das Leben in einer Gegend mit hoher Kriminalitätsrate, in der man sich nie sicher fühlt.
- *Berufliche Stressoren* wie Unzufriedenheit am Arbeitsplatz, Überarbeitung, Meinungsverschiedenheiten mit dem Vorgesetzten, geringe Bezahlung oder schlechtes Betriebsklima.
- *Beziehungsstressoren* wie Streit mit einem Freund oder einer Freundin, Probleme mit dem Partner, den Kindern oder anderen Familienangehörigen, Verlust des Ehepartners.
- *Soziale Stressoren* aufgrund eines Konkurrenzverhältnisses zu den Nachbarn oder großen Anpassungsdrucks in der Nachbarschaft.
- *Spirituelle Angst*, bedingt durch den Verlust von Lebenszielen, Verlust des Dazugehörigkeitsgefühls, Kontrollverlust, Sinnverlust.

Angst als Stressor

Angst ist seit alters her einer der bedeutsamsten Stressoren. Angst hat Signalfunktion: Sie warnt uns vor Gefahren, und sie bewahrt uns praktischerweise auch davor, denn sie veranlasst uns zu Flucht oder zu Verteidigung. Blicken wir zurück in die Zeit unserer Urahnen – also sehr weit zurück –, so blieb ihnen gar nichts anderes übrig, als schneller, stärker und gewitzter zu sein als die Beutegreifer, die nur darauf warteten, dass sie einen Fehler begingen. Ein Urmensch, der allein hinaus in die Savanne auf Jagd ging, wusste sehr genau, dass er bei der Begegnung mit einem wilden Tier entweder zu einem Mittagessen kam oder zu einem Mittagessen wurde. Bekam man in jener Zeit nicht genug ab, starb man an Hunger oder Unterkühlung. Biss man sich durch, war man vielleicht allein, der Letzte seines Stammes. Und was dann?

Heute tragen unsere Ängste eher sozialen Charakter. Fast immer lassen sie sich einer von mehreren Kategorien zuweisen: Angst vor Versagen, Angst davor, nicht genügend zu *haben*, Angst davor, nicht genügend zu *sein*, Angst vor Besitzverlust, Angst vor Erfolg. Besitze ich genug, um mit den Nachbarn mithalten zu können? Bin ich hübsch genug für den Kerl, in den ich mich verknallt habe? Habe ich genug auf der Bank, um meine Steuern zahlen zu können? Fast scheint es banal, manche von diesen Belanglosigkeiten als »Ängste« zu bezeichnen, doch für die Betroffenen sind sie sehr real. Das Problem ist, dass das Gehirn nicht so weit über den Dingen steht, dass es denken könnte: »Machst du Witze? Das nennst du eine Bedrohung oder eine Gefahr?« Das Gehirn deutet eine Angst als: »O Gott, wir stehen unter Belagerung!« Und als Ouvertüre zur Stressreaktion gibt es spornstreichs den Befehl zu einer eigentlich dem Schutz dienenden Hormonkaskade: Adrenalin oder Adrenalin und Cortisol. Ob Sie also von einer Klippe stürzen oder träumen, Sie stürzten von einer Klippe, Ihre neurologische Reaktion ist exakt dieselbe.

Stressoren wirken kumulativ. Je mehr Lebensveränderungen oder Alltagsschererereien Sie zu einem bestimmten Zeitpunkt bewältigen müssen, desto stärker fallen Ihre Stresssymptome aus.

Unsere moderne Lebensweise hat den »Scherereienfaktor« exponentiell zunehmen lassen. Und man muss sich vor Augen halten, dass eine Reihe kleiner Ärgernisse sich schließlich zu einer gefährlichen Belastung auftürmen können.

Chronischer Stress und Ihre persönliche Last

Unser Körper ist so konstruiert, dass er auf Stress noch genauso antwortet wie zur Zeit unserer Vorfahren. Unter Ernstbedingungen schützte uns diese Reaktion (und sie tut es immer noch). Sie half unseren Urahnen, Gefahrensituationen zu meiden, indem sie sie buchstäblich die Beine in die Hand nehmen ließ. Akuter Stress kann nützlich sein. Er verbessert nachweislich die Funktion bestimmter Teilbereiche des Organismus, etwa des Immunsystems. In akuten Stresssituationen wehrt die Haut Infektionen besser ab. Auch arbeiten unsere fünf Sinne und unser Kurzzeitgedächtnis dann oft besser. Allerdings stellt heutzutage der subjektiv empfundene Stress überwiegend eher eine Reaktion auf *chronische* denn auf *akute* Bedrohungen dar. Leider vermag das Gehirn in all seiner Herrlichkeit und Größe nicht zwischen akut und chronisch zu unterscheiden. In dieser Hinsicht ähnelt es sehr Hühnchen Junior aus »Himmel und Huhn«, das immer vom Schlimmsten ausgeht, wenn es Gefahr zu wittern meint. Und so passiert es: Der Stress lässt nicht nach, weil Sie Ihr Projekt in zwei Wochen abgeschlossen haben müssen und es Ihnen vorkommt, als bräuchten Sie noch mehr als doppelt so viel Zeit dafür. Also strömen die Hormone, die das Gehirn eigentlich als kurzfristige Schutz- und Verteidigungsmaßnahme ausschüttet, unaufhörlich weiter. Bruce McEwen von der Rockefeller University, ein Fachmann für die physiologischen Auswirkungen von Dauerstress, begreift diesen Übergang von akutem zu chronischem Stress als Reise von der Allostase zur allostatischen Last.

Als Allostase bezeichnet man Anpassungsmechanismen des Körpers auf tägliche Belastungen. Dadurch erhält der Körper die

Selbstregulierung seiner Organsysteme trotz äußerer Einflüsse aufrecht. Beim Treppensteigen beispielsweise arbeitet unser Herz stärker, da die Beine mehr leisten müssen; doch sind wir oben angelangt, verlangsamt sich der Herzschlag wieder. Ähnliche Anpassungen finden statt, wenn Sie nach einer Wanderung im Schnee ins Haus treten, um es sich am Kaminfeuer gemütlich zu machen. Ihre Körpertemperatur stellt sich automatisch um. Letztes Beispiel: Stellen Sie sich vor, Sie überquerten die Straße. Sie erblicken ein viel zu schnelles Auto, das auf Sie zukommt. Ihr Gehirn nimmt Gefahr wahr und denkt: *Weg hier!* Im Bruchteil einer Sekunde schüttet Ihr Körper Stresshormone aus, die Ihnen buchstäblich Beine machen, damit Sie die rettende andere Straßenseite erreichen. Zehn Minuten später ist der Vorfall vergessen, und Sie probieren im nächsten Schuhgeschäft fröhlich Schuhe an. Die Woge der nicht mehr benötigten Stresshormone ist abgeebbt, und alle Systeme laufen wieder im Normalbetrieb. Das ist Allostase, wie sie sein soll.

Rasch über die Straße zu rennen, um nicht unter die Räder zu kommen, ist eine Sache. Häufen sich jedoch zu viele solcher Bedrohungen binnen eines relativ kurzen Zeitraums oder wirkt ein einzelner Stressor zu lange – wenn Sie etwa in einer zerrütteten Ehe ausharren –, dann baut sich allmählich eine *allostatische Last* auf. Während man mit Allostase die Fähigkeit des Organismus bezeichnet, unter Belastung das innere Gleichgewicht zu wahren, versteht man unter allostatischer Last die Faktoren, welche diese Balance zu gefährden drohen.

McEwen nennt verschiedene Arten von allostatischer Last:[1]

1) *Zahlreiche Stressoren halten den Stresshormonspiegel über einen längeren Zeitraum hoch.* Vielleicht sind Sie arbeitslos geworden und mussten infolgedessen Ihr Auto verkaufen, können Ihre Hypothek nicht mehr bedienen und müssen obendrein Ihren Kindern erklären, warum sie dieses Jahr nicht in Sommerferien fahren können.

2) *Es gelingt Ihnen nicht, sich an immer denselben, immer wieder auftretenden Stressor anzupassen.* Nehmen wir an, Sie gehören zu den Menschen, die sich entsetzlich vor öffentlichen Auftritten

fürchten. Nun sind Sie eingeladen worden, auf einer prestigeträchtigen Konferenz einen Vortrag zu halten. Sie fühlen sich geschmeichelt, ertragen den Stress – und liefern ein glänzendes Referat ab. Ihr Vortrag kommt so gut an, dass man Sie bittet, ihn auf zehn weiteren Veranstaltungen zu halten. Wenn Sie sich nicht an den Stress anpassen können – das heißt, wenn Sie beim zehnten Mal noch genauso viel Lampenfieber haben wie beim ersten Mal –, dann zählt diese Situation als allostatische Last.

3) *Ihr Körper schüttet Stresshormone aus, stoppt sie aber nicht, nachdem der Stress vorbei ist.* Mit anderen Worten, Sie stehen zu stark unter Stress, um innerhalb eines überschaubaren Zeitraums damit fertig zu werden. Ein Beispiel: Sie hatten im Büro eine Auseinandersetzung, die jetzt beigelegt ist, kommen aber abends trotzdem immer noch sehr aufgebracht nach Hause, und in Ihrem Kopf läuft das Streitgespräch wieder und wieder ab.

Diese Beispiele stehen allesamt für Formen von chronischem Stress. Wir alle haben im Lauf der Jahre unseren Teil davon abbekommen. Die heutige Gesellschaft jedoch hat die chronischen Stressoren so vermehrt und intensiviert, dass es an Körperverletzung grenzt, und jetzt bekommen wir die Folgen zu spüren. Wir sind umzingelt von Technik, Information rund um die Uhr, Lärmbelastung, Arbeitshetze, unnatürlicher Nahrung, Konkurrenz am Arbeitsplatz, Be- und Erziehungsstress – und all das stürmt von allen Seiten, 365 Tage im Jahr, 24 Stunden am Tag auf uns ein. Das ist ein gnadenloser Angriff, der bis auf die Knochen geht. Das ist allostatische Last. Nur mehr davon. Während Stress früher eher ein Ärgernis war, mit dem man schließlich fertig wurde – wie mit einer um den Kopf sirrenden Mücke –, gleicht der Stress heute eher einem Megaphon in fünf Zentimetern Entfernung von Ihrem Ohr. Der heutige Stress stellt Ihr Nervensystem dauerhaft auf Erregung statt auf Ruhe ein, mit gravierenden Folgen für Leib und Seele.

Angehäufter chronischer Stress – Superstress

Der heutige Stress hat eine Größenordnung erreicht, dass man ihn nur als *Superstress* bezeichnen kann. Superstress ist so vielschichtig, dass er sehr viel heimtückischer wirkt als Dauerstress. Superstress bedeutet zuweilen so raffiniert übereinandergetürmte Schichten von Stress, dass wir nicht einmal mehr etwas davon merken.

Superstress schädigt den Körper in vielerlei Hinsicht. Zum einen belasten anhaltend oder wiederholt ausgeschüttete Stresshormone das Herz-Kreislauf- und das Immunsystem. Dadurch steigt Ihr Risiko für koronare Herzkrankheit, Schlaganfall, Krebs, wiederkehrende Infektionen und andere chronische Krankheiten. Zum anderen steigt die Wahrscheinlichkeit, dass Sie mit destruktivem Verhalten auf den Stress reagieren – etwa übermäßigem Rauchen, Trinken oder Essen. Je öfter schließlich die Stressreaktion ausgelöst wird, desto schwieriger wird es, sie abzuschalten. Am Ende reagieren Sie auch auf einen relativ schwachen Stressor, als sei er lebensbedrohlich. Weniger ist mehr, aber nicht im guten Sinn.

Letzteres wurde mir kürzlich klar vor Augen geführt, als ich mich mit einer alten College-Freundin, die ich seit Jahren nicht mehr gesehen hatte, zum Abendessen traf. Beim zweiten Gang fing sie an, mir von ihrer Nichte Laura zu erzählen, einer jungen Frau von 29 Jahren, die gerade ihre kaufmännische Ausbildung abgeschlossen hatte und sich jetzt anschickte, weit von zu Hause entfernt eine Stelle anzutreten. »Wir hätten nie geglaubt, den Tag zu erleben, an dem sie von zu Hause fortgeht«, staunte meine Freundin und fügte hinzu: »Meine Schwester hat sich jahrelang Sorgen um sie gemacht – sie wirkte fast ständig überreizt und angespannt. Ehrlich gesagt überraschte es mich, dass sie überhaupt aufs College gegangen ist.«

Lauras Geschichte
Lauras Geschichte begann ganz harmlos. Mit 14 Jahren ging sie einmal mit ihrem geliebten Englischen Cockerspaniel Gus Gassi. Dabei bekam sie Lust auf Pfefferminzbonbons. Also band sie

Gus mit der Leine an eine Parkuhr und ging in einen Laden. Beim Herauskommen sah sie, dass der Hund aus seinem Halsband geschlüpft und unauffindbar verschwunden war. Sie durchkämmte die Nachbarschaft, schaute in jeden Laden, und nach zwei traumatischen Tagen, in denen sie Zettel klebte und Freunde um Hilfe bat, fand zu ihrer Erleichterung ein Fremder den Hund und brachte ihn zurück. Stress vorbei, Krise abgewendet.

Drei Jahre später jedoch, als Laura 17 war, kam ihre beste Freundin bei einem Skiunfall ums Leben. Laura war am Boden zerstört – gefühlsmäßig und körperlich –, genauso wie damals, als sie glaubte, ihren Hund für immer verloren zu haben. Doch weil diesmal ihre Freundin nicht (wie seinerzeit ihr Hund) wie durch ein Wunder zurückkehrte, geriet sie in einen dauerhaften Angstzustand, weil ihr Körper weiter Stresshormone ausschüttete. Schließlich bekam sie Schlafstörungen, verlor den Appetit und konnte in der Schule nicht mehr richtig aufpassen. Vier Monate später hatte sie 4,5 Kilo abgenommen, schlief immer noch nicht gut und kam morgens kaum noch aus dem Bett.

Als sie im Jahr darauf fortging aufs College, löste die Trennung eine ähnliche biologische Stressreaktion aus. Der Weggang von zu Hause war zwar alles andere als eine Tragödie, doch Laura stürzte er in eine Krise. Ihre Ess- und Schlafprobleme kehrten zurück. Jedes Mal, wenn sie ihre Periode bekam, geriet sie in ein Tief, blieb dem Unterricht fern und war deprimiert. So türmte sich Stress auf Stress, und Laura durchlebte jedes einzelne Ereignis immer wieder als Drama, bis sie schließlich die Grenze vom Dauer- zum Superstress überschritt. Ihr Gehirn hatte gelernt, automatisch in den Krisenmodus zu gehen, auch wenn es gar keine Krise gab.

Laura ist erfolgreich darüber hinweggekommen – mit Hilfe eines sachkundigen und einfühlsamen Arztes, der ihr ein Programm nach dem Vorbild des in diesem Buch dargestellten verordnete. Das beweist: Auch wenn Sie gegenwärtig unter Superstress leiden, gibt es keinen Grund, dass das so bleiben muss. Ein Gehirn, das gelernt hat, automatisch in einen Erregungszustand zu gehen, kann das genauso gut auch wieder verlernen.

Vier Kennzeichen von Superstress

Superstress unterscheidet sich durch vier Merkmale von chronischem Stress. Bei Laura spielten zwar alle vier Faktoren eine Rolle, doch es genügt schon einer, um supergestresst zu sein.

Der Stress vervielfacht sich. Bei chronischem Stress stecken Sie über längere Zeit in einer stressauslösenden Situation oder vielleicht sogar in zweien auf einmal. Doch erst wenn bei Ihnen ein ganzes Bündel Symptome auftritt, haben Sie den sprichwörtlichen Punkt erreicht, an dem das Fass überläuft und Ihr Zustand in Superstress umschlägt.

Sie kriegen die Sache nicht mehr in den Griff. Unter Dauerstress zeigen Sie eines oder mehrere Symptome – etwa Gedächtnisschwäche, anhaltende Schlaflosigkeit, Erschöpfung, Angst oder Depression. Doch da diese Probleme nichts miteinander zu tun haben, können Sie mit jedem einzelnen fertig werden und sie mit einiger Mühe in den Griff kriegen. Superstress tritt dann ein, wenn Sie nicht mehr das Gefühl haben, diese Probleme auseinanderhalten zu können. Wenn der Kampf damit Ihnen jeden Augenblick Ihres Tages vergällt, wenn Ihr Leben aus den Fugen gerät, dann handelt es sich um Superstress.

Das Leben hat jeden Glanz verloren. Sie haben Ihren Humor und Ihren Antrieb verloren. Bei chronischem Stress empfinden Sie manchmal so, bei Superstress jedoch praktisch immer. Natürlich können Sie dieses Gefühl betäuben – mit einem Rieseneisbecher, Fernsehen, einer Schlaftablette oder einer bis weit in die Nacht ausgedehnten Happy Hour. Doch davon geht Ihr Stress nicht weg; er wartet auf Sie, wenn Sie mit Ihrer »Selbstmedikation« aufhören.

Ängstliche Anspannung ist der neue Normalzustand. Auf körperlicher Ebene bedeutet Superstress, sich schon beim Aufwachen erschöpft zu fühlen, als ob der Körper verzweifelt den Angriff eines gnadenlosen Feindes abwehren müsste. Ihr psychischer Normalzustand ist Depression, Angst oder Apathie. Sie fühlen sich einfach nicht *sicher*. In dieser Hinsicht ähnelt Superstress deutlich der posttraumatischen Belastungsstörung eines Soldaten, der Kämpfe auf Leben und Tod an der Front überlebt hat und später daheim den Preis dafür zahlen muss.

Von nun an ging's bergab: Was uns in Superstress hineinrutschen lässt

Zwar reagiert jeder Mensch anders auf Stress, doch bestimmte Faktoren beeinflussen die Stressreaktion bei uns allen in gleicher Weise. So hängt es von Lebensalter, Persönlichkeit, Geschlecht und genetischer Veranlagung ab, wie wir mit Stressoren umgehen. Dasselbe gilt für allgemeinere Lebensumstände wie Ihr persönliches soziales Netz, Ihre sozialen Fertigkeiten und Beziehungen. Ihr Selbstwertgefühl ist wichtig, ebenso Ihre Bewältigungsmechanismen und die Art Ihres Broterwerbs. Spirituelle Faktoren spielen eine Rolle, aber auch Umweltprobleme wie Lärmbelastung. Manches davon können Sie ändern – oder es wenigstens versuchen –, etwa das Verhältnis zu Ihrer Schwiegermutter. Anderes wie Ihre Erbanlagen oder Ihre Kindheit lassen sich nicht ändern – sie werden immer ein Teil von Ihnen sein. Doch wenn man will und umsichtig vorgeht, lassen sich immerhin die Probleme, die mit unkontrollierbaren Stressfaktoren zusammenhängen, leicht lösen.

Freunde und Familie

Wer immer gesagt hat: »Geteiltes Leid ist halbes Leid«, wusste, wovon er sprach. Isoliert zu leben, ohne Unterstützung von Familie oder Freunden, vergrößert nicht bloß die allostatische Last – es ist eine Schnellstraße in den Superstress. Wir brauchen alle mindestes ein Unterstützungsnetzwerk, in guten wie in schlechten Zeiten. Menschen brauchen Menschen. Oft genügt es, jemanden zum Feiern, Dampfablassen, Heulen oder einfach nur zum Zuhören zu haben. Das hilft, eine sehr belastende Situation richtig einzuordnen. Die meisten wissenschaftlichen Studien fanden den ausschlaggebenden Faktor für Stressbewältigung in sozialer Unterstützung. Das lässt sich in jedem Chirurgenwartezimmer beobachten. Bestimmt finden Sie dort um jeden Patienten, dem eine Operation bevorsteht, mehrere »Mit-Warter« versammelt. Die Einbindung in eine Gemeinschaft – ob es sich um einen Strickkreis, eine Sportmannschaft, einen Katzenzüchterverein oder einfach nur einen monatlichen Freundestreff zum Abendessen handelt –, gehört wesentlich zu dem weiter unten erläuterten Vierwochenprogramm. Man weiß inzwischen, dass das Gehirn nicht zwei entgegengesetzte Empfindungen gleichzeitig verarbeiten kann. Denken Sie mal darüber nach: Sie können nicht zugleich glücklich und unglücklich sein. Wenn Sie also mit Freunden und Angehörigen zusammen sind, haben Sie vielleicht Stress, doch der ist unter Garantie ein Klacks, verglichen mit dem, wenn Sie vereinsamen.

Status zählt

Ihre Position in der sozialen Rangordnung spielt eine große Rolle für Ihr Selbstwertgefühl. Das ist nichts Neues. Obwohl ich diesen Satz etwas abändern sollte: Ihre Position in der sozialen Rangordnung *kann* eine große Rolle spielen. Nicht jeder ist besessen davon, wie viel wer hat und wer mehr hat. Viele von uns allerdings schon. Grundlage des Kapitalismus ist nicht mehr, mit denen von nebenan mitzuhalten, sondern sie zu *übertrumpfen*. Kann man durch Geld soziales Ansehen erwerben? Vielleicht. Aber wir wissen, dass Geld allein nicht glücklich macht. Viele wissenschaftliche Studien haben bestätigt, dass Lottogewinner eine Zeitlang glücklich sind und dann wieder zu ihrem vorigen Niveau der Zufriedenheit – oder Unzufriedenheit – zurückkehren. Uns allen geht es in gewisser Weise wie der Fischersfrau Ilsebill – genug ist nie genug. Sie kennen die Leier: Einer baut sich ein Traumhaus für eine Million, und sechs Monate später stellt sich sein Nachbar ein Haus für *zwei* Millionen hin. Ist der mit dem ersten Haus glücklich? Was meinen Sie?

Zwei interessante Studien bestätigen den Zusammenhang zwischen Status und Stress. Sie belegen, dass unser Wohlbefinden – nicht nur unser Glück – von unserem Sozialstatus nachhaltig beeinflusst wird. Die erste Studie, durchgeführt unter Federführung von Nancy Adler von der University of California in San Francisco, zeigt, dass Einkommen und Bildung sich genauso auf unsere Gesundheit auswirken wie die *Wahrnehmung* unseres Sozialstatus.[2] Die zweite ergab, dass Frauen, die sich selbst in der sozialen Rangordnung höher einstuften, von besserer körperlicher Gesundheit berichteten, niedrigere Ruhecortisolspiegel (ein Stressbarometer) und weniger Bauchfett aufwiesen als Frauen, die sich selbst auf der sozialen Stufenleiter weiter unten angesiedelt sahen.[3] Bauchfett hängt zum Verzweifeln untrennbar mit dem Hormon Cortisol und mit Stress zusammen.

Alltägliche Scherereien

Nerverei bedeutet Stress. Mehr Nerverei bedeutet mehr Stress. So viel wissen Sie jetzt schon. Und ich weiß es ganz gewiss. Diesen letzten Satz möchte ich Ihnen näher erklären. In den vergangenen 24 Stunden habe ich etwas erlebt, das mich unter einen Stress gesetzt hat, der jeder Beschreibung spottete. Ich werde es trotzdem versuchen: Ich saß gerade an einem Artikel für eine wissenschaftliche Zeitschrift und hatte ihn halb fertig, als plötzlich das Dokument auf meinem Bildschirm verschwand und eine Meldung erschien, das Programm müsse geschlossen werden. Ach, und übrigens würde dabei leider mein Dokument verlorengehen. Mir blieb die Luft weg. Doch im Interesse dieses Buches beschloss ich, meine Stressreaktion zu dämpfen. Also begann ich, auf vier ein- und auf vier auszuatmen, ein, aus und so weiter – fünf Minuten lang. Und dann griff ich zum Telefonhörer. Zuerst rief ich bei dem Elektronikmarkt an, wo ich den Computer vor weniger als einem Jahr gekauft hatte. Nachdem ich nicht weniger als fünf körperlosen Stimmen gelauscht hatte, die mir mitteilten, welche Ziffern für welche Abteilung ich zu drücken hätte, gelang es mir endlich, einen *Menschen* an die Strippe zu kriegen. Der riet mir – Sie ahnen es –, mich an den Hersteller des Rechners zu wenden! Ich tat es sogar. Und siehe da, nach kaum zehn Minuten bombardierte mich irgendwer irgendwo in Indien mit Fragen, die ich so gut wie möglich beantwortete, und verband mich schließlich mit dem technischen Service.

Ich erspare Ihnen die Einzelheiten. Nur so viel: Zwei Stunden, mehrere Unterbrechungen, erneute Anwahlen und Atemübungen später lief die Kiste tatsächlich wieder. (Und mein Dokument war tatsächlich noch da!) Die Moral von der Geschichte? Es spielt keine Rolle, ob man ein Buch liest oder schreibt oder fest daran glaubt, einem selbst könne so was nicht passieren – wenn man in der Welt von heute lebt und stolz all den heutigen »Kram« sein eigen nennt, dann erwischt einen unweigerlich früher oder später der Stress. Es kommt nur drauf an zu wissen, wie man mit ihm umgeht.

Eltern sein – und Kind sein

Unsere Eltern hätten die Kindererziehung wohl nicht als hochqualifizierte Arbeit begriffen und unsere Großeltern erst recht nicht. Das zeigt nur, wie anspruchsvoll dieser Job geworden ist. Und ich verwende das Wort »Job« ganz bewusst. Zahllose Artikel, Vorträge und Vorlesungen befassten sich mit den Auswirkungen – körperlichen wie seelischen – der Anstrengungen dieser Generation, sowohl im Beruf als auch in der Elternrolle Spitzenleistungen zu erbringen. Mit diesem Anspruch sind die Weichen in den Superstress gestellt, denn er bedeutet gewissermaßen, gleichzeitig aufs Gas und auf die Bremse zu treten. In Wahrheit schließen sich beide Ziele wechselseitig aus. Das soll nicht heißen, dass ein nichtberufstätiger Elternteil immun gegen Superstress wäre. Ganz und gar nicht. Ob im Büro oder auf dem Spielplatz, wir bemühen uns stets, das Bestmögliche für unsere Kinder zu tun, ihnen alles mitzugeben, was sie brauchen, um es so weit zu bringen wie wir – nur besser. Machen wir uns nichts vor; Kindererziehung ist ein Wettkampf, in dem Übereltern ihre Kinder als Leistungen betrachten. Wenn das nicht Superstress bedeutet, was dann? Doch betrachten wir auch die andere Seite.

Ein Kind zu sein, kann nämlich auch ganz schön stressen. Schon sehr früh lernen Kinder, dass sie mit anderen um die wenigen begehrten Plätze im »richtigen« Kindergarten konkurrieren müssen. Beim Schuleintritt sind diese Kinder dann schon Veteranen der Hochleistungstretmühle. Und damit ist es keineswegs vorbei. Da es heutzutage nicht einfach ist, einen Studienplatz zu ergattern, bleibt ihnen keine Wahl, als Leistungskurse zu belegen, ein Instrument zu lernen, Sport zu treiben und sich in der Schülervertretung zu engagieren. Wenn dann die Zusage (oder Absage) eintrifft, sind diese Kinder so ausgebrannt, dass es an ein Wunder grenzt, dass sie überhaupt noch Kraft für das Studium haben.

Beruflicher Stress

Laut einer Umfrage der American Psychiatric Association von 2007 ist Stress am Arbeitsplatz die bei weitem führende Stressursache bei Erwachsenen. Mehr als die Hälfte aller befragten Arbeitnehmer (52 Prozent) gab an, beruflicher Stress habe wichtige Karriereentscheidungen beeinflusst. Aufgrund von mit Stress verbundenen Faktoren kündigten 18 Prozent, 41 Prozent erwogen einen Stellenwechsel, und 22 Prozent lehnten eine Beförderung ab.

Gibt es denn keine Gerechtigkeit? Erst tun wir alles, um einen anspruchsvollen Job zu kriegen, und dann frisst er uns auf. Arbeitssucht und Überreizung sind unheimlich weit verbreitet; immer mehr Patienten kommen mit denselben Beschwerden zu mir. Eine meiner neueren Patientinnen – ich nenne sie hier Sara – ist 30 Jahre alt und hat vor einem Jahr ihr BWL-Studium abgeschlossen. Sie steht für viele Berufsanfänger in fast jeder größeren Stadt der westlichen Welt.

Saras Geschichte

An einem unfreundlichen Junitag trat Sara, durchnässt vom Regen und mit derangierter Frisur, in mein Sprechzimmer. Ich fragte sie, was sie zu mir geführt habe.

»Ach, es ist nur eine Kleinigkeit«, erwiderte sie fast entschuldigend, »aber sie behindert mich bei der Arbeit, und deshalb habe ich beschlossen, das in Ordnung zu bringen.« (Man beachte, dass sie »die Kleinigkeit« in Ordnung bringen wollte, nicht sich selbst.) Wie sie mir erzählte, hatte sie die perfekte Stelle bei einer Spitzen-Investmentbank an der Wall Street ergattert. »Die ganze Mühe, auf das richtige College und auf die richtige Uni zu kommen, hat sich schließlich ausgezahlt«, sagte sie mit einem etwas gezwungenen Lächeln. Dennoch wirkte sie alles andere als begeistert. Mir kam sie ganz einfach todmüde vor. Und tatsächlich klagte sie über Schlaflosigkeit und infolgedessen Erschöpfung tagsüber. Ich erhob ihre Krankengeschichte, untersuchte sie und attestierte ihr gute Gesundheit.

Nach der Rückkehr in mein Sprechzimmer fragte ich sie, was sie neben der Arbeit so mache.

»Ach, ich gehe möglichst früh zu Bett – wegen der verrückten Arbeitszeiten, die von uns erwartet werden. Aber das ist das Problem. Ich kann einfach nicht einschlafen, und wenn es mal klappt, schlafe ich nicht sehr lange.« Sie schaute mich beim Sprechen an, doch ich konnte nicht darüber hinwegsehen, dass sie dabei in ihrer Handtasche herumkramte. Schließlich zog sie ihren Blackberry hervor und warf, ohne aus dem Konzept zu kommen, einen verstohlenen Blick darauf. Ich deutete auf das Gerät und fragte sie nach ihrer »Beziehung« dazu. »Also, wir sind uns ziemlich nah«, erklärte sie mit einem weiteren halben Lächeln. »Ich lege ihn für alle Fälle nachts neben mein Bett, und tagsüber schaue ich natürlich sehr oft drauf.«

Mit ihrer Beziehung zu ihrem Blackberry stand sie alles andere als alleine da. Der Hersteller dieses mobilen E-Mail-Geräts verzeichnete im ersten Halbjahr 2006 in den USA 6,2 Millionen Nutzer; im selben Zeitraum des Vorjahrs waren es noch 3,6 Millionen gewesen.[4]

»Wie oft ungefähr?«, hakte ich nach.

»Äh, ein paarmal pro Stunde.« Pause. »Okay, okay, vielleicht fünf- oder sechsmal.«

»Und nachts?«

»Nachts bin ich ja sowieso wach, deshalb schaue ich in meine E-Mails und versuche, sie zu beantworten, weil ich weiß, dass ich tagsüber keine Zeit dazu finden werde.«

»Und Ihre Wochenenden? Wie sehen die aus?«

»Oh«, entgegnete sie stolz. »Ich gehe nicht ins Büro, aber ich arbeite schon, von zu Hause aus.« Sie arbeitete 60 bis 70 Stunden wöchentlich und tat so, als sei das ein Grund zum Stolz. Sie hielt sich also am Wochenende nicht *physisch* im Büro auf, wohl aber *virtuell*. Sieben Tage die Woche. Kein Wunder, dass sie müde war.

Wäre Saras Superstress übermächtig geworden, hätte sie um ihrer Gesundheit willen ihre Stelle kündigen und eine Zeitlang etwas weniger Stressiges machen können. Doch nicht alle von uns haben diese Wahl; für die meisten ist das sogar völlig unrealistisch.

Also begannen Sara und ich zunächst einmal mit Vitaminen – dazu später Genaueres –, doch wichtiger waren Lebensstilveränderungen, die ich ihr ebenfalls anriet. Wir stellten ein Schlafprogramm und einige Meditationsübungen für sie zusammen. Und dann hatte ich eine Idee zur Krönung des Ganzen. Ich schlug ihr vor, jeden Abend, wenn sie nach Hause kam und ihren Briefkasten leerte, den Blackberry über Nacht darin zu deponieren (ja, im Briefkasten!). Zuerst wollte sie mir nicht abnehmen, dass ich das ernst meinte, doch schließlich gelangten wir zu einem Kompromiss – sie würde ihren Blackberry erst mal zwei Nächte pro Woche einschließen und abwarten, was passierte. Falls Sie jetzt, wie damals ich, wissen möchten, ob ein derartiges Experiment klappen kann: Es klappte. Und es klappte nicht. In der ersten Woche war sie erfolgreich, doch wie sie mir später berichtete, fühlte sie sich, als hätte sie von jetzt auf gleich mit dem Rauchen aufgehört und obendrein noch Koffeinkopfschmerzen bekommen. Na gut, nicht ganz so schlimm, aber angenehm war es nicht. Vor allem langweilte sie sich. Aber sie wurde sich ihrer Blackberry-Abhängigkeit bewusst und achtet seither genauer darauf, wie häufig sie das Gerät benutzt.

Unkontrollierbare Stressfaktoren

Auf einige Dinge können wir nur reagieren (statt sie zu steuern). Dazu gehören unser genetisches Erbe und unsere Kindheitserfahrungen, und beide bestimmen unsere Anfälligkeit für Superstress in hohem Maße mit.

Die genetische Veranlagung und die frühe Entwicklung entscheiden darüber, wie wir im späteren Leben auf bestimmte Ereignisse reagieren. Massiver Stress in der Kindheit scheint der ausschlaggebende Faktor dafür zu sein, dass manche Erwachsene belastende Situationen offenbar schlechter verkraften als andere. Das bestätigen mehrere Studien. In der Fachzeitschrift der American Medical Association berichtete der Psychiater Charles Nemeroff von der Emory University in Atlanta, dass bei in der Kindheit missbrauchten oder misshandelten Frauen auch unter geringfügiger Belastung mehr Stresshormone ausgeschüttet werden als bei Frauen mit ungetrübter Kindheit.[5] Michael Meaney, Medizinprofessor an den Fakultäten für Psychiatrie und Neurologie der McGill University in Montreal, trennte in Tierversuchen Rattenbabys für jeweils zehn Minuten von ihren Müttern.[6] Wenn diese ihre Jungen zurückerhielten, überschütteten sie sie vor lauter Freude mit Aufmerksamkeit weit über das sonst normale Maß hinaus. Als erwachsene Tiere zeigten diese Jungen mehr Selbstvertrauen und niedrigere Stresshormonspiegel in Belastungssituationen als Ratten, die keine derartige Aufmerksamkeit erhalten hatten. Der Effekt hielt das gesamte Leben der Tiere an.

Hormone – das Schmiermittel des Stressmechanismus

Hormone sind chemische Botenstoffe, die der Körper erzeugt und in den Blutstrom freisetzt, um eine breite Palette von Prozessen auszulösen. Hormone regeln den Blutzucker und den Insulinspiegel, aber auch das Wachstum. Die beiden für die Stressreaktion wichtigsten Hormone sind bei Männern wie Frauen Cortisol und Adrenalin. Sie sind jedoch nicht als Einzige an der Stressantwort beteiligt. Östrogen, Testosteron und Oxytocin wirken ebenfalls daran mit, auch wenn man ihre Rolle als unterstützend bezeichnen könnte. An dieser Stelle macht sich ein Geschlechterunterschied bemerkbar. Schauen wir uns genauer an, wie Superstress bei Mann und Frau in das Spiel der Hormone eingreift und wie er wiederum von diesen beeinflusst wird.

Cortisol: Guter Bulle/Böser Bulle

Die Stressoren, mit denen sich unsere Altvordern herumschlagen mussten – Hunger, Verletzungen, Kälte –, waren physischer Natur. Cortisol erfüllte eine wichtige Funktion zur Bewältigung dieser Notsituationen: Es fuhr die Aktivität nichtlebenswichtiger Organe zurück, damit der Blutzuckerspiegel aufrechterhalten blieb und die lebenswichtigen Organe ausreichend mit Nährstoffen versorgt wurden. Damals war Cortisol ein »guter Bulle«, der lebensrettende Ressourcen für den Kampf gegen Angreifer mobilisierte. Die heutigen Stressoren jedoch – eine zerrüttete Ehe, Geldprobleme – tragen dagegen eher chronischen und psychologischen Charakter. Doch denken Sie daran, dass unser Gehirn den Unterschied nicht kennt und daher reagiert wie eh und je: Es veranlasst die vermehrte Ausschüttung von Cortisol. Nur ist Cortisol, über einen längeren Zeitraum ausgeschüttet, ein »böser Bulle«, dessen Prinzip »Viel hilft viel« gesundes Muskel- und Knochengewebe schädigt, Heilungsprozesse und die normale Zellregeneration verzögert, Verdauung und Stoffwechsel beeinträchtigt, die kognitiven Funktionen stört und das Immunsystem schwächt. Ein hoher Cortisolspiegel treibt zudem die Blutfett- und Zuckerwerte hoch, was mit vielen Erkrankungen wie Diabetes, Herzkrankheiten und Entzündungen verbunden ist.

In einer Superstress-Situation steigt bei Frauen der Cortisolspiegel stets stärker an als bei Männern, denn in der zweiten Zyklushälfte erzeugt der weibliche Organismus Progesteron, und dieses Hormon regt die Cortisolausschüttung auch nach dem Abflauen der Stressreaktion an. Mit anderen Worten, bei Frauen ist die Gefahr, dass die Stressschaltkreise auf »An« bleiben, größer als bei Männern. Das würde erklären, warum auf einen Mann, der angibt, unter Stress zu leiden, drei betroffene Frauen kommen.

Cortisol ist für Frauen auch in anderer Weise ein Fluch. Zunächst einmal ist wissenschaftlich erwiesen, dass Cortisol nicht nur allgemein den Appetit anregt, sondern insbesondere die Lust auf Zucker und Fett. Der Feind in uns selbst treibt uns zu essen, wenn wir gestresst sind, und lässt uns nach der restlichen Buttercremetorte greifen statt nach dem frischen Obst vom Markt. Und damit nicht genug: Wenn Sie das Fett erst verdrückt haben, befiehlt Cortisol Ihrem Körper, es zu speichern – und obendrein auch noch *wo*. Weiß jemand, wo? Erraten: Es setzt sich direkt am Bauch fest. So stellt Mutter Natur sicher, dass in Zeiten des Mangels genügend Brennstoff zur Verfügung steht. Doch Mutter Natur hat nicht mit einem endlosen Festmahl gerechnet. Dieses Problem zieht viel größeres Unheil nach sich als den Kampf mit dem Bundknopf der hautengen Jeans aus der letzten Saison. Bauchfett ist nicht zum Lachen. Es kann Sie umbringen!

Es gibt zwei Arten Bauchfett: subkutanes und viszerales. Und weil das eine davon so eng mit Superstress zusammenhängt und so gefährlich ist, muss man unbedingt zwischen beiden unterscheiden. Subkutanes Fettgewebe oder Unterhautfett sitzt *auf* der Bauchmuskulatur, schwabbelt beim Gehen und macht irgendwann Sweatshirts wo immer möglich zum Outfit der Wahl. Unterhautfett mag zwar ärgerlich sein, ist jedoch längst nicht so gesundheitsgefährdend wie der zweite Typ, das viszerale Fettgewebe, das im Übermaß tatsächlich tödlich sein kann.

Anders als Unterhautfettgewebe sitzt es im Innern der Leibeshöhle *unter* der Bauchmuskulatur. Es umgibt lebenswichtige Organe wie Herz, Nieren und Leber und ist ohne Kernspintomographen nicht nachzuweisen. Früher hielten die Wissenschaftler Fettzellen für bloße Speicher, die, je nach Abendessen, lediglich schrumpfen und anschwellen. Heute wissen wir, dass Fettgewebe lebt und selbst eifrig Hormone produziert. Das führt uns wieder zum Cortisol und zum übelsten aller Teufelskreise zurück: Stress regt die Ausschüttung von Cortisol an. Superstress erzeugt Cortisol in Supermengen. Cortisol wirkt auf das viszerale Fettgewebe ein, lässt weiteres viszerales Fett entstehen und macht Sie so anfällig für allerlei schwere Krankheiten.

Sie können selbst feststellen, ob Ihr Körperfett besorgniserregend ist. Dazu brauchen Sie nicht auf die Waage zu steigen, sondern müssen nur zum Maßband greifen. Bei einer Frau sollte der Bauchumfang 87,5 Zentimeter, bei einem Mann einen Meter nicht überschreiten. Alle Werte darüber gefährden die Gesundheit.

Liebe ist ... Oxytocin

Glücklicherweise hat uns die Natur mit einem eingebauten Stressreduktionsmechanismus versehen. Er beruht auf einem anderen Hormon, dem *Oxytocin*. Wenn Sie eine Frau sind und Kinder haben, wissen Sie aus einem Ihrer Bücher über Schwangerschaft und Geburt vielleicht noch, dass Oxytocin für die emotionale Bindung sorgt, aber auch die Wehen und die Milchproduktion anregt. Jetzt kommt die gute Nachricht. Oxytocin ist außerdem ein direkter Gegenspieler des Cortisols. Cortisol ist das Hormon der Furcht, Oxytocin hingegen das der Liebe. Cortisol löst Empfindungen wie Angriffsbereitschaft, Angst und Erregung aus, Oxytocin begünstigt positive Gefühle, Ruhe und Verbundenheit. Cortisol unterdrückt den Sexualtrieb; Oxytocin steigert die Empfänglichkeit für sexuelle Reize. Und während Cortisol Muskeln, Knochen und Gelenke schädigt, sorgt Oxytocin für deren Regeneration. Es ist überdies herzfreundlich, denn es senkt den Blutdruck, während Cortisol ihn steigert.

Oxytocin finden Sie zwar nicht im Drogeriemarkt, trotzdem ist es einfach zu bekommen. Meditation, Yoga, Bewegung, Massage, ein Haustier oder der Anschluss an nette Menschen regen allesamt die Produktion dieses Kuschelhormons an – genauso wie intime Beziehungen. Oxytocin ist der biochemische Ausdruck von Liebe. Der Organismus erzeugt es, wenn wir lieben und geliebt werden, uns hingeben oder vertrauensvoll geborgen sind.

Östrogen

Östrogen trägt fraglos dazu bei, dass Frauen besser vor bestimmten Krankheiten geschützt sind, etwa der koronaren Herzkrankheit. Diese trifft Männer weitaus häufiger als Frauen, allerdings nur bis diese in die Wechseljahre kommen. Dann produziert ihr Körper weniger Östrogen, so dass sie in hormoneller Hinsicht mit den Männern gleichziehen. Frauen nach den Wechseljahren erleiden genauso häufig Herz-Kreislauf-Erkrankungen wie gleichaltrige Männer. Heute macht die koronare Herzerkrankung bei Frauen sogar die Haupttodesursache aus. Vor der Menopause schützt das Östrogen die weiblichen Blutgefäße. Es hält sie elastisch, so dass sie für gute Durchblutung sorgen. Östrogen verhindert zudem Cholesterinablagerungen in den Blutgefäßen. Mit dem Sinken des Östrogenspiegels schwinden also auch die Vorteile für die Frauen dahin.

Eine an der Yale University unter Leitung von Rebecca Shansky durchgeführte Tierstudie ergab, dass Östrogen die Stressreaktion in den Hirnarealen verstärkt, die am engsten mit Depression und anderen stressbezogenen Erkrankungen zusammenhängen.[7] Die Forschergruppe setzte sowohl männliche als auch weibliche Ratten unterschiedlich starkem Stress aus und prüfte dann das Kurzzeitgedächtnis der Tiere anhand bestimmter Aufgaben. Unter leichtem Stress sowie ohne Stress zeigten männliche und weibliche Tiere gleich gute Leistungen. Und beide schnitten unter starkem Stress schlecht ab. Ein Unterschied jedoch zeichnete sich ab: Wenn die weiblichen Ratten sich in einer Zyklusphase mit hohem Östrogenspiegel befanden, reagierten sie empfindlicher auf die Auswirkungen von Stress – sie nahmen offenbar stärkeren Stress wahr und zeigten schlechtere Leistungen. Um nachzuweisen, dass tatsächlich Östrogen diesen Unterschied hervorrief, entfernte Shansky einer anderen Gruppe weiblicher Ratten die Eierstöcke. Die Tiere verfügten damit über kein natürliches Östrogen mehr. Diese Gruppe teilte Shansky auf und pflanzte der einen Hälfte eine Retardkapsel Östrogen ein, der anderen ein Placebo. Dann wiederholte sie die Experimente. Bei den Tieren mit dem Placebo zeigten sich keine Wirkungen, die Tiere unter Östrogensubstitution erzielten diesel-

ben Ergebnisse wie die Tiere mit natürlichem Östrogen. Die Forscherin hatte den Übeltäter dingfest gemacht: Östrogen verstärkt
die Stressantwort und verursacht stärkere stressbedingte Beein-
trächtigungen.

Langfristig gesehen erzeugt der weibliche Organismus mehr
Cortisol als der männliche, weil in der zweiten Zyklushälfte Progesteron freigesetzt wird und dieses Hormon für eine fortgesetzte
Cortisolproduktion sorgt. Infolgedessen beträgt wie erwähnt das
Verhältnis von gestressten Frauen zu Männern unter Stress drei
zu eins. Neueren Untersuchungen zufolge leiden doppelt so viele Frauen wie Männer an einer Depression. Leider hat sich eine
von der Evolution als »gute« körperliche Anpassung von Frauen
gedachte Fähigkeit – ihren Nachwuchs durch gesteigerte Wach-
samkeit, Multitasking und zukunftsorientiertes Denken besser zu
schützen – im 21. Jahrhundert in eine Belastung verwandelt.

Jeannies Geschichte

Eine meiner Patientinnen, nennen wir sie Jeannie, wies eine besonders ausgeprägte hormonelle Reaktion auf Stress auf. Jeannie
wurde wegen klassischer Wechseljahresbeschwerden an mich überwiesen: unregelmäßige Periode, »Gehirnnebel« (wie sie sich ausdrückte), Vergesslichkeit, Nachtschweiß und Hitzewallungen. »Ich
will keine Hormontabletten nehmen«, erklärte sie, »weil ich zu oft
gelesen habe, dass sie Krebs auslösen können. Und ich bekomme
immer noch ab und zu meine Periode.« Sie bezeichnete sich als
»Küstenpendlerin«, weil ihre Arbeit erforderte, dass sie zweimal im
Monat von Boulder in Colorado, wo sie mit ihrem Mann und ihren
Kindern lebte, nach New York flog. »Ich glaube, es ist dieses Hin-
und Herreisen, das mir so zu schaffen macht«, vermutete sie. »In
Colorado habe ich niemals Hitzewallungen oder Nachtschweiß,
aber in New York, gerade dann, wenn ich in Hochform sein muss,
plagen sie mich.«

Wie die meisten Frauen schleppte Jeannie eine uns allen ver-
traute emotionale Last mit sich herum. In New York erwartete man
von ihr die perfekte Karrierefrau, doch gerade dort setzte ihr die

Trennung von ihrer Familie zu. Ganz eindeutig löste Stress ihre Symptome aus. Die meisten Frauen werden dazu erzogen, die Vermittlerin zu spielen und es allen recht zu machen. Infolgedessen stehen sie unter dem Druck, perfekt zu sein – die vollkommene Ehefrau, die vorbildliche Mutter und die mustergültige Mitarbeiterin. Und wie Jeannie plagen sie oft Zweifel an ihrer Tüchtigkeit. Frauen lernen zudem, negative Gefühle, insbesondere Wut, für sich zu behalten.

Ich erklärte Jeannie, dass sie ihre Symptome meines Erachtens mit einem Entspannungsprogramm angehen musste, damit sich ihr Nervensystem wieder an die physiologischen Reaktionen zur Erzeugung von stressdämpfenden Hormonen erinnerte. Dass Klimakterium und Stressreaktion bei Frauen zusammenhängen, liegt an den Nebennieren. Bei Frauen in den Wechseljahren dienen sie auch als Reservoir eines kleinen Östrogenvorrats. Gegen ihre Hitzewallungen und Schlafstörungen verordnete ich Jeannie pflanzliche Heilmittel. (Dazu kommen wir in Kapitel 10.) Nach vier Wochen ging es Jeannie gut. Ihre Hitzewallungen hatten so weit nachgelassen, dass sie sie erträglich fand und, wie sie sagte, fühlte sie sich an beiden Küsten wohler.

Testosteron

Für Männer hat Stress auch gute Seiten. In den Anfangsstadien bringt er das Denkvermögen auf Trab, sogar in höherem Maße als bei Frauen. Das liegt daran, dass das Hormon Testosteron kurzzeitig die Freisetzung von Cortisol hemmt. Doch die Kehrseite ist, dass Männer nicht weniger als 52 Prozent mehr Serotonin erzeugen als Frauen. Dieser Neurotransmitter beeinflusst die Stimmung. Wenn daher Männer in Superstress geraten, merken sie es meist später als Frauen – oft erst, nachdem schon eine körperliche Schädigung eingesetzt hat. Andererseits ist für Männer positiv, dass sich ihnen Stressoren nicht unauslöschlich einprägen. Dieser Unterschied ist wahrscheinlich entwicklungsgeschichtlich bedingt. Die Männer mussten es in ihrer Beschützerrolle tapfer mit jedem Herausforderer aufnehmen, und wenn sie sich an jede Schwierigkeit auf ihren

Jagdstreifzügen in allen Einzelheiten erinnert hätten, dann wären sie vielleicht nicht so schnell wieder bereit gewesen, erneut in die Savanne hinauszuziehen.

Auch die Sache mit dem Oxytocin unterscheidet sich bei Männern und Frauen. Man glaubte einmal, dass der weibliche Organismus mehr Oxytocin produziere als der männliche, doch heute wissen wir, dass das nicht zutrifft. Beide erzeugen gleich viel von diesem Hormon, doch bei Männern wird seine Wirkung von seinem Gegenspieler Testosteron teilweise aufgehoben. Während bei Frauen das Oxytocin Stress lindert, trägt bei Männern das Testosteron zum Stressabbau bei. Für Männer mit durchgängig niedrigerem Testosteronspiegel stellt andauernder Umgang mit Menschen eine Belastung dar, insbesondere wenn sie nicht ausreichend Zeit für sich alleine bekommen. Beim Liebesakt steigt bei Frauen und Männern der Oxytocinspiegel, bei Männern jedoch ebenfalls die Testosteronproduktion, was die positiven Wirkungen des Oxytocins teilweise zunichtemacht. Das alte Klischee hat also einen handfesten biologischen Hintergrund: »Danach« hat ihr Hormoncocktail sie auf Kuscheln eingestimmt, während sein erhöhter Testosteronspiegel sein Oxytocin ausbremst und sein Interesse an weiterer physischer Intimität erlahmen lässt. Stattdessen lässt er ihn nach der Fernbedienung greifen!

Rogers Geschichte

Roger hatte mich auf Drängen seiner Frau aufgesucht, weil, wie er sagte, »sie glaubt, dass ich allmählich durchdrehe«. Als Künstleragent der Spitzenklasse, Eigner einer Künstleragentur mit 20 Mitarbeitern, führte der fünfundvierzigjährige Roger ein hektisches Leben, ständig im Kundenauftrag oder zur Kundenakquise auf Achse kreuz und quer durchs Land. Sogar unterwegs schloss er Verträge per Blackberry und Handy. Koffein in jeder verfügbaren Form hielt ihn munter. 15 Jahre lang war Adrenalin sein Lebenselexier gewesen. Doch mit 40 begannen ihm die Nerven durchzugehen. Er verlor jetzt Geschäftspartnern und Mitarbeitern gegenüber immer öfter die Beherrschung. Eines Tages schrie er eine Büroaushilfe an, die prompt in Tränen ausbrach. Er hatte Gewissensbisse deswegen. »Aber«, beeilte er sich hinzuzufügen, »ich kann keine Firma leiten, wenn ich mich nicht auf meine Leute verlassen kann. Ich schufte schwer, und da müssen sie eben auch schwer schuften.«

Für Roger war seine Firma immer so etwas wie eine zweite Familie gewesen, doch jetzt fragte er sich, wie ihn seine Angestellten sahen – war er eine Vaterfigur oder bloß ein Choleriker? Noch schlimmer war, dass seine Reizbarkeit neuerdings auch außerhalb seines Berufslebens mit ihm durchging. Einmal wurde ihm der Zutritt zu einem Flugzeug verwehrt, weil er eine Mitarbeiterin am Flugsteig schikaniert hatte. Im Verkehrsstau beschimpfte er die Taxifahrer. Bei Restaurantbesuchen mit der Familie verdarb er den Abend, weil er seine Kinder wegen Kleinigkeiten zusammenstauchte. Eine Psychotherapie lehnte Roger ab, räumte jedoch ein: »Meine Frau sagt, sie sei es leid, mit einem ›Wutsüchtigen‹ zusammenzuleben. Sie will, dass ich irgendwas zur Beruhigung meiner Nerven schlucke.« Meinen Versuch, ihn über Entspannung aufzuklären, wischte er mit einer nur zu verbreiteten männlichen Reaktion beiseite: »In meinem Geschäft herrscht Konkurrenz bis aufs Messer. Wenn ich ein Nickerchen mache, hab ich schon verloren. Ich muss immer auf Hochtouren laufen.«

Ganz im Sinne meines integrativen Ansatzes verordnete ich Roger Veränderungen im Bereich Geist/Körper/Seele. Als Erstes verschrieb ich ihm eine Woche Urlaub mit seiner Frau. Seine Kinder und seinen Blackberry sollte er zu Hause lassen. In dieser Woche, so schärfte ich ihm ein, sollte er jede Stunde zehn Minuten lang nichts anderes machen als Beruhigungs- und Atemübungen. Dadurch sollte er die Gewohnheit entwickeln, kleine Ruhepunkte in seinen Tag einzubauen – Zeiten, in denen er sich aktiv entspannen und erholen konnte. Da es Roger schwerfiel, zur Ruhe zu finden, stellte ich ihm einen HRV-Monitor für ein Biofeedback-Training zur Verfügung. Dieses geniale Gerät setzt die Schwankungen der Herzfrequenz in eine Farbenanzeige um: Grün/blau bedeutet einen entspannten Herzschlag, rot/orange einen beschleunigten (gestressten) Puls. Wenn Roger heimkam, sollte er sich an den Monitor anschließen und sich darauf konzentrieren, das Licht in den blauen und grünen Entspannungsbereich zu bringen. Nach einigen Versuchen hatte er intuitiv den Dreh raus. Um seinem Körper das Entspannungsgefühl einzuprägen, empfahl ich Roger, zweimal täglich jeweils zehn Minuten lang mit dem Biofeedbackmonitor zu üben. Zudem verschrieb ich Akupunktur zur Beruhigung seiner Nerven und einige Nahrungsergänzungsmittel, die ich für hilfreich hielt. Einen Monat später berichtete er mir beim Nachuntersuchungstermin, er habe mit der Nahrungsergänzung, dem Biofeedback und der wöchentlichen Akupunktur weitergemacht und das Programm helfe. Er fragte mich sogar nach einigen neuen Entspannungstechniken. Am allerbesten war in seinen Augen, dass die Befreiung vom Superstress seinen beruflichen Biss nicht im geringsten beeinträchtigt hatte. Er fühlte sich sogar leistungsfähiger und energiegeladener als seit Jahren.

Die körperlichen Auswirkungen von Superstress

Von allen Ausdrucksformen von Stress fallen den Betroffenen die körperlichen Auswirkungen am wenigsten auf. Doch da Hormone die Stimmung beeinflussen und der Körper sie als chemische Botenstoffe nutzt, beeinträchtigt Superstress praktisch jedes Organ vom Gehirn über das Herz bis zum Verdauungstrakt.

Das Herz-Kreislauf-System

Stress wirkt in vielfältiger Weise auf das Herz ein. Zunächst einmal steigern die Stresshormone Cortisol und Adrenalin Pumpleistung und Pulsfrequenz und stellen zudem die Blutgefäße eng. Diese Verengung hat zur Folge, dass der Bluttransport zurück zum Herzen erschwert wird. Da das Herz ein Muskel ist, benötigt es zudem selbst sauerstoffreiches Blut, um seine Pumpleistung aufrechtzuerhalten. Es muss daher in beiden Hinsichten schwerer arbeiten. Darüber hinaus befehlen die Stresshormone dem Körperfett, Fettsäuren ins Blut freizusetzen, damit Energie für eine schnelle Reaktion zur Verfügung steht. Doch frei im Blut zirkulierende Fettsäuren wandeln sich rasch in Cholesterin um, und das ist bekanntlich nicht sehr herzfreundlich. Schließlich habe ich schon erwähnt, dass Stress den Blutdruck erhöht, und wenn zu lange ein erhöhter Blutdruck besteht, bilden sich Ablagerungen in den Arterien. Sind ausgeprägte Plaques vorhanden, ist ein Herzinfarkt nicht mehr weit.

Das Gehirn

Aus unserer im Gedächtnis verfestigten Erfahrung wissen wir, dass es ratsam ist, wachsam zu bleiben und nachteilige Situationen zu meiden. Die Amygdala, auch Mandelkern genannt, ein kleines Gehirnareal an der Innenseite des Schläfenlappens, speichert hauptsächlich emotional getönte Erlebnisse, ob positive oder negative. So bewahrt sie Erinnerungen an alles, was uns einmal Angst eingejagt hat – sogar an Dinge, die wir lieber vergessen würden. Sie sorgt dafür, dass wir es automatisch vermeiden, die Fläche eines Bügeleisens anzufassen, um zu prüfen, ob es eingeschaltet ist – wenn wir uns einmal die Finger daran verbrannt haben. Ähnlich geht es einem Vietnam-Veteranen, der jetzt seit 35 Jahren Golf spielt und sich beim Knall einer Fehlzündung eines Golfwagens zu Boden wirft, wie damals im Dschungel im Feuer von Heckenschützen. Die Amygdala warnt uns auch dann vor Gefahr, wenn sie auf etwas reagiert, das im Grunde gar nicht gefährlich ist.

Doch dem Gehirn geht es wie dem Herzen: Die sich addierende Wirkung von wiederholtem Stress tut ihm nicht gut. Auch hier ist das Hormon Cortisol der Missetäter. Kurzfristig kann uns Cortisol aus brenzligen Situationen heraushelfen, doch eine Dauerbehandlung mit dieser chemischen Substanz ist nicht das, was der Arzt dem Gehirn verordnen würde. Zunächst einmal greift Cortisol Nervenzellen im Hippocampus – auch Ammonshorn, ein Teil des limbischen Systems, das für Gedächtnis und Lernen zuständig ist – an, lässt sie schrumpfen und manche sogar absterben. Die verbleibenden Neuronen weisen weniger Kontaktstellen zu anderen Nervenzellen auf.

Jedes Neuron im Gehirn steht normalerweise über zahlreiche solcher Synapsen mit anderen Neuronen in Verbindung. Die Nervenzellen sind also miteinander vernetzt. Über die Synapsen tauschen sie Signale aus und verarbeiten auf diese Weise Information. Wie beim Networking dreht sich alles um Kontakte. Ohne gute Kontakte ist man verloren, und den Nervenzellen geht es nicht anders. Unter Stress aber können sich die Verknüpfungen zwischen den Gehirnneuronen, die unsere wertvollsten Erinnerungen bewahren, auflösen.

Die Sache geht aber noch weiter: Das Gehirn ist plastisch – das heißt, es erneuert sich unaufhörlich selbst, bildet neue Neuronen und Synapsen. Dadurch können wir neue Information verarbeiten. Doch allem Anschein nach unterdrückt wiederholter Stress die Entstehung neuer Nervenzellen. Infolgedessen schrumpft der Hippocampus, was wiederum unsere Lernfähigkeit beeinträchtigt.

Cortisol spielt eine Rolle beim Abruf von Erinnerungen sowohl aus dem Langzeit- als auch dem Kurzzeitgedächtnis. Ein Beispiel: Ihr Mann und fünf Kinder warten am Auto, bereit zum Aufbruch in den Zoo, und Sie haben den Zündschlüssel verlegt. »Wo habe ich ihn bloß zuletzt gehabt?« Sie durchwühlen Jackentaschen, Handtasche und Windeltasche. Und je länger Sie erfolglos kramen, desto gestresster werden Sie, und je mehr Ihr Stresspegel steigt, desto mehr Cortisol wird freigesetzt, und je mehr Ihr Cortisolspiegel steigt, desto schlechter können Sie sich erinnern, wo Sie den Schlüssel hingetan haben. Zu viel Cortisol im Blut kann auch den Abruf von Erinnerungen aus dem Langzeitgedächtnis erschweren. Aus diesem Grund stürzt eine Krisensituation viele Leute in Verwirrung und Orientierungslosigkeit. Manchmal bedarf es dazu nicht einmal einer Krise. Es kann schon genügen, dass Sie mit einer Freundin durch die Fußgängerzone bummeln und auf eine andere Freundin treffen, die Sie jetzt Freundin Nummer eins vorstellen müssen. Wie war doch gleich ihr Name? Totale Mattscheibe. Wieso fällt Ihnen ausgerechnet der Name einer guten Freundin nicht ein? Was ist nur los? Auch dafür können Sie sich bei Ihren Stresshormonen bedanken.

Das Verdauungssystem

Wenn ein Urzeitlöwe einen Urzeitmenschen jagte, fuhr das Verdauungssystem des Ersteren vermutlich hoch, das des Letzteren fast ganz runter – schließlich wurde es jetzt nicht gebraucht. Wer hat schon Zeit, an ein Schinkenbrot zu denken, wenn er vor einem zähnefletschenden Raubtier davonläuft? Da der normale Verdauungsprozess nichts zur Bewältigung akuter Gefahrensituationen beiträgt, ist es sinnvoll, die dafür benötigte Energie an anderer Stelle einzusetzen. Daher hemmen Stresshormone die Verdauung und steigern bei länger anhaltendem Stress die Produktion von Magensäure. Wir wissen zwar, dass Letzteres nicht *unmittelbar* Magengeschwüre verursacht – daran ist erwiesenermaßen meist das Bakterium Helicobacter pylori schuld –, doch Wissenschaftler sind der Ansicht, dass zu viel Magensäure die vor Infektionen schützende Magenschleimhaut zerfrisst und H. pylori damit einen viel günstigeren Nährboden bietet.

Wie Superstress den Ernährungszustand verschlechtert

Länger bestehender Stress kann auch den Darm reizen und Durchfall oder Verstopfung, Krämpfe und Völlegefühl hervorrufen. Infolgedessen verschlimmert sich ein bereits bestehender Reizdarm durch Stress. Wenn Sie verstehen möchten, was im Verdauungstrakt eines supergestressten Menschen physiologisch schieflaufen kann – und das ist eine ganze Menge –, sollten Sie zunächst in groben Zügen über den normal verlaufenden Verdauungsprozess Bescheid wissen.

Der Verdauungsvorgang beginnt im Mund und setzt sich im Magen fort, wo Verdauungsenzyme die Nahrung in winzige Bestandteile zerlegen. Der Nahrungsbrei gelangt dann in den Dünndarm, wo weitere Verdauungsenzyme und eine gesunde probiotische Darmflora auf ihn warten. Die Enzyme setzen die Aufspaltung der verzehrten Nahrung in immer kleinere Eiweiß-, Fett- und Kohlenhydratbausteine fort, die schließlich durch die Darmwände in den Blutstrom aufgenommen werden. Das Blut bringt so die Nährstoffe zu allen Körperzellen. Hört sich ganz einfach an, nicht wahr? Normalerweise ist es das auch. Tritt jedoch Superstress auf den Plan, beginnt die Sache leider aus dem Ruder zu laufen.

Im Darm gibt es nicht nur die Darmflora, sondern auch Andockstellen für Serotonin. Diese Rezeptoren empfangen Steuersignale vom Gehirn. Wenn Sie in einer chronischen Stresssituation stecken, befiehlt das Gehirn Herunterfahren und zieht wie erwähnt den Großteil Ihrer Energie von der Verdauung ab. Infolgedessen produzieren Sie entweder zu wenig oder zu viel Magensäure. Produzieren Sie über längere Zeit zu viel Magensäure, können Sie an der Refluxkrankheit – einer Entzündung der Speiseröhre durch zurücklaufende Magensäure mit Sodbrennen und saurem Aufstoßen – oder schlimmer noch an einem Barrett-Ösophagus erkranken. Das ist eine chronische Form von Magengeschwür infolge einer lange bestehenden Refluxkrankheit. Die anhaltende Einwirkung eines übersäuerten Milieus kann normale Magenschleimhautzellen zu einer Vorstufe von Krebs entarten lassen, was engmaschige medizinische Kontrollen notwendig macht.

Erzeugen Sie dagegen zu wenig Magensäure, kommt sehr wahrscheinlich eine physiologische Kaskade ungewollter Prozesse in Gang. Die kann etwa so aussehen: Wenn Ihnen Magensäure fehlt, setzt Ihr Magen weniger Verdauungsenzyme frei. Dies bedeutet, dass Sie Ihre Nahrung weniger effektiv verdauen. Dies wiederum bedeutet, dass in Ihrem Dünn- und Dickdarm Gase entstehen und Sie sich aufgebläht fühlen. Dies wiederum bedeutet, dass die Nahrung, die Ihr Magen-Darm-Trakt eigentlich aufschließen sollte, eher vergoren als verdaut wird. Dies wiederum bedeutet, dass Sie weniger Mikronährstoffe aufnehmen. Dies wiederum bedeutet, dass die probiotische Flora die Nahrung deutlich schlechter vorverdaut, weil der Darm gegenüber der zu verdauenden Nahrungsmenge einfach von zu wenig Bakterien besiedelt ist. Daher verschlechtern sich auch die Ernährungsbedingungen für die Schleimhautzellen, die den Darm auskleiden, so dass sie ihre Wirksamkeit als Schutzbarriere des Körpers gegen unerwünschte Nahrungsbestandteile einbüßen.

Diese unerwünschte Kaskade hat mehrere Folgewirkungen. Die gravierendste besteht darin, dass der Körper nicht mehr ausreichend ernährt wird. Mit anderen Worten, selbst wenn Sie tüchtig essen, ziehen Sie mit einer gestörten Verdauung zu wenig Nutzen (sprich: Energie) aus der aufgenommenen Nahrung. Obendrein werden Sie anfälliger für Entzündungen. Der Grund dafür: Wenn der Nahrungsbrei den Darm nicht so passiert, wie er soll, dann reagiert das Immunsystem. Dies gilt insbesondere dann, wenn der Darm so schlecht ernährt ist, dass sich in seinen Wänden durchlässige Stellen bilden und Moleküle aus der Nahrung an Orte im Körper dringen, wo sie nicht hingehören. Dann deutet das Immunsystem diese unerwünschten Moleküle als Fremdkörper und beginnt Zytokine auszuschütten. Diese zellaktivierenden Substanzen mobilisieren quasi die Truppen. Wenn dann die Armeen des Immunsystems gegen die fremden Moleküle losschlagen, entsteht eine Entzündung, die sich nicht nur in Lebensmittelallergien und Hautausschlägen ausdrücken kann, sondern, wie Sie jetzt bereits wissen, unter Umständen noch weitaus schlimmeren Schaden anrichtet. Das heißt, Entzündungen können Sie auf zellulärer Ebene fertigmachen, Ihnen alle Mikronährstoffe rauben und Ihre allgemeine körperliche Abwehr schwächen.

Superstress verschlechtert den Ernährungszustand aber auch, weil er in den Stoffwechsel eingreift. Während die Stresshormone dem Körper in der »Flucht-oder-Kampf«-Situation wichtige Nährstoffe entziehen, ereignen sich etwa 1400 chemische Veränderungen. Der Stoffwechsel beschleunigt sich, denn der Körper glaubt, Sie bräuchten zusätzliche Energie zum Überleben. Obwohl Sie also durchaus Nährstoffe erhalten mögen, so brauchen Sie sie doch schneller auf. Sie scheiden über die Nieren übermäßig viel – beruhigendes – Magnesium aus. Sie plündern Ihren Vitamin-B-Speicher, auch den von Vitamin B_{12}, und B-Vitamine sind unerlässlich für eine gesunde Zellentwicklung (und in gewisser Weise auch ein ruhiges Gemüt). Mangelnde Nährstoffreserven könnten auch erklären, warum supergestresste Menschen sich oft so matt fühlen. Ein letzter Punkt: Die während der Stressreaktion ausgeschütteten Hormone können den Spiegel der beruhigenden

Hormone Serotonin und Oxytocin senken. Oxytocinmangel kann Einsamkeitsgefühle hervorrufen, und bei manchen Menschen löst zu wenig Serotonin Heißhunger auf Kohlenhydrate aus. Wenn Sie sich also wundern, warum Sie heute nach der Arbeit scheinbar grundlos über die Keksdose herfallen, dann wissen Sie jetzt Bescheid.

Das Immunsystem

Nicht selten erkrankt man, wenn man gestresst ist. Doch nicht der Stress macht uns krank. Vielmehr schafft Stress veränderte Bedingungen im Körper, und diese machen uns anfälliger für Krankheiten. Der Stresshormonzyklus und das Immunsystem beeinflussen sich wechselseitig, so dass die Zahl der für die Abwehr wichtigen Lymphozyten sinkt. Das macht Sie anfälliger für Erkältungen, Grippe, Erschöpfung und Ansteckung. Ein hoher Cortisolspiegel hemmt die weißen, krankheitsbekämpfenden Blutzellen, weil sich der Körper im akuten Stressmodus zu befinden glaubt und die Immunzellen daher an andere Orte schickt als dorthin, wo sie eigentlich gebraucht werden. Am anderen Ende des Spektrums deutet sich an, dass chronischer Stress zu einem überaktiven Immunsystem führen kann, was wiederum das Risiko für Autoimmunerkrankungen wie Lupus erythematodes (der sich in Hautausschlägen äußert) oder multiple Sklerose erhöht. Stress spielt zudem erwiesenermaßen eine Rolle beim Aufflammen bestehender Autoimmunerkrankungen.

Nebennierenschwäche

Die Hauptaufgabe der Nebennieren besteht darin, auf Stress zu reagieren und alle für Flucht oder Kampf benötigten Ressourcen des Körpers bereitzustellen. Sie tun das, indem sie vermehrt Adrenalin und andere Hormone ausschütten. Dadurch steigen nicht nur Herzfrequenz und Blutdruck, sondern es werden auch Energiereserven zum sofortigen Verbrauch mobilisiert. Normalerweise bleiben die Nebennieren aktiv, bis die Situation vorüber ist, und kehren dann wieder in den Ruhezustand zurück, um sich für den nächsten Bedarfsfall zu rüsten. Doch da wir ständig überarbeitet, fehlernährt, Umweltgiften ausgesetzt und von Sorgen um andere zermürbt sind, und zwar ohne Atempause, sind die Nebennieren unablässig gefordert. Nach einer Weile führt das zu Nebennierenschwäche. Deren Auswirkungen können gravierend sein, etwa Erschöpfungs- und Schwächezustände, Unterdrückung des Immunsystems, hormonelles Ungleichgewicht, Hautprobleme, Autoimmunerkrankungen, Verstimmung oder Depression. Nebennierenschwäche kann bei vielen stressbedingten Beschwerden eine Rolle spielen, unter anderem bei Fibromyalgie und chronischem Erschöpfungssyndrom.

Die psychischen Auswirkungen von Superstress

Werden häufig Stresshormone ausgeschüttet, sinkt der Serotoninspiegel im Körper. Das ist nicht wünschenswert, denn Serotonin ist einer der wichtigsten Botenstoffe für eine ausgeglichene Stimmung. Ein Serotoninmangel kann Wut und Reizbarkeit auslösen. Auch die Schlafgewohnheiten und der Appetit werden von Serotonin beeinflusst. Doch wie Sie vielleicht schon ahnen, wird seine Wirkung von Stresshormonen im Blut beeinträchtigt. An den Botenstoffen des Körpers zeigt sich allerdings bei weitem nicht der einzige Zusammenhang zwischen unserem emotionalen Wohlbefinden und Superstress.

Superstress beeinflusst unsere Psyche durch Verengung unseres Blickwinkels; er setzt uns quasi emotionale Scheuklappen auf. Bei übermäßigem Stress schalten wir automatisch in den Überlebensmodus und vergessen, dass wir Wahlmöglichkeiten und Alternativen haben. Ein hypothetisches Beispiel: Nehmen wir an, Sie seien eine alleinstehende Frau, die gerade erst in eine Großstadt gezogen ist und unter Superstress leidet. Sie sind zu einem Grillabend eingeladen, und bei Ihrem Eintreffen ist der Garten bereits voller Leute. Doch statt die Gelegenheit beim Schopf zu packen und sich unter sie zu mischen und neue Bekanntschaften zu machen, geht Ihnen alles mögliche Unerledigte im Kopf herum: Sie müssen noch einen Bericht fertig schreiben, einen Schrank streichen, einen Ölwechsel machen lassen. Statt sich zu amüsieren, denken Sie immer nur daran, wie viel Zeit Sie hier verschwenden. Deshalb gehen Sie schnurstracks auf die Leute zu, die Sie schon kennen. Ein rasches Hallo, das Geständnis, dass Sie »noch Arbeit« hätten, eine flüchtige Kusshand an die Gastgeberin, und weg sind Sie. Wie können Sie sich amüsieren, wenn Sie mit *Ihren Gedanken* ganz woanders sind als dort, wo *Sie* gerade sind? Und was ist mit diesem Bericht, der zu Hause auf Sie wartet? Den müssen Sie doch erst in zwei Wochen abgeben, doch er liegt Ihnen auf der Seele, bis er unterschrieben, eingetütet und abgeschickt ist. Und danach fangen Sie an, alles in Frage zu stellen, was Sie geschrieben haben. So beeinflusst Superstress die Psyche. Man sieht es nicht. Man kann es nicht messen. Nur reine, nackte Angst und Unfähigkeit, sich zu vergnügen. In solchen Fällen ist Superstress ein Räuber. Er beraubt Sie einer Gelegenheit, das Leben in vollen Zügen zu genießen.

Doch *Sie* sind sein Komplize, weil hinter der Psychologie die Biologie steckt. Jeder seelische Zustand wirkt sich körperlich aus. Superstress ist sehr viel komplexer als gewöhnlicher Dauerstress und sehr viel heimtückischer. Supergestresste Menschen merken nicht einmal, dass sie unter Stress stehen. Sie durchlaufen immer wieder dieselbe Endlosschleife der Angst, Depression oder Isolation – und weil sie schon so lange an diesen Zustand angepasst sind, haben sie keine Ahnung von den Vorgängen in ihrem Körper. Stellen Sie sich vor, Sie hätten einen Stein im Schuh. Wenn Sie lange genug damit herumlaufen, spüren Sie ihn irgendwann nicht mehr. Stellen Sie sich vor, Sie würden an einer Bahnstrecke wohnen – am Anfang, kurz nach dem Einzug, treibt der Lärm Sie fast in den Wahnsinn, doch mit der Zeit fällt er Ihnen gar nicht mehr auf. Aber er ist immer noch da. Aufgrund eben dieses Gewöhnungs- oder Anpassungseffekts fühlen sich Menschen mit Superstress nicht gestresst. Sie fühlen sich abgestumpft. Und das ist schlimmer.

Abstumpfung bedeutet eigentlich Stillstand. Aber das ist nichts Neues. Es begegnet mir Tag für Tag in meiner Praxis. Vor gar nicht allzu langer Zeit suchte mich ein Herr auf, ein Buchhalter in den Vierzigern. Er kam, weil er nicht schlafen konnte. Bei ihm lag ein klassischer Fall von Schlaflosigkeit vor, und er wollte ein Medikament dagegen, das ich ihm auch verschrieb, weil ich wusste, dass es ihm helfen würde. Aber wir sprachen nicht über die Gründe seiner Schlaflosigkeit, denn er war so in Eile, dass er keine Zeit dazu hatte – und im Grund war er ja nur wegen der Tabletten gekommen. Sie halfen natürlich – er schlief. Doch als die Packung aufgebraucht war, musste er wiederkommen. Warum? Weil die Pille nur ein Pflaster, eine medizinische Notlösung war. Wir waren seiner chronischen Schlaflosigkeit nicht auf den Grund gegangen. Und jetzt schläft er selbst mit Tabletten nicht mehr. Ich sah ihm sofort an, dass seine chronische Schlafstörung auf Superstress beruhte. Die Symptome lagen auf der Hand. Aus den wenigen Worten, die wir wechselten, erfuhr ich, dass er nur seine Arbeit im Kopf hatte, sich schlecht ernährte, kurz vor der Scheidung stand. Sein Sohn hat ADS, was er nicht »in den Griff« bekam. Sein alter Vater war auf seine Hilfe angewiesen, und er hatte keine Geschwister, die sich an der Pflege beteiligen konnten. Doch was ihn betraf, ihm ging's gut. Solange er eine Tablette hatte, um die Nacht zu überstehen, würde er alles andere auch überstehen. Ende der Geschichte.

Doch damit endet die Geschichte eben nicht. Die eigentliche Geschichte – die *ganze* Geschichte – ist, dass es weitaus mehr Alternativen gäbe. Doch er will nichts davon hören. Sich mit Tabletten, Alkohol oder übermäßigem Essen zu betäuben, zögert das Unausweichliche nur hinaus. Traurig an der Geschichte ist in meinen Augen, dass Menschen wie dieser Buchhalter glauben, sie kämen ganz gut zurecht – solange sie nur ihr Rezept bekommen. Doch das ist kein Leben. Es ist nur eines von vielen Beispielen für ein ausgelastetes Leben … aber nicht für ein erfülltes.

Die Auswirkungen von Superstress auf das Verhalten

Wollte man stressbedingtes Verhalten in ein Gemälde bannen, bräuchte man eine Farbpalette der Extreme. Wenn Sie sich beispielsweise sechs Wochen lang in ein Zimmer einschließen, um für ein Examen zu büffeln, dann tun Sie das, weil Sie glauben, dass dieses Verhalten Sie durch eine Krise bringt, auch wenn Sie sehr gut wissen, dass es Ihnen nicht guttut. Extrem gestresste Menschen achten sehr oft nicht auf eine gesunde Lebensweise. Sie rauchen vielleicht, trinken mehr als normal, essen mehr als normal und schlafen weniger als normal. Sie halsen sich zu viel auf einmal auf, sind immer in Eile und stopfen sich den Tag so voll, dass ihnen kaum Raum zum Atemschöpfen bleibt. Da supergestressten Menschen subjektiv immer die Faust im Nacken sitzt, verhalten sie sich in der Regel reflexartig und in eingefahrenen Bahnen. Sie vergessen, dass sie Alternativen haben. Doch statt innezuhalten und über ihr Tun nachzudenken – *Will ich wirklich einen dritten Schokoriegel essen?* –, geben sie ihren Impulsen einfach nach.

Solche Verhaltensweisen greifen ineinander und schaukeln sich gegenseitig hoch – aber dabei kommt nie etwas Gutes heraus. Nehmen wir beispielsweise an, Sie haben einen neuen Vorgesetzten, und Sie beide sind sich in nichts einig. Sie machen sich Sorgen um Ihre Stelle, und nun haben auch noch Ihre Kollegen Lunte gerochen und ziehen sich von Ihnen zurück. Um sich zu trösten, gönnen Sie sich einen Kaufrausch, obwohl auf Ihrem Konto wegen eines ähnlichen Anfalls letzte Woche schon ziemliche Ebbe herrscht. Obendrein fangen Sie wieder an Nägel zu kauen, und sehr bald schlafen Sie auch nicht mehr gut. Schlafmangel steigert, wie man weiß, den Appetit, weshalb Sie dazu verurteilt sind, mehr zu essen. Und dann kommt der Gnadenstoß: Um halb zwölf nachts ruft Sie Ihr Freund an und macht mit Ihnen Schluss. Wie sollen Sie sich besser darüber hinwegtrösten als mit einem mitternächtlichen Gang zum Kühlschrank? Und wenn Sie davor stehen, wonach werden Sie dann greifen?

Bestimmt nicht nach einem Spinatsalat, das kann ich Ihnen flüstern.

Objekt Ihrer Begierde ist Süßes, Fettes, was Sie natürlich nicht nur an Mama erinnert, sondern auch kalorienträchtig ist und schließlich die Pfunde wuchern lässt. Nun haben Sie einen zweifachen Tiefschlag zu verkraften: Sie müssen sich nicht nur wieder in den Partnermarkt stürzen, sondern Sie kommen sich auch obendrein noch dick vor. Jetzt fühlen Sie sich vielleicht sehr alleine, doch allgemeiner gesehen sind Sie das keineswegs. In der schon zitierten APA-Umfrage gaben 66 Prozent der befragten Raucher an, unter Stress mehr zu rauchen. 17 Prozent der Alkoholkonsumenten sagten, sie hätten in der Woche vor der Befragung zu viel getrunken, wenn sie Stress hatten. Die Hälfte der Erwachsenen (48 Prozent) fand nur schlecht Schlaf, wenn sie gestresst war, und knapp die Hälfte (43 Prozent) aß zu viel oder ungesund.

Wenn Stress den Schlaf stört

Natürlich gibt es eine Reihe naheliegender Gründe für schlechten Schlaf, von denen Ihnen wahrscheinlich viele schon lange bekannt sind: spät abends Kaffee trinken, kurz vor dem Zubettgehen Sport treiben, ein Nickerchen zu kurz vor der Schlafenszeit, im Bett einen Horrorfilm anschauen. Doch das wirksamste Aufputschmittel, um Sie nachts wach zu halten – und das wissen Sie sicher aus Erfahrung –, ist Stress. Und wenn Sie im Superstress sind, dann sind chronische Schlafprobleme praktisch garantiert.

Aber warum schlafen manche Menschen in Stressphasen schlecht, während anderen das überhaupt nichts auszumachen scheint? Dieser Frage gingen mehrere Studien nach. Eine Antwort liegt möglicherweise darin, dass Menschen ihre Lebenswelt unterschiedlich bewerten. Avi Sadeh von der Tel Aviv University untersuchte die Schlafmuster von 36 Studenten im Alter von 22 bis 32 Jahren während einer normalen Arbeitswoche (geringer Stress) und dann erneut während eines sehr stressigen Monats.[8] In beiden Fällen schliefen die Probanden, die sich zuvor als ängstlich und besorgt beurteilt hatten, weniger als diejenigen, die eher nicht über

ihre Gefühle nachgrübelten und sich daher gegen den Stress ab-
schotten konnten. Dieses Ergebnis liefert einen wissenschaftlichen
Beweis für das, was wir (geübte Pessimisten) bereits wissen.

Auch Hormone spielen im nächtlichen Drama stressgeplagter
Menschen eine unterstützende Rolle. Forscher vom College of
Medicine der Pennsylvania State University glauben einen Grund
hierfür entdeckt zu haben, weshalb Männer im mittleren Alter
schlechter schlafen.[9] Wenn Männer altern, werden sie empfindlicher
für die anregende Wirkung des Corticotropin-Freisetzenden Fak-
tors (CRH), eines mit Stress zusammenhängenden Hormons. Zu
Studienzwecken wurde sowohl jungen Männern als auch solchen
mittleren Alters CRH verabreicht. Die älteren Männer brauchten
länger zum Einschlafen und erreichten nur eine geringere Schlaf-
tiefe als die jüngeren. Dies spricht dafür, dass chronische Schlaflosigkeit im mittleren Alter möglicherweise auf gesteigerte Emp-
findlichkeit gegenüber Stresshormonen wie CRH und Cortisol
zurückzuführen ist.

In einer anderen Studie verglich dieselbe Wissenschaftlergruppe
Patienten mit Schlaflosigkeit mit Probanden ohne Schlafstörungen. Dabei stellte sie fest, dass »Asomniker mit den ausgeprägtesten
Schlafstörungen die höchsten Cortisolspiegel aufwiesen, insbesondere während der Abend- und Nachtstunden«. Den Forschern zufolge deutet dies darauf hin, dass chronische Schlaflosigkeit eine
auf dauerhafter Übererregung des Stressantwortsystems des Körpers beruhende Störung ist.[10]

Die Auswirkungen von Schlafmangel

Obwohl die meisten Menschen die Auswirkungen von ungenü-
gendem Schlaf abtun oder abstreiten, haben Studien mit Schlafentzug gezeigt, dass Schlafmangel schwerwiegende Folgen nach
sich ziehen kann. Wenn sich ein großes Schlafdefizit ansammelt,
leiden Aufmerksamkeit, Kurzzeitgedächtnis und Urteilsvermögen.
Überdies erleben die Betroffenen, dem Neuropsychologen Stanley

Coren von der University of British Columbia zufolge, Episoden von »Sekundenschlaf«. Dank ihrer »von der Uhr getriebenen High-Tech-Lebensweise«, so Coren, schiebt jeder Amerikaner derzeit ein Schlafdefizit von durchschnittlich 500 Stunden pro Jahr vor sich her.[11]

Auf Vorrat schlafen geht nicht. Sicher, ein einstündiges Mittagsschläfchen (träume ich?) würde viel dazu beitragen, das nationale Schlafdefizit abzubauen. Selbst 15 oder 20 Minuten zur Mittagszeit können jeden wieder viel aufmerksamer und leistungsfähiger machen. Und den vielpropagierten »Energieschlaf« oder »Power nap« nicht zu vergessen! Doch die Schlafforscher sagen uns, dass man kein »Guthaben« auf einem »Schlafkonto« anlegen kann, selbst wenn man am Wochenende viel Schlaf nachholt.

Schlafmangel ist für supergestresste Menschen ein gravierendes Problem, denn sie schlafen ohnehin schon nicht so gut oder lange wie ihre nichtgestressten Mitmenschen. Falls dies auf Sie zutrifft, können Sie sich vermutlich auch nicht entspannen, und das belastet einen ununterbrochen auf Hochtouren laufenden Körper sehr. Ohne es zu merken, stehen Sie die ganze Zeit unter Hormonen wie Cortisol. So bleibt dem Körper keine Erholungspause. Dauerhafter, cortisolbedingter Schlafentzug kann bei ohnehin schon supergestressten Menschen ziemlich unwillkommene Konsequenzen nach sich ziehen, etwa die folgenden:

Verminderte geistige Leistung. Schlaf ist nicht weniger unerlässlich für die Gehirnfunktion als Luft, Wasser und Nahrung. Schlafmangel setzt die geistige Leistungsfähigkeit herab; man fühlt sich benebelt, es unterlaufen einem Fehleinschätzungen, und Aktivitäten des Tages gehen oft nicht ins Langzeitgedächtnis ein.

Dickwerden im Schlaf. O nein, bloß nicht! Nicht noch etwas, das die Hüften schwellen lässt! Wie soll man denn, so fragen Sie jetzt vielleicht, von Schlafmangel dick werden? Das ist evolutionär, mein lieber Watson. Einer Theorie zufolge futterten sich die Urmenschen im Sommer, wenn es Nahrung in Hülle und Fülle gab und die Nächte kurz waren, Fettpolster an. Daher meint unser Gehirn, wenn wir nur kurz schlafen, es sei Sommer, und signalisiert dem Körper, für die kommenden langen Winternächte zuzulegen. Einer anderen Theorie zufolge werden zwei appetitsteuernde Hormone, Leptin und Ghrelin, von Schlafmangel beeinflusst. Das appetitzügelnde Leptin nimmt offenbar ab, wenn man zu wenig schläft. Dagegen wird bei Schlafmangel mehr appetitanregendes Ghrelin produziert. Deshalb strebt der Zuwenigschläfer direkt zur Vorratskammer, um sich einzuverleiben, was gerade da ist. Natürlich erklärt sich der gesunde Menschenverstand das auch so, dass Schlaflose sich irgendwie die Zeit vertreiben müssen. Und was ist unterhaltsamer (oder angenehmer), als um drei Uhr morgens den Kühlschrank zu plündern? Da denkt man doch als Letztes an das Stresshormon Cortisol. Anhaltende Schlaflosigkeit führt zur Ausschüttung von Cortisol ins Blut. Cortisol ist der Platzanweiser des Bauches für Bauchfett. Je mehr Cortisol, desto nachdrücklicher die Einladung an Fett, sich in unserer Mitte niederzulassen. Aber das wissen Sie ja schon.

Typ-II-Diabetes. Schlaflosigkeit erhöht das Risiko, an Typ-II-Diabetes zu erkranken. Erneut scheint Cortisol der Übeltäter zu sein, denn es regelt den Blutzucker. Ist zu viel Zucker im Blut, schüttet die Bauchspeicheldrüse vermehrt Insulin aus, um den Zuckerspiegel zu senken. Mit der Zeit führt dies zu Insulinresistenz, das heißt die Zellen sprechen nicht mehr richtig auf das Insulin an. Insulinresistenz aber kann zu Typ-II-Diabetes führen. Hohe Insulinspiegel im Blut veranlassen zudem den Körper, Fett einzulagern, und steigern damit zusätzlich die Gefahr der Fettleibigkeit.

Frühes Altern. Wie die Medizinprofessorin Eve Van Cauter von der University of Chicago feststellte, ziehen schlafmangelbedingte Veränderungen des Stoffwechsels und des Hormonhaushalts Folgen nach sich, die vielen typischen Alterserscheinungen ähneln. Überdies erklärt Cauter: »Chronischer Schlafmangel könnte nicht nur das Einsetzen alterbedingter Erkrankungen wie Diabetes, Bluthochdruck, Übergewicht und Gedächtnisschwäche beschleunigen, sondern auch ihren Schweregrad steigern.«[12]

Stimmungsschwankungen. Als man erstmals die Auswirkungen von Schlafmangel auf das Gefühlssystem des Gehirns auf neuronaler Ebene untersuchte, kam eine Studie mit bildgebenden Verfahren zu dem Schluss, dass guter Nachtschlaf die Stimmung heben kann und einen die emotionalen Anforderungen des nächsten Tages besser bewältigen lässt. Dagegen führt Schlafentzug zum gegenteiligen Effekt, da er gerade die am engsten mit Depression, Angst und anderen psychischen Störungen verbundene Gehirnregion übermäßig stimuliert. Matthew Walker, Leiter des Sleep and Neuroimaging Laboratory der University of California in Berkeley und Mitautor der Studie, erklärt dazu: »Es ist fast, als sei das Gehirn ohne Schlaf in primitivere Aktivitätsmuster zurückgefallen, insofern es unfähig war, emotionale Erfahrungen in den Kontext einzuordnen und kontrollierte, angemessene Reaktionen zustandezubringen.«[13]

Entzündungen und Telomere: Das Neueste aus der Stressforschung

Ich hätte das Gefühl, Ihnen einen schlechten Dienst zu erweisen, wenn ich Ihnen das Allerneueste von der vordersten Front der Stressforschung vorenthielte. Fangen wir also mit den wissenschaftlichen Erkenntnissen über *Telomere* – ein Begriff, den Sie vielleicht noch nie gehört haben – und den Alterungsprozess an.

Telomere

Mittlerweile ist wissenschaftlich erwiesen, dass psychischer Stress zu vorzeitigem Altern und einem früheren Einsetzen altersabhängiger Krankheiten führt. Elissa Epel, Forscherin an der University of California, ist überzeugt, dass dies eng mit dem Alterungsprozess unserer Zellen zusammenhängt. In einer aktuellen Studie zeigten Epel und ihre Mitarbeiter, dass psychischer Dauerstress – sowohl subjektiver wie objektiver – sich deutlich auf die Telomere

auswirkt.[14] Die Telomere sind Sequenzen sich wiederholender
DNS-Bausteine, die wie Kappen auf den Chromosomenenden
sitzen. Sie ähneln den Plastikspitzen eines Schnürsenkels, die ver-
hindern, dass er sich aufdröselt. Bei jeder Zellteilung verlieren die
Telomere ein kleines Stückchen DNS. Unterschreiten sie eine bestimmte Länge, kann sich die Zelle nicht mehr teilen und stirbt.
Die Telomerverkürzung wirkt also als eine Art chromosomaler
Uhr, welche die Zellgenerationen rückwärts bis null zählt. Es gibt
allerdings einen Gegenspieler zu diesem Verkürzungsprozess: das
Reparaturenzym Telomerase, das die Telomere in gewissem Maß
wieder verlängern kann. Die Telomerlänge hängt unmittelbar damit zusammen, wie unsere Zellen altern – und infolgedessen, wie
wir altern.

Was hat dies alles mit Stress zu tun? Wenn Sie an einer chronischen Krankheit – einschließlich chronischem Stress – leiden,
verkürzen sich die Telomere schneller. Zudem nimmt im Verlauf
des Alterns die Aktivität der Telomerase ab. Die Reparatur- und
Regenerationsvorgänge in unserem Körper werden zunehmend
ineffektiver. Epel und ihre Kollegen führten einige Forschungspro-
jekte über Telomere und Telomerase durch. So verglichen sie zu
verschiedenen Zeitpunkten die Telomerlänge in Zellen von Frau-
en, die chronisch Kranke pflegten, mit der von nichtpflegenden,
weniger belasteten Frauen. Wie sich zeigte, hatten die Frauen, die
subjektiv am stärksten unter Stress standen, gegenüber den weniger belasteten kürzere Telomere. Deren Länge entsprach der bei
einem durchschnittlich *mindestens zehn Jahre älteren Menschen.*
Noch erstaunlicher jedoch war, dass die Telomere der pflegenden
Frauen, nachdem diese eine Stressreduktionsübung erlernt hatten, sich nach einer gewissen Zeit wieder verlängerten. Hier war
erstmals ein Gemütszustand mit einem genetischen Faktor kor-
reliert worden und hatte nachweislich eine umkehrende Wirkung
gezeigt. Diese Erkenntnisse dürften unser Wissen, wie Stress auf
zellulärer Ebene sowohl frühes Altern als auch den frühen Beginn
altersabhängiger Krankheiten fördert, deutlich voranbringen.

Entzündungen

Eine Entzündung ist eine physiologische Erscheinung, die bei chronischen Krankheiten und beim Altern eine große Rolle spielt. Wenn ich Arthritis als eine typische, mit Entzündungen verbundene Krankheit aufführe, wissen wohl die meisten, wovon ich spreche. Doch auch an koronarer Herzkrankheit, Asthma, Alzheimer, manchen Krebsformen und sogar Gemütszuständen wie Depression oder Angst könnten Entzündungen beteiligt sein. Zwar ist in diesen Fällen eine Entzündung nicht die einzige Ursache der Beschwerden, doch wir wissen heute, dass sie bei der Entstehung dieser Krankheiten eine gewichtige Rolle spielt.

Wie alle Prozesse im Körper ist eine begrenzte Entzündung nützlich. Eine massive Entzündung jedoch überfordert den Körper und ist daher schädlich. Eine Entzündung ist dann nützlich und positiv, wenn der Entzündungsreiz im Organismus einen Mechanismus in Gang setzt, der den Reiz beseitigt und die reizbedingte Schädigung repariert. Das klassische Beispiel ist eine Prellung oder Verstauchung. Entzündungszellen strömen zu der betroffenen Stelle und rufen durch gesteigerte Durchblutung Rötung, Erwärmung und Schwellung hervor. Andere Zellen kommen herbei, und alle gemeinsam machen sich an die Reparatur des Gewebes. Dann geht die Entzündung zurück, und Sie sind wieder auf dem Damm. Das ist der natürliche Schutzmechanismus des Körpers, und er ähnelt sehr stark akutem Stress – er ist eine natürliche und zweckdienliche Anpassung.

Gefährlich wird eine Entzündung dann, wenn sie wie Dauerstress zu lange besteht. Chronische Entzündungen können schwerwiegende Folgen haben: Arteriosklerose (Verdickung und Versteifung der Blutgefäße und dadurch bedingte Herzkrankheit), Bluthochdruck (Risikofaktor für Herzinfarkt und Schlaganfall), Insulinresistenz (Vorstufe von Diabetes), Übergewicht, Nierenversagen und Autoimmunerkrankungen wie Asthma, Allergien, chronische Polyarthritis und Lupus. Ein klassisches Beispiel für eine aus dem Ruder gelaufene Entzündung ist die koronare Herzkrankheit, die Todesursache Nummer eins bei Männern und Frauen. Diese Krankheit wird von drei möglichen Faktoren verursacht: Verklumpung der Blutplättchen, hoher Cholesterinspiegel und Entzündung. Die Entzündung schädigt zusätzlich die das Herz versorgenden Blutgefäße. Bilden sich Plaques aus Cholesterin in den Arterienwänden, werden bestimmte Zellen durch den Schaden alarmiert, herbeizueilen und den Schaden zu reparieren. Das tun sie auch, doch das Problem ist, wenn sie erst da sind, können sie nicht wieder fort. Schließlich drängen sie sich im Innern des Blutgefäßes und verengen dessen Durchmesser – wie wenn ein Obstbröckchen den Trinkhalm in Ihrem Smoothie verstopft. Verengt sich das Gefäß so sehr, dass es gänzlich verschlossen ist, kommt es zum Herzinfarkt.

Neuere Forschungen haben ergeben, dass bestimmte Gemütsverfassungen mit Entzündungen verknüpft sind. Und sie zeigen, dass Angst, Depression und PTBS diese verschlimmern. Und da Entzündungen von Natur aus sowohl zum Altern als auch zu chronischen Krankheiten dazugehören, gießen Sie praktisch Öl ins Feuer, wenn Sie supergestresst sind. Hier liegt auch der Grund, warum Superstress so viele Bereiche Ihrer Gesundheit beeinträchtigt: Sie schlafen nicht, Ihre Verdauung funktioniert nicht, und Ihr Immunsystem ist geschwächt. Nimmt man nun noch das gesteigerte Entzündungsrisiko hinzu, dann muss sich eine bereits vorhandene Krankheit zwangsläufig verschlimmern. Glücklicherweise jedoch kann der Körper eine Entzündung auf alternativen Wegen »abstellen«. Bestimmte Nahrungsmittel, Heilpflanzen, einige alternative Therapien und sogar Stressabbautechniken können als Hebel angesetzt werden, um die Entzündung zu bekämpfen und das Feuer zu löschen.

Nicht gerade nett, all das Gerede über Altern und Herzkrankheiten, geschrumpfte Nervenzellen, Nebennierenschwäche und mitternächtliche Fressanfälle. Es tut mir leid, dass ich ein derart düsteres Bild der Folgewirkungen von Superstress zeichnen muss. Doch er richtet bei jedem von uns dasselbe Unheil an, wenn auch auf unterschiedlichen Wegen. Die gute Nachricht lautet: Wenn die Lage nicht ganz so ist, wie Sie sie jetzt gerade haben möchten – das heißt, wenn Sie sich in den obigen Beispielen allzu oft wiedererkannt haben –, dann muss das nicht so bleiben. Und wenn Sie bei sich nur eine Tendenz in diese Richtung feststellen, kann ich Ihnen helfen, das Unvermeidliche zu verhüten. Niemand muss unter Superstress leiden. *Niemand.* Sie haben die Wahl. Sie können bestimmen, wie Sie Ihr Leben leben möchten.

Kapitel 2
Welcher Superstress-Typ sind Sie, und wie hoch ist Ihre Belastung?

Nun wissen Sie, was Superstress ausmacht und wie er sich körperlich und in der Lebensführung ganz allgemein bemerkbar machen kann. Sie sind daher bereit für den nächsten Schritt: herauszufinden, wie sehr Superstress *Ihren* Körper und *Ihr* Leben belastet. Natürlich werden wir im Anschluss daran zu dem wichtigsten Thema überhaupt kommen, nämlich wie Sie bestmöglich mit dem Superstress in Ihrem Leben fertigwerden.

Es gibt jede Menge Bücher und Zeitschriftenartikel mit jeder Menge Listen und jeder Menge nützlicher Tipps. Doch die Sache hat einen Haken: Kennen diese Bücher und Zeitschriften Sie persönlich? Wissen sie, was Ihren persönlichen Stress verursacht? Natürlich nicht. Wie sollten sie auch? Stress stellt sich bei jedem Menschen anders dar, und meist kennen wir selbst nicht einmal die Ursache. Und wie soll ein Zeitungsartikel Ihnen sagen können, was für Ihre speziellen Symptome das Beste ist, wenn er doch gar nichts von Ihren Symptomen weiß?

Dieses Buch will auf Sie ganz persönlich und auf Ihren persönlichen Stress eingehen und Ihnen auf Sie persönlich zugeschnittene Gegenstrategien vermitteln. Es will Ihnen helfen, sich selbst besser kennenzulernen und so herauszufinden, wie Sie ein möglichst stressfreies Leben führen können. Füllen Sie die nachfolgenden Fragebögen aus. Das erfordert nicht viel Zeit, aber es hilft Ihnen zum einen, besser zu verstehen, was und wie Ihnen geschieht. Zum anderen können Sie Ihren persönlichen Superstress-Typ und Ihren persönlichen Belastungsgrad ermitteln, um anschließend Ihre persönlichen Bewältigungsstrategien festzulegen.

Meiner Erfahrung nach treten Superstress-Symptome bündelweise auf – als allgemein bekannte, mit spezifischen Ausdrucksformen von Stress verbundene Persönlichkeits- und Verhaltensmuster. Ich bezeichne diese Bündel oder Muster von Verhaltensweisen als »*Superstress-Typen*«. Der erste Fragebogen ermittelt Ihren Superstress-Typ. Ich unterscheide fünf Superstress-Persönlichkeitstypen (Kurzbeschreibungen in Kapitel 10 ab Seite 273). Jeder lässt sich anhand Ihres Verhaltens und Ihrer Reaktionen auf Stress bestimmen. Viele von Ihnen werden jedoch feststellen, dass ihr Verhalten mehr als einem Typ entspricht.

Der zweite Fragebogen wird Ihnen zeigen, in welchen Teilen Ihres Körpers Sie Stress »speichern«. Bei manchen Menschen sitzt er in der Muskulatur, bei anderen im Bauch. Wieder andere bekommen die körperlichen Auswirkungen von Stress im Immunsystem zu spüren.

Mit Hilfe des dritten Fragebogens können Sie Ihre Widerstandskraft gegen Superstress ausloten. Er prüft Ihren Lebensstil und untersucht, ob er eher gesund ist – was Ihre Widerstandskraft gegen Superstress stärkt – oder ob er gesünder sein könnte. In diesem Fall könnten einige Korrekturen angebracht sein, um Ihre natürliche Belastbarkeit zu stärken.

Mit dem vierten Fragebogen erhalten Sie sehr rasch ein quantitatives Maß der belastenden Ereignisse, mit denen Sie im zurückliegenden Jahr konfrontiert waren. Manchmal begreifen wir erst durch eine solche Aufstellung, womit wir uns da eigentlich herumgeschlagen haben.

Die Ergebnisse dieser Fragebögen sollen Ihnen als Leitfaden für Teil II und III dieses Buches dienen. Ihre persönlichen Voraussetzungen – Ihre eingefahrene Reaktionsweise (Ihr Typ), die körperlichen Auswirkungen von Stress speziell bei Ihnen (wo Sie ihn speichern), Ihre Robustheit (oder deren Fehlen) und die Ereignisse des letzten Jahres – entscheiden darüber, welches der folgenden Superstress-Bewältigungsprogramme sich für Sie am besten eignet. Die Kenntnis Ihres eigenen Superstress-Profils verhilft Ihnen zu einer maßgeschneiderten Lösung.

Wenn Sie jetzt gleich zu den Fragebögen umblättern, dann halten Sie sich vor Augen, dass Sie ehrlich sein sollten. Die Antworten

sind reine Privatangelegenheit – Sie brauchen keiner Menschen-
seele je etwas davon zu erzählen –, aber sie können Ihnen den Weg
zu Ihrer eigenen, ganz persönlichen Zuflucht weisen.

Eine englische Kurzfassung dieser Fragebögen finden Sie online
unter: www.theSuperstresssolution.com

Fragebogen 1
Ihr Superstress-Typ

Wie gehen Sie mit stressigen Situationen um? Wie reagieren Sie unter Druck? Wenn Sie die folgenden 40 Fragen ehrlich beantworten, können Sie Ihren »Superstress-Typ« bestimmen.

Beantworten Sie jede Frage gemäß der folgenden Punktwerteskala:
0 = nie
1 = selten
2 = manchmal
3 = oft

1. Wie oft enttäuschen andere Sie? _1_
2. Wie oft fühlen Sie sich den Tränen nahe? _2_
3. Wie oft versuchen Sie, alles selbst zu machen? _2_
4. Wie oft bekommen Sie die verdiente Unterstützung von Ihren Kollegen? _2_
5. Wie oft geraten Sie mit jemandem ernsthaft in Streit? _1_
6. Wie oft denken Sie über persönliche Geheimnisse nach, von denen niemand wissen soll? _1_
7. Wie oft haben Sie zwei oder mehr größere, anscheinend unlösbare Probleme? _1_
8. Wie oft denken Sie an Leute, für die Sie nur Verachtung übrig haben? _2_
9. Wie oft geraten Sie in Panik? _2_
10. Wie oft fühlen Sie sich morgens nach dem Aufwachen zerschlagen? _2_
11. Wie oft schreien Sie jemanden im Zorn an? _1_
12. Wie oft ertappen Sie sich bei nervösen Handlungen, beispielsweise sich durch die Haare fahren, mit dem Fuß wippen, die Lippen lecken u. Ä.? _1_
13. Wie oft fällt es Ihnen schwer, sich zu konzentrieren? _2_
14. Wie oft fühlen Sie sich total gestresst? _2_

15. Wie oft liegen Sie nachts wach und grübeln? 2

16. Wie oft fühlen Sie sich tagsüber müde? 3

17. Wie oft sind Sie wütend auf Familienangehörige? 1

18. Wie oft sind Sie nervös oder ungeduldig? 3

19. Wie oft sind Sie vergesslich? 2

20. Wie oft denken Sie an einen verstorbenen Angehörigen oder Freund? 2

21. Wie oft behalten Sie Dinge für sich? 2

22. Wie oft haben Sie das Gefühl, dass Ihr Leben aus den Fugen geraten ist? 2

23. Wie oft fällt es Ihnen schwer stillzusitzen? 1

24. Wie oft machen Sie sich Sorgen wegen Geld? 3

25. Wie oft sagen Sie Verabredungen mit Freunden oder Familienausflüge ab, um eine Arbeit abzuschließen? 2

26. Wie oft fühlen Sie sich durch die Eigenheiten anderer genervt? 2

27. Wie oft haben Sie das Gefühl, die Kontrolle zu verlieren? 1

28. Wie oft reagieren Sie empfindlich auf Kritik von anderen? 1

29. Wie oft fühlen Sie sich am Ende des Tages emotional erschöpft und ausgebrannt? 2

30. Wie oft geht es in Ihren Augen um Sieg oder Niederlage? 0

31. Wie oft sind Sie leicht abzulenken? 2

32. Wie oft fühlen Sie sich einsam? 2

33. Wie oft schieben Sie Dinge auf? 2

34. Wie oft spüren Sie einen Klumpen im Magen? 2

35. Wie oft unterbrechen Sie andere, die mit Ihnen sprechen? 3

36. Wie oft entgeht Ihnen das Witzige an Situationen, die die meisten Menschen komisch finden? 1

37. Wie oft sind Sie wütend auf sich selbst? 2

38. Wie oft haben Sie das Gefühl, der Tag habe nicht genug Stunden, um alles zu schaffen, was Sie tun müssen? 3

39. Wie oft befürchten Sie einen terroristischen Anschlag auf Ihre Wohngegend oder Ihren Arbeitsplatz? 0

40. Wie oft halten Sie die meisten Menschen, mit denen Sie zu tun haben, für Flaschen? _3_

Auswertung:
Addieren Sie Ihre Punktwerte für die folgenden Fragegruppen. Notieren Sie Ihren Wert an der vorgesehenen Stelle. Der höchste Punktwert sagt Ihnen, zu welchem Superstress-Typ Sie am stärksten neigen. Allerdings werden die meisten Betroffenen feststellen, dass sie zwar einen hohen Punktwert für einen Typ aufweisen, für einen anderen jedoch einen fast ebenso (oder sogar gleich) hohen. Das ist ein sichtbarer Ausdruck davon, dass Superstress nicht als einzelnes Phänomen auftritt und sich nicht in einer genau umrissenen oder gleichförmigen Weise ausdrückt. Sie sollten daraus die Lehre ziehen, ab sofort bewusst auf Ihr Muster oder Ihre Muster des Umgangs mit Stress zu achten.

Diese Information benötigen Sie zudem für Ihr maßgeschneidertes Stressbewältigungsprogramm. Ab Seite 273 erkläre ich Ihnen, welche Stressabbaumethoden und -programme sich für welchen Superstress-Persönlichkeitstyp am besten eignen.

1. Typ I: Ausgebrannt, erschöpft, abgestumpft, depressiv: 1, 4, 10, 16, 20, 29, 32, 36 ~~~~ ~~~~ _15_
2. Typ II: Ruhelos, vom Leben überfordert: 7, 11, 13, 19, 22, 27, 31, 37 _13_
3. Typ III: Emotional hypersensibel: 2, 9, 14, 18, 24, 28, 34, 39 _15_
4. Typ IV: Getrieben, kontrollierend: 3, 6, 15, 21, 25, 30, 33, 38 _14_
5. Typ V: Cholerisch, kann nicht kürzer treten: 5, 8, 12, 17, 23, 26, 35, 40 _14_

Fragebogen 2
Der körperliche Preis von Stress

Tragen Sie die entsprechenden Punktwerte ein:
0 = nie
1 = selten
2 = manchmal
3 = oft

Unter welchen der folgenden Beschwerden haben Sie in den vergangenen sechs Monaten gelitten?
1. Kopfschmerzen _1_
2. Nackenschmerzen _1_
3. Rückenschmerzen _2_
4. Muskelverspannungen _2_
5. Völlegefühl _3_
6. Verdauungsstörungen/Magenverstimmung _3_
7. Hartnäckige Verstopfung _2_
8. Anhaltender Durchfall _0_
9. Veränderung des Appetits _2_
10. Häufiger Harndrang _2_
11. Reizbarkeit _3_
12. Weinerlichkeit _2_
13. Wut _2_
14. Rastlosigkeit _1_
15. Häufige Infektionen _1_
16. Schlaflosigkeit _2_
17. Erschöpfung _3_
18. Mattigkeit oder Schwindelgefühl _2_
19. Herzklopfen _2_
20. Kalte Hände und Füße _0_
21. Hitzewallungen _2_
22. Konzentrationsstörungen _1_
23. Keine Lust auf Sex _3_
24. Keine Ausdauer _3_

A. Zählen Sie Ihre Punktwerte aus den folgenden Fragen zusammen: 1, 2, 3, 4 _6_

B. Zählen Sie Ihre Punktwerte aus den folgenden Fragen zusammen: 5, 6, 7, 8, 9, 10, 23 _15_

C. Zählen Sie Ihre Punktwerte aus den folgenden Fragen zusammen: 11, 12, 13, 14, 15, 16, 17 _14_

D. Zählen Sie Ihre Punktwerte aus den folgenden Fragen zusammen: 18, 19, 20, 21, 22, 24 _10_

A. zeigt das Ausmaß von Superstress im Muskel- und Skelettsystem.

B. zeigt das Ausmaß von Superstress im Magen-Darm-Trakt und in den Harnwegen.

C. zeigt das Ausmaß von Superstress in Form psychischer Beeinträchtigung.

D. zeigt das Ausmaß von Superstress als Überlastung Ihres Nebennieren(Energie-)systems.

Je höher Ihr Punktwert, desto mehr superstressbedingter Druck lastet auf dem entsprechenden Organsystem. Ihr Stress kann sich in einer, zwei oder sogar allen vier Kategorien ausdrücken. Sobald Sie wissen, wo Ihre Stresssymptome am ausgeprägtesten sind, können Sie etwas dagegen unternehmen. Gehen Sie zu Kapitel 10. Dort finden Sie spezielle integrative Therapien für diese Probleme. Möglicherweise aber finden Sie Ihre Symptome hier gar nicht aufgeführt, weil der Platz einfach nicht reicht, um alle stressbedingten Erscheinungen aufzuführen. Leiden Sie jedoch unter Beschwerden wie Haarausfall, trockener Haut und brüchigen Nägeln, Vergesslichkeit oder sogar Verschlimmerung von prämenstruellen Beschwerden, dann notieren Sie diese auf der rechten Seite des Fragebogens. So sehen Sie, wie sich Stress in *Ihrem* Körper ausdrückt. Und auch wenn Sie hier vielleicht nicht die genau passende Lösung finden, sollten Sie den Vierwochenplan anwenden und überprüfen, ob Ihre persönlichen stressbedingten Symptome nachlassen.

Beachten Sie: Wenn Sie dauerhaft unter einem dieser Symptome leiden, sollten Sie sich ärztlich untersuchen lassen.

Fragebogen 3
Ihre persönliche Widerstandskraft
gegen Superstress

Dieser Fragebogen soll problematische Elemente Ihrer Lebensweise aufdecken, die von Superstress verursacht werden oder Superstress zur Folge haben könnten. Je höher Ihre entsprechenden Punktwerte, desto geringer Ihre Widerstandskraft. Das heißt, desto schwerer fällt es Ihnen, sich wieder vom Stress zu erholen.

Tragen Sie die entsprechenden Punktwerte ein:
0 = nie
1 = selten
2 = manchmal
3 = oft

1. Wie oft haben Sie Einschlafschwierigkeiten? _1_
2. Wie oft schlafen Sie nachts nicht mehr als fünf oder sechs Stunden am Stück? _3_
3. Wie oft behandeln Sie sich selbst mit Medikamenten, Drogen und/oder Alkohol? _2_
4. Wie oft essen Sie beim Autofahren oder im Gehen? _0_
5. Wie oft haben Sie das Gefühl, krank zu werden? _2_
6. Wie oft rauchen Sie? _0_
7. Wie oft beantworten Sie während Mahlzeiten und Besprechungen E-Mails und SMS auf Ihrem PDA oder Handy? _0_
8. Wie oft hält Sie Ihre Arbeit an Wochenenden und abends von Ihrer Familie fern? _3_
9. Wie oft verspüren Sie Heißhunger auf Süßes/Salziges? _3_
10. Wie oft essen Sie zu viel? _3_
11. Wie oft haben Sie das Gefühl, dass Fernsehen das Entspannendste ist, was Sie tun? _3_
12. Wie oft lassen Sie den Fernseher an, um sich nicht allein zu fühlen? _3_

13. Wie oft lassen Sie Mahlzeiten ausfallen, weil Sie vor lauter Arbeit nicht zum Essen kommen? _0_

Gesamtsumme _23_

Ein Punktwert von 0 bis 3 steht für ein gesundes Maß stressiger Beschäftigungen.

Ein Punktwert von 6 bis 13 deutet auf stressbedingte Veränderungen der Lebensweise in geringfügigem Umfang hin.

Ein Punktwert von 14 bis 25 deutet auf stressbedingte Veränderungen der Lebensweise in mittlerem Umfang hin.

Ein Punktwert von 26 bis 39 deutet auf stressbedingte Veränderungen der Lebensweise in erheblichem oder extremem Ausmaß hin.

Wenn Sie die meisten Frage mit einer »0« beantworten, sind Sie ein robuster Mensch, der seine Probleme direkt angeht, statt darauf zu warten, dass sie sich von selbst geben. Sie mögen zwar gelegentlich in Superstress geraten, sind jedoch wahrscheinlich in hinreichend guter Verfassung, um vielen seiner körperlichen Auswirkungen standzuhalten. Bei den Fragen, die Sie mit »manchmal« beantwortet haben, sollten Sie die Probleme kritisch unter die Lupe nehmen. Wenn Sie ihnen dann jedes einzelne Mal Aufmerksamkeit widmen, können Sie vielleicht etwas ändern. In vorwiegend »3«-Antworten drücken sich relativ schlechte Bewältigungsmechanismen aus. In diesem Fall dürfte professionelle Hilfe angeraten sein, damit Sie lernen, auftretende Probleme anders wahrzunehmen als bisher. Viele der Techniken zum Stressabbau, die ich Ihnen in den folgenden Kapiteln vorstelle, können ebenfalls dazu beitragen, den durch solche Ereignisse ausgelösten Stress zu mindern.

Fragebogen 4
Stressauslösende Ereignisse neueren Datums

Dieser Fragebogen soll Ihnen belastende Ereignisse, mit denen Sie vor kurzem konfrontiert waren, bewusst machen. Mit das Erste, was in einer Superstress-Situation verlorengeht, ist die Fähigkeit zu nüchterner Betrachtung. Dieser Fragebogen führt die wichtigsten positiven und negativen Lebensstressoren auf und gibt Ihnen einen Maßstab, ob Sie normalen, mäßigen oder extremen Lebensstressoren ausgesetzt waren oder sind.

Prüfen Sie, welche der folgenden Ereignisse in den vergangenen ein bis zwei Jahren Ihr Leben beeinflusst haben:

Bedeutende Ereignisse	ja	nein
1. Umzug		X
2. Tod eines Familienangehörigen oder guten Freundes*	X	
3. Arbeitsplatzverlust*		X
4. Scheidung oder Trennung vom Partner*		X
5. Fehlschlagen eines wichtigen Projekts		X
6. Massive Veränderung der finanziellen Verhältnisse (zum Guten oder Schlechten)		X
7. Größere Veränderung in Art und Ablauf der beruflichen Tätigkeit		X
8. Geburt eines Kindes		X
9. Kind verließ Elternhaus zum Studium		X
10. Heirat eines Kindes		
11. Heirat oder Zusammenziehen mit Partner		X
12. Gesundheitsprobleme (eigene oder bei einem Nahestehenden)		X
13. Drohende Zwangsräumung oder -vollstreckung*		X
14. Übernahme einer Pflege*		X
15. Schwierigkeiten mit Chef/Vorgesetztem	X	

Fällt Ihnen etwas ein, das nicht aufgeführt ist und einen Stressor darstellt, dann tragen Sie ihn hier ein und geben Sie ihm einen Punktwert zwischen 1 und 10. Diese Zahl brauchen Sie nicht zu dem Wert unten hinzuzuaddieren, doch die Einstufung macht Ihnen klar, wie sehr dieser Stressfaktor Ihnen zusetzt, ohne dass Sie es bislang gemerkt haben. _____

Rechnen Sie für jedes »Ja« einen Punkt, außer bei den mit Sternchen gekennzeichneten Ereignissen. Eine positive Antwort bei diesen Fragen zählt 11 Punkte, da diese Ereignisse extremen Stress bedeuten.

Ein Gesamtwert von 0 bis 5 bedeutet normalen bis geringen Lebensstress.
Ein Gesamtwert von 6 bis 10 bedeutet mittelschweren Lebensstress.
Ein Gesamtwert von 11 und mehr bedeutet extremen Lebensstress.
Tragen Sie nun die Gesamtsumme aus den 15 Fragen hier ein: _____

Zusammenfassung

Mein Typ ist (notieren Sie hier Ihr Ergebnis aus Fragebogen 1) _1_ Ausgebrannt, erschöpft   15 / A

Ich speichere Stress in diesen Teilen meines Körpers (notieren Sie hier Ihr Ergebnis aus Fragebogen 2) Magen-Darm 15 / B

Mein Stress-Widerstandswert ergab (notieren Sie hier Ihr Ergebnis aus Fragebogen 3) _mittlerer Umfang_   23

Mein Lebensstress spricht für (notieren Sie hier Ihr Ergebnis aus Fragebogen 4) _2_

Damit dürften Sie nun über Ihre Stressmuster Bescheid wissen. Nachdem Sie jetzt die Probleme erkannt haben, sind Sie bereit, Lösungen in Angriff zu nehmen. Und genau darum geht es in den beiden folgenden Teilen dieses Buches.

Teil II
Mittel und Wege der Veränderung

Nun haben Sie Ihre Fragebögen ausgewertet und vermutlich ein besseres Gespür für Ihren supergestressten Zustand bekommen: Sie wissen jetzt, ob Ihnen innere oder äußere Stressoren (oder beides) zu schaffen machen, welcher Superstress-Persönlichkeitstyp Sie sind und wie sich Ihr Superstress körperlich bemerkbar macht. Die Hilfsmittel, mit denen Sie der nun folgende Abschnitt bekannt machen wird, sind der entscheidende Hebel gegen den gerade diagnostizierten Superstress. Sie werden diese Werkzeuge auf Ihrer Reise immer wieder benutzen – eine Reise, auf der Sie Ihren Superstress überwinden und Widerstandskraft gegen Stress aufbauen werden. Diese Instrumente werden Ihnen helfen, Ihren Lebensstil zum Besseren zu verändern. Sie ziehen sich in Abwandlungen durch das gesamte Vierwochenprogramm im dritten Abschnitt dieses Buches.

Da diese Werkzeuge die Grundlage des Programms bilden, sollten Sie verstehen, wie sie funktionieren und was Sie sich von ihnen versprechen dürfen. Deshalb hier nochmals ein kurzer Ausflug in die Biologie. Bei nichtsupergestressten Menschen folgt auf die Stressreaktion die Erholungsreaktion. Die Stressantworthormone verschwinden langsam aus dem Blutstrom und werden durch die hauptsächlich vom parasympathischen Nervensystem gesteuerten Hormone ersetzt – Endorphine und Oxytocin. Oxytocin entspannt uns und sorgt für ein allgemeines Gefühl von Wohlbefinden. Endorphine überfluten den Körper mit Glücksgefühlen und geben das Entwarnungssignal. Ein Körper, der sich *sicher fühlt*, kann sich erholen. Ein Körper, der *entspannt* ist, kann sich gleichfalls erholen und kehrt schließlich in den Zustand vor Einsetzen des Stressors

zurück. Ebendies ist das Ziel jedes Hilfsmittels, das Sie benutzen
werden: Ihr parasympathisches Nervensystem dazu zu bringen,
die »Gelassenheitshormone« auszuschütten, damit Sie statt der
unangenehmen körperlichen Auswirkungen von Superstress Ent-
spanntheit und Ruhe empfinden.

Da ich einen integrativen Ansatz vertrete, zielen die Hilfsmittel,
die ich für mein Vierwochenprogramm ausgewählt habe – und die
ich in den sechs Kapiteln von Teil II ausführlich erläutern werde –
auf Geist, Körper *und* Seele.

Wege zu innerem Frieden: Dieses Kapitel beschreibt Übungen, die
mit Achtsamkeit zu tun haben. Sie mögen auf den ersten Blick
nicht viel gegen Superstress ausrichten können, doch glauben Sie
mir, sie sind wirksam.

Heilsame Ernährung: Es gibt Essen, und es gibt *Essen!* Die uns inter-
essierenden Nahrungsmittel sind solche, die Ihre Widerstandskraft
gegen die schädlichen Folgen von Superstress stärken können.

Ruhe und Bewegung: In diesem Kapitel werden Sie erfahren, wie
Sie Ihre körperliche Aktivität steigern sowie besser schlafen und
sich besser entspannen können. Beides wird Ihren Erholungspro-
zess beschleunigen.

Die Kraft des Denkens: Die Forschung hat gezeigt, dass Menschen,
die die Dinge immer von der positiven Seite sehen, auch mehr Positives in ihrem Leben erfahren als andere. Zudem sind sie weniger
stressanfällig und sogar gesünder. Wenn Sie nicht zu den Optimisten zählen, wird Ihnen dieses Kapitel helfen, in diese Richtung
umzuschwenken.

Die Kraft der Gemeinschaft: In unser Umfeld eingebunden zu sein,
trägt wesentlich zu einem gesunden Lebensstil bei. Wir sprechen
hier über den Nutzen der Zugehörigkeit zu einer sozialen Gruppe
und des freiwilligen Engagements. Daraus kann die tiefe Befriedi-
gung hervorgehen, die mit dem »Zurückgeben« verbunden ist.

Lebendiger Geist: Wer unter Superstress leidet, steckt häufig in einer spirituellen Krise. Er ist so ausgelastet damit, den Tag durchzustehen, dass er sinngebende Werte wie Einfühlung und Mitleid aus dem Blick verliert. Wenn Sie wieder einen Zugang zu Ihrer Spiritualität finden, werden Sie schwierige Zeiten besser überstehen.

Warum Prozess Pillen schlägt

Vielleicht fragen Sie sich ähnlich wie ein ziemlich großer Teil meiner Patienten, wozu Sie all dies brauchen. Warum können Sie Ihren Stress nicht einfach mit ein paar Pillen runterschlucken? Das steht Ihnen natürlich frei. Ich trete nachdrücklich für Entscheidungsfreiheit ein. Wenn Sie also gegen die Folgen eines langen, schweren Tages Tranquilizer nehmen oder Margaritas trinken oder sich stundenlang Sitcoms reinziehen wollen, dann nur zu. Diese Selbstbetäubungsmaßnahmen werden Ihnen wahrscheinlich sogar tatsächlich helfen. Doch bevor Sie sich gehen lassen, sollten Sie wissen, dass nur solange Ruhe im Karton ist, wie die Sitcom dauert. Wie werden Sie sich fühlen, wenn die Wirkung des Tranquilizers nachlässt? Immer noch supergestresst! Wenn Sie von Ihrem Margarita-Hoch wieder runterkommen, sitzt Ihnen der Superstress immer noch im Nacken. Also: Natürlich können Sie sich für eine dieser Maßnahmen entscheiden. Doch Sie werden damit Ihren Superstress nicht beseitigen. Sie zögern nur den Zeitpunkt hinaus, zu dem Sie sich ihm stellen müssen.

Das Tao der Veränderung

Als Ärztin freue ich mich immer, wenn es jemandem besser geht, doch letztlich ist das nicht mein Ziel. Mein eigentliches Ziel besteht darin, dass meine Patienten aufblühen und gedeihen, dass sie sich frei entscheiden können und sich stark genug fühlen, die

Steine, die das Leben ihnen in den Weg legt, beiseitezuräumen. Auf diesem Ziel gründet das Angebot, das ich Ihnen mit den Mitteln und Wegen des Vierwochenprogramms mache: Es bietet Ihnen die Chance, inneren Frieden und Gelassenheit und wenn nötig eine Zuflucht in sich selbst zu finden, mit anderen Worten, die Chance *aufzublühen und zu gedeihen*. Doch wie wir wissen, hat alles seinen Preis. Und daher bitte ich Sie um eine Gegengabe: das Versprechen, dass Sie nach Kräften die folgende vierteilige Verpflichtung erfüllen – gegenüber sich selbst.

1. Fassen Sie den festen Entschluss zur Veränderung.
Wenn Sie bis hierher gekommen sind, sind Sie vermutlich willens und bereit, Ihren Umgang mit den Belastungen des Lebens zu ändern. Glücklicherweise stehen Ihnen dazu nicht nur ein, sondern zwei Wege offen. Sie können *aktiv* etwas ändern, indem Sie die Werkzeuge zu Ihrem Nutzen anwenden. Wo es sinnvoll ist, können Sie aber auch an Ihrer *Wahrnehmung* der vor Ihnen liegenden Probleme ansetzen.

2. Verpflichten Sie sich, das zur Veränderung Notwendige zu tun.
Auch wenn das *I Ging* (das bekannte chinesische Buch der Wandlungen) uns sagt, dass nichts beständiger ist als der Wandel, so ist es doch niemals leicht, sich zu ändern. Doch genau wie Sie durch eine Reihe kleiner »Tiefschläge« in den Superstress hineingeraten sind, können Sie den Prozess durch eine Reihe kleiner Schritte in Richtung Wohlbefinden umkehren. Die Japaner haben ein Wort für Veränderung in kleinen Stufen: *Kaizen*. Ihrer Überzeugung nach erreicht man nur durch *Kaizen* eine dauerhafte Veränderung. Der Lexus bietet dafür ein gutes Beispiel. Die Autobauer von Toyota beschlossen nicht einfach eines Tages: »Wir wollen ein Auto bauen, dass praktisch niemals repariert werden muss.« Im Gegenteil. Sie fingen mit einem Modell an, das zahlreiche Macken hatte, und überarbeiteten es wieder und wieder, bis sie schließlich eines Tages ein hochwertiges, wartungsarmes, hochsicheres Automobil herzustellen wussten. Mit unserer Gesundheit müssen wir es genauso machen: Man ändert eine Kleinigkeit, und nach einer

Woche fühlt man sich ein wenig besser. Dann findet man den Mut, den nächsten, größeren Schritt in Angriff zu nehmen.

3. Machen Sie sich klar, dass Sie unterwegs auf einige unangenehme Dinge stoßen könnten.

Hier kommt das Unbewusste ins Spiel. Wir möchten zwar gerne glauben, dass wir unsere Entscheidungen stets bewusst und rational treffen, doch manchmal zieht unser Unbewusstes die Fäden – und es ist entschlossen, Dinge an die Oberfläche zu zerren, die wir lange Zeit unter dem Teppich gehalten haben. Gewöhnlich gibt es einen Grund, warum wir diesen Dingen den Weg in unser Bewusstsein zunächst versperrt haben. Doch wollen wir neue, gesündere Gewohnheiten entwickeln, müssen wir bestimmte Dinge ans Tageslicht holen. Die Fragebögen sollten diesen Prozess in Gang gebracht haben. Sie haben Ihnen geholfen, genau festzustellen, wie sich Ihre bisherige Lebensweise körperlich und gefühlsmäßig ausdrückt. Jetzt aber müssen Sie sich Fragen stellen wie: Wie bin ich in den Superstress hineingeraten? Was hat mich in diesen schrecklich ungesunden Zustand getrieben? Solche Fragen werden Sie mit der Tagebuchübung des Vierwochenprogramms angehen und hoffentlich für sich klären, welche Probleme wichtig sind und in Angriff genommen werden müssen.

Sich dieser Selbstprüfung zu unterziehen, kann schmerzhaft sein. Doch es zahlt sich aus. Am Ende werden Sie eine Möglichkeit gefunden haben, gegen Ihre »Dämonen« zu kämpfen – ohne Zuflucht zu Tabletten oder zu einer anderen Person zu nehmen. Sie werden Herr (oder Herrin) des Verfahrens und Ihrer Gefühle sein, und das ist eines der besten Gegenmittel gegen Superstress.

4. Vertrauen Sie fest darauf, dass es Ihnen besser gehen wird.

Das Vertrauen, von dem ich spreche, beruht auf Glauben. Nicht im religiösen Sinn, sondern auf dem Glauben an Ihre eigene Fähigkeit, an Aufgaben zu wachsen, Widrigkeiten zu überwinden und ein wenig weiser, selbstsicherer und zuversichtlicher daraus hervorzugehen, dass Sie im Leben »Pfeil und Schleudern des wütenden Geschicks« zu meistern vermögen. Wenn Sie sich selbst vertrauen, können Sie die Dinge auf sich zukommen lassen, weil Sie wissen, dass Sie, auch wenn Ihnen das Schicksal etwas beschert, das Sie sich nicht unbedingt gewünscht haben, damit umgehen können – und vielleicht sogar etwas daraus lernen werden.

Kapitel 3
Wege zu innerem Frieden

Aus meiner praktischen Erfahrung weiß ich, dass ich Ihnen noch über den Abbau von Superstress hinaus weiterzuhelfen vermag. Ich kann Sie an einen Ort der Ruhe und Konzentration geleiten, wo Geist, Körper und Seele sich in Harmonie befinden. Ich kann Ihnen die Richtung zu Ihrer inneren Zuflucht weisen, doch hinwagen müssen Sie sich selbst. Dieses Kapitel erläutert die verschiedenen Wege, die Sie dorthin führen – Übungen und Maßnahmen, wie sie traditionelle Heiler, Schulmediziner und integrative Ärzte empfehlen. Trotz unterschiedlicher Pfade gehen all diese Methoden von einer einzigen Vorstellung aus: dass Körper und Geist als Einheit am besten funktionieren.

Das Wissen um die Verbindung von Körper und Geist ist keineswegs neu. Bis vor etwa 300 Jahren behandelte praktisch jede medizinische Lehre auf der Welt Leib und Seele als Einheit. In der östlichen Welt blieb dieser ganzheitliche Ansatz erhalten. Im Westen jedoch führten wissenschaftliche und religiöse Entwicklungen im 17. Jahrhundert zum sogenannten cartesischen Dualismus – das heißt, Geist und Körper galten als strikt getrennt und völlig unterschiedlich. Ein paar hundert Jahre später wurden sie während des Zweiten Weltkriegs an den Stränden von Anzio bei Rom wiedervereint. Dort war der Arzt Henry Beecher für die Versorgung der Verwundeten zuständig, und ihm ging das Morphium für die Schwerverletzten aus. So beschloss Beecher, ihnen Kochsalzlösung zu spritzen und sie in dem Glauben zu wiegen, es sei das Betäubungsmittel. Obwohl die Injektionen keinen Wirkstoff enthielten, schienen sie dennoch Wirkung zu erzielen. Beecher prägte für das Phänomen den Begriff »Placeboeffekt«: Der Geist redete dem

Körper ein, er müsse nun weniger Schmerzen empfinden, und der Körper gehorchte. In späteren wissenschaftlichen Studien zeigte Beecher, dass bis zu 35 Prozent aller therapeutischen Reaktionen auf Medikamente in dem Glauben wurzeln, es fände eine Behandlung statt – ob das tatsächlich der Fall war oder nicht.[1]

Heute zweifeln nur noch wenige an der Einheit von Körper und Geist. Doch falls Sie zu ihnen gehören, dann denken Sie daran, wie Ihr Herz raste, als Sie Ihre Brieftasche verlegt hatten!

Geist wirkt auf Materie – die Entspannungsreaktion

Die Wiedervereinigung von Leib und Seele ist zum Großteil das Verdienst des Bostoner Kardiologen Herbert Benson. Als einer der Ersten wies er empirisch nach, dass psychische Zustände den Körper spürbar beeinflussen können. Seinen Versuchspersonen gelang es nachweislich, durch bewusste psychische Bemühungen physische Entspannung herbeizuführen. Bensons Behauptung, Entspannung könne willentlich bewirkt und für eine Vielzahl körperlicher Leiden – vor allem Stress – therapeutisch genutzt werden, wurde landesweit in medizinischen Fachzeitschriften und Zeitungen gepriesen, und seine Arbeiten stehen bis heute in hohem Ansehen.

Die Saat, aus der diese Arbeiten keimten, wurde in den 1970er Jahren gesät. Damals fiel Benson auf, dass viele seiner Herzpatienten zwei Risikofaktoren gemeinsam hatten – hohen Blutdruck und Stress. So überprüften er und seine Mitarbeiter ihre Hypothese zunächst in Tierversuchen mit Affen. Doch dann kam ihnen ein glücklicher Zufall zu Hilfe: Eine Gruppe junger Anhänger der Transzendentalen Meditation wandte sich an Benson. Sie waren nach eigenem Bekunden imstande, ihren Blutdruck einfach durch Meditieren zu senken und baten Benson, dies wissenschaftlich zu prüfen. Bensons Team stimmte bereitwillig zu. Der Versuchsplan sah vor, Stoffwechsel, Blutdruck, Pulsfrequenz, Hirnstrommuster und Zahl der Atemzüge zweimal zu messen – einmal, wenn die

Versuchspersonen 20 Minuten lang stillgesessen hatten, und ein zweites Mal, wenn sie 20 Minuten lang meditiert hatten.

Und was konnten die Forscher feststellen? Die Probanden vermochten tatsächlich lediglich durch Ändern ihrer Denkmuster Stoffwechsel, Atemfrequenz und Herzschlag zu verlangsamen. Zudem zeigten sie langsamere Hirnwellen, verminderte Sauerstoffaufnahme und geringere Muskelspannung.

Noch aufregender machte diese Entdeckung, dass die Veränderungen *den Symptomen der Stressreaktion exakt entgegengesetzt* waren. Vielleicht, so überlegte Benson, konnte er seinen Patienten diese transzendentale Technik beibringen, so dass sie den Stress, der sie *körperlich* schädigte, mittels geistiger Aktivität und eigenständig bewältigen konnten. Falls Benson in diesem Augenblick nicht laut *Heureka!* gerufen hat, dann hätte er es tun sollen. Denn das war der Augenblick, in dem die »Entspannungsreaktion« das Licht der Welt erblickt hatte.

Die Entspannungsreaktion wird, wie Benson feststellte, in erster Linie vom parasympathischen Nervensystem gesteuert, und dieses Nervensystem bremst unsere Stresshormone. Die Entspannungsreaktion beruht auf demselben Prinzip wie alle in diesem Kapitel und nochmals im Vierwochenprogramm vorgestellten Übungen: Das parasympathische Nervensystem bekommt Signale, Sie in einen Zustand zu versetzen, in dem Sie sich entspannen, beruhigen und sicher fühlen, so dass Ihr Körper sich regenerieren und neue Kraft gegen Superstress schöpfen kann. Wie Sie gleich sehen werden, lässt sich diese Reaktion durch verschiedene meditative Techniken, darunter Zwerchfellatmung, Gebetsformeln, Tai Chi, Yoga, progressive Muskelentspannung und sogar Stricken herbeiführen. Auch die ganzheitlichen Aspekte der Traditionellen Chinesischen Medizin (TCM) sollen eine entsprechende Rolle spielen.

Noch ein Ausflug in den Osten

Die TMC behandelt mit ihren verschiedenen Heilverfahren wie Meditation, Heilpflanzen, Bewegung, Massage und Umstellung der Lebensweise Körper, Geist und Seele schon immer als Einheit. Ihre Philosophie erschließt sich zunächst von ihren drei Grundelementen her – Yin, Yang und Qi. Die traditionelle chinesische Heilkunde betrachtet Yin und Yang als untrennbare Doppelkräfte, die alles Existierende steuern. Yin steht für das Kalte, Langsame oder Passive in einem Menschen; Yang repräsentiert das Heiße, Erregte oder Aktive. Gemeinsam stehen beide für Licht und Dunkel, Bewegung und Stillstand, hoch und niedrig, gut und böse, Krankheit und Gesundheit, Leben und Tod. Qi ist die Lebensenergie oder Lebenskraft, von der die spirituelle, seelische, geistige und körperliche Gesundheit abhängt.

Die praxisleitende Theorie der TCM setzt gute Gesundheit mit Harmonie zwischen Yin und Yang gleich. Umgekehrt entsteht Krankheit, wenn eine Störung im Fluss des Qi das Gleichgewicht zwischen Yin und Yang stört. Pflanzliche Heil- und Nahrungsergänzungsmittel, Meditation, Massage und Akupunktur begünstigen die Heilung, indem sie den Fluss des Qi und letztlich das Yin-Yang-Gleichgewicht wiederherstellen. Die dadurch herbeigeführte Harmonie fördert Entspannung. Daher können diese Verfahren supergestressten Menschen helfen, zur Ruhe zu kommen. Supergestresste Menschen glauben, nie den Ansprüchen zu genügen, und infolgedessen rackern sie sich unablässig ab, um ihr Ziel zu erreichen, gelangen jedoch nie dahin. Schließlich sind sie nur am Ende. Die TCM-Philosophie dagegen ermutigt Sie zu der Vorstellung »anzukommen« – das heißt, sich im Gleichgewicht zu befinden, dem eigentlichen Gegenteil zum Superstress-Zustand.

An den Sinnen ansetzen

Meiner Erfahrung nach hilft es Menschen mit Superstress sehr, ihre Sinneswahrnehmung zu aktivieren – das heißt, alle fünf Sinne umfassend anzusprechen. Ziel dieses Ansatzes ist es, sich nach Kräften am überbordenden Büffet des Lebens zu bedienen – mit angenehmen Anblicken, Düften, Tönen und Berührungen, auch Spaziergängen in der Natur – und sich so einen Munitionsvorrat für den Kampf gegen Superstress zuzulegen.

Die Sinne anzusprechen bringt den Körper ganz natürlich unter die Regentschaft des parasympathischen Nervensystems: Ihre Arterien entspannen und erweitern sich, Ihre Hauttemperatur steigt, Ihre Verdauung verbessert sich, und Sie produzieren weniger Magensäure. Ihr Immunsystem und Ihre Selbstheilungskräfte werden gestärkt, und während des Schlafes erzeugt Ihr Körper Wachstumshormon. Ein weiterer Nutzen hat mit Ihrem Blutzucker zu tun. Statt einer schnellen Abfolge von Spitzen und Abstürzen steigt und sinkt Ihr Insulinspiegel nur allmählich. Das alles ist gut.

Die Aktivierung der Sinneswahrnehmung ist für supergestresste Menschen auch deshalb ein wertvolles Instrument, weil sie das Bewusstsein für die Verbindung von Geist und Körper schärft. Den meisten Supergestressten fehlt dieses Bewusstsein; sie glauben, ihnen ginge es gut, während das Gegenteil der Fall ist. Sie glauben, eventuelle körperliche Beschwerden – einschließlich Erschöpfung, Hautausschlägen, Kopfschmerzen, Magenbeschwerden, sogar Erkältungen – hätten ausschließlich körperliche Ursachen. In Wirklichkeit jedoch steckt die Reaktion des Körpers auf eine geistig-seelische Belastung dahinter. Im supergestressten Zustand existieren unterschwellig Bilder und Gedanken, die den Stress verstärken. Die Betroffenen haben sich an diese Reize gewöhnt, ohne überhaupt zu merken, dass es diesen Teufelskreis gibt.

Sie werden vielleicht anfangs nicht recht glauben können, dass Hypnose, tägliche Selbstbekräftigungen oder ein Waldspaziergang viel gegen Ihren Superstress auszurichten vermögen. Doch all diese Maßnahmen sind wirksam. Sie sprechen eine Sprache, die unser bewusster Verstand nicht immer verstehen oder erfassen kann. Un-

ser limbisches System (Amygdala, Hypothalamus etc.) jedoch ver-
nimmt sie klar und deutlich. Die folgenden Werkzeuge vermitteln
uns das Gefühl von Geborgenheit und Ruhe.

Die Werkzeuge benutzen

Lesen Sie diese Überschrift noch mal! Da steht: die Werkzeuge
benutzen. Etwas über sie zu lesen, ist eine Sache, Gebrauch von
ihnen zu machen, eine ganz andere. Wenn Ihr Stresspegel im Verlauf des Tages steigt – und dass er das tut, wissen Sie nur allzu genau –, bringt die Anwendung einer Entspannungsmethode ihn auf
ein erträglicheres Maß herunter. Nachdem Sie eine der folgenden
Übungen gemacht oder sich einer der Behandlungen unterzogen
haben, wird Ihr Stresspegel zwar wieder steigen, doch jedes Mal
ein wenig langsamer und ein wenig später. Mit anderen Worten,
mit jedem Durchgang wächst Ihre Stresstoleranz, bis Sie den Stress
schließlich auf einem Niveau zu halten wissen, wo er keinen Schaden anrichtet. Na, das sind doch gute Neuigkeiten!

Noch wichtiger als die Dauer der Anwendung ist, wie oft Sie
eines dieser Hilfsmittel benutzen. Es geht darum, sie so regelmäßig
anzuwenden, dass Ihr *Unterbewusstes* sich daran erinnert, wie sich
ein entspannter Zustand anfühlt. Natürlich ist mir klar, dass Sie
nicht regelmäßig zu allen Hilfsmitteln greifen können, weil Sie
nicht alle davon alleine einsetzen können. Für Akupunktur und
Massage beispielsweise benötigen Sie einen ausgebildeten Therapeuten. Doch auch für das, was Sie selbst machen können, etwa bewusstes Atmen oder auch Yoga, gilt, dass zwar die für eine Übung
aufgewandte Zeit eine Rolle spielt, dass aber wichtiger ist, wie oft
Sie die Übung machen. Einer neueren Studie zufolge verbesserten
schon zwölf Minuten täglicher Meditation über acht Wochen bei
gesunden Versuchspersonen und Alzheimer-Patienten die Durchblutung des Gehirns. Zudem verbesserten sich Sprachfluss, moto-
rische Koordination, räumliches Denken und Konzentration.[2] Die
in der Studie eingesetzte Technik nennt sich Kirtan Kriya (siehe

Seite 102). Sie aktiviert das vordere Cingulum – ein Gehirnareal, das Forscher für den Sitz des Optimismus halten.

Die beste Wirkung erzielen Sie, wenn Sie diese Techniken so lange üben, bis sie sich eingeschliffen haben und Sie kaum mehr einen bewussten Gedanken daran verwenden müssen. Der Mensch ist ein Gewohnheitstier. Bewusst oder unbewusst machen wir Dinge automatisch so, wie wir es gewohnt sind. Wenn Sie sich beispielsweise die Zähne putzen, denken Sie nicht: »Jetzt die rechten hinteren Backzähne und jetzt die linken. Rauf und runter. Vom Zahnfleisch zur Kaufläche.« Vielmehr machen Sie es einfach mehrmals täglich, weil es Ihnen in Fleisch und Blut übergegangen ist.

Dasselbe gilt für die Meditation und andere Techniken. Ich kann Ihnen versichern, dass Ihnen das Meditieren mit der Zeit immer leichter fallen wird. Wenn Sie sich zum ersten Mal in Meditation versenken, wird sie wahrscheinlich nicht so tief, wirksam oder vertraut sein, wie wenn Sie es hundertmal gemacht haben. Wenn Ihr Nervensystem etwas Neues lernt, reagiert es anders als auf Altbekanntes. Wenn Sie sich also zum Meditieren niederlassen, stimmen Sie sich positiv ein – denken Sie an die Schritte in die richtige Richtung, die Sie bereits getan haben. Sobald Sie Ihr Augenmerk auf das richten, was nicht läuft, was Sie nicht im Griff haben, was Sie nicht durchschauen, lösen Sie einen physiologischen Angstzustand aus – ob es die Auslöser wirklich oder nur in Ihrer Vorstellung gibt.

Die wichtige Botschaft Nummer 1 lautet demnach: *Verbeißen Sie sich nicht in den Gedanken, Sie hätten keine Zeit dazu, diese Hilfsmittel anzuwenden.* Selbst wenn Sie sich nur hie und da eine Minute dafür abknapsen oder sich nur ab und zu finanziell oder zeitlich eine Therapiesitzung leisten können. Natürlich sind zwei Minuten besser als eine und zehn besser als fünf. Doch eine ist schon sehr viel besser als keine. Machen Sie also eine Visualisierungsübung, während Sie im Auto warten, bis Junior sein überfälliges Buch in die Leihbücherei zurückgebracht hat. Schließen Sie die Augen und versetzen Sie sich an einen tropischen Strand. Atmen Sie den Duft von Sonnenmilch ein. Spüren Sie den warmen Sand zwischen Ihren Zehen. Was das soll? Wenn Sie nur ein paar

Minuten haben, warum sie dann nicht zu etwas nutzen, das Ihnen gut tut?

Wichtige Botschaft Nummer 2: *Sorgen Sie sich nicht, dass Sie es falsch machen könnten.* Wer macht denn schon etwas auf Anhieb richtig? Ich jedenfalls ganz bestimmt nicht. Und das ist das Schöne am Vierwochenprogramm. Sie werden dabei an Erfahrung gewinnen und jedes Mal besser werden.

Kaizen, wissen Sie noch? Kleine Schritte.

Methoden, um inneren Frieden und Entspannung herbeizuführen

In meinem Vierwochenprogramm empfehle ich Ihnen in Teil III unter anderem, einige der »Wege zu innerem Frieden« täglich zu beschreiten. Damit Sie wissen, welche Möglichkeiten Sie haben und wie und warum sie funktionieren, stelle ich sie Ihnen jetzt vor. Wie Sie sehen werden, habe ich sie in zwei Abschnitte unterteilt: Methoden, die Sie selbst anwenden können, und Methoden, für die Sie einen qualifizierten Behandler benötigen.

Entspannungsübungen in Eigenregie
Aromatherapie

Der Geruchssinn ist unmittelbar mit dem Teil des Gehirns verbunden, der für die Stimmung zuständig ist – das heißt, mit dem limbischen System. Welche Macht Düfte besitzen, lässt sich daran ermessen, dass sie Gefühle aufwühlen und Erinnerungen heraufbeschwören können. Wenn Sie je an einer Frau vorübergegangen sind, die dasselbe Parfüm wie Ihre Mutter trug, dann wissen Sie, was ich meine. In weniger als einer Nanosekunde überfluten Sie Bilder von Mama. Viele Amerikaner erinnert der Geruch von Hotdogs an ein bestimmtes Baseball-Stadion, Kiefernduft bringt das Sommerlager zurück, und der Geruch von frischgemähtem Gras lässt sie von einer Runde Golf träumen. Doch an Düften hängt mehr als Erinnerungen.

Die Aromatherapie beruht auf den heilenden Eigenschaften hochkonzentrierter pflanzlicher ätherischer Öle. Um Ihnen eine Vorstellung davon zu geben, *wie* konzentriert diese Öle sind: Um ein knappes Pfund Lavendelöl zu erhalten, sind 100 Kilo Lavendelblüten vonnöten. Zu den gebräuchlichsten Essenzen gehören römische Kamille, Geranium, Lavendel, Zitrone, Zedernholz und Bergamotte. Jede besitzt eine andere chemische Struktur, die jeweils für ihren Geruch und ihre Aufnahme durch den Körper verantwortlich ist.

Ätherische Öle lassen sich auf zwei Arten anwenden und genießen: Sie atmen sie entweder ein, oder Sie tragen sie auf die Haut auf. Beim Einatmen gelangen die Moleküle der gasförmigen Riechstoffe durch den Blutstrom zum Nervensystem, so dass die entsprechenden Gehirnareale Neurotransmitter freisetzen. Werden ätherische Öle in die Haut einmassiert, sind die Ergebnisse dieselben. Es gibt noch eine schnelle, einfache Methode, auf diese Weise Entspannung herbeizuführen: Geben Sie ein paar Tropfen auf das Kopfkissen und legen Sie einige Minute den Kopf darauf. Sie können auch ein paar Tropfen ins Badewasser geben, sich in das heiße, duftende Wasser sinken lassen und der Welt eine Weile den Rücken kehren.

Bäder mit ätherischen Ölen untersuchte eine Studie der Miller School of Medicine der University of Miami.[3] Eine Gruppe Mütter badete ihre Säuglinge mit Lavendel im Badewasser, die andere ohne. Die Mütter der Lavendelbadgruppe erwiesen sich selbst als entspannter, lächelten ihre Kinder während des Badens häufiger an und berührten sie öfter. Ihre Säuglinge schauten sie während der Badezeit insgesamt länger an, weinten weniger und schliefen danach länger. Obendrein sanken die Cortisolspiegel dieser Mütter und ihrer Säuglinge deutlich. Dies bestätigte die Ergebnisse zahlreicher früherer Studien, welche die entspannende und schlafanstoßende Wirkung von Lavendel nachwiesen.

Tägliche Selbstbekräftigungen

Positive Selbstbekräftigungen können Stress wirksam abbauen, denn sie stärken das Gefühl, die Dinge selbst in der Hand zu haben. Wenn Sie sich selbst gut zureden, machen Sie sich geistig wach für Möglichkeiten der Veränderung. Selbstbekräftigung funktioniert unter anderem durch die Verbindung von Autosuggestion und geistigen Bildern. Sprechen Sie – in Gedanken oder laut – Sätze vor sich hin, in denen Sie erwünschte körperliche Veränderungen so beschreiben, *als ob sie gerade geschähen*. Sie sagen sich beispielsweise: »Ich kann spüren, wie sich meine Spannung löst.« »Ich bin ganz ruhig.« »Das Qi fließt ruhig und frei durch meinen Körper.« »Mein Körper ist so warm, als ob ich mich unter eine Daunendecke gekuschelt hätte.«

Auch Selbstbekräftigungen, die das Selbstvertrauen steigern, funktionieren gut. Sie können sie beim Einschlafen im Geist wiederholen oder sie auf einen Zettel schreiben und diesen an den Badezimmerspiegel kleben. Oder malen Sie sie während der morgendlichen Dusche mit dem Finger auf die beschlagene Duschkabinenwand. Dann wiederholen Sie sie laut, während Sie sich für den Tag fertigmachen. Im Rahmen des Vierwochenprogramms werden Sie die folgenden Selbstbekräftigungen ausprobieren oder sich selbst welche ausdenken:

· Ich werde mit allem fertig, was auf mich zukommt.
· Herausforderungen eröffnen Chancen.
· Mit kleinen Schritten kommt man weit.
· Der heutige Tag bietet grenzenlose Möglichkeiten.
· Heute betrachte ich die Dinge durch eine positive Brille.
· Wenn eine Tür zufällt, öffnet sich eine andere.
· Ich habe viele Freunde und Verwandte, die mich lieben und unterstützen.
· Ich kann alles erreichen.
· Ich bin stark und kann grenzenlos Energie aus dem Universum schöpfen.
· Auch das wird vorbeigehen.
· In meinem Leben herrscht himmlische Harmonie.

- Hindernisse bieten mir Lernerfahrungen und lösen sich durch Erkenntnis auf.
- Ich bin für mein Leben verantwortlich.
- Ich habe viele Möglichkeiten.
- Ich werde täglich in jeder Hinsicht besser.
- Ich entscheide mich dafür, glücklich zu sein.
- Ich öffne mein Herz und lasse mich von Frieden erfüllen.

Wenn Sie eine Selbstbekräftigung oft genug wiederholen, verwandelt sie sich schließlich in eine sich selbsterfüllende Prophezeiung. Die in diese Suggestionen eingebetteten Bilder verschmelzen mit Ihrem Unterbewussten und setzen den Heilungsprozess in Gang. Durch die Benutzung von Selbstbekräftigungen lösen Sie in gewissem Sinn die Ausschüttung von Endorphinen aus, was bedeutet, dass Sie das Gefühl von Glück, Geborgenheit und Wohlbefinden in sich selbst buchstäblich heraufbeschwören.

Konzentriertes Atmen
Atmen. Das tun Sie seit dem Tag, da der Arzt Sie im Kreißsaal nach unten hängen ließ und Ihnen einen leichten Klaps auf den Hintern gab. Und ich vermute mal, dass Sie, wenn Sie jetzt dieses Buch lesen, es seither unablässig getan haben. Aber es gibt Atmen, und es gibt *konzentriertes Atmen*. Hier geht es um Letzteres.

So einfach es sich auch anhört, konzentriertes Atmen – bei dem Sie ganz bewusst denken, dass Ihr Atem ein- und ausströmt – ist eine sehr effektive Stressbewältigungstechnik. Ein langsamer, tiefer Atemzug löst physische und kognitive Veränderungen aus, welche die Entspannung fördern. Tiefatmung hilft Spannung und Angst abzubauen und liefert Energie, denn je tiefer der Atemzug, desto mehr lebensspendender Sauerstoff strömt in Ihren Körper. Ein tiefer Atemzug beginnt damit, dass das Zwerchfell sich strafft und dadurch nach unten sinkt, so dass sich Ihr Bauch nach außen vorwölbt. Ihre Lungen füllen sich mit Luft, Ihr Brustkorb erweitert sich. Beim Ausatmen geschieht das Umgekehrte – zuerst senkt sich Ihr Brustkorb, und dann wird Ihr Bauch flach. Probieren Sie Folgendes:

1. Wenn Sie Angst übermannt oder Sie sich bei negativen Gedanken ertappen, atmen Sie sofort durch den Mund aus.
2. Machen Sie jetzt Ihre Lungen weit und atmen Sie durch die Nase ein; schöpfen Sie frische, reinigende Luft und zählen Sie dabei bis vier.
3. Atmen Sie auf fünf langsam wieder aus.
4. Wiederholen Sie das viermal.

Meditation
Meditation gehört zu den gebräuchlichsten Verfahren zur Harmonisierung von Geist und Körper. Diese geistige Übung bewirkt Entspannung und die sie begleitenden physiologischen Veränderungen. Für Superstress-Betroffene liegt der größte Nutzen von Meditation darin, dass sie die physiologischen Folgen der Stressreaktion durch geistige Aktivität umkehrt. Richtig praktizierte Meditation kann die Herz- und Atemfrequenz sowie den Blutdruck senken. Sie sorgt dafür, dass der Körper den Sauerstoff effizienter nutzt, sie verringert die von den Nebennieren in den Blutstrom freigesetzte Cortisolmenge und verlangsamt den geistigen Alterungsprozess. Wissenschaftlich erwiesen ist, dass Meditation schlafmangelgeplagten Menschen neue Kraft verleiht, die Konzentration verbessert und sogar Alterungsprozessen im Gehirn entgegenwirkt. Als Hilfsmittel gegen Superstress kann Meditation den Körper in einen Ruhezustand zurückführen, die Selbstheilung fördern und neuer Schädigung durch die körperlichen Folgewirkungen von Stress vorbeugen.

Es gibt zahlreiche Meditationsverfahren. Zu den in den USA beliebtesten gehören die Achtsamkeitsmeditation, die Transzendentale Meditation und die konzentrierte Meditation. Die Achtsamkeitsmeditation wurzelt in den Lehren des Buddhismus und legt den Schwerpunkt auf das Gewahrsein dessen, was jetzt gerade ist, ohne es festzuhalten. Beim Meditieren richtet man seine gesamte Aufmerksamkeit auf das Ein- und Ausströmen des Atems. Die Aufmerksamkeit soll so ganz auf die Gegenwart und die Empfindungen des gegenwärtigen Augenblicks gerichtet werden.

Die in Indien entstandene Transzendentale Meditation benutzt

Mantras. Mit diesen in Gedanken wiederholten Wörtern, Tönen oder Sätzen soll verhindert werden, dass sich ablenkende Gedanken im Geist breit machen. Der ayurvedische Heiler Maharishi Mahesh Yogi hat diese Art Meditation im Westen bekannt gemacht. Transzendentale Meditation entspannt ganz wunderbar. Die Übenden erhalten ihr Mantra von einem Lehrer (oder wählen ein eigenes) und wiederholen es unablässig, während sie ihren Geist ganz natürlich und ohne Anstrengung in einen höheren Bewusstseinszustand gleiten lassen. Zahlreiche Studien belegen, dass Transzendentale Meditation Stress wirksam ausgleicht. Eine Studie[4] untersuchte bei zwei Probandengruppen hormonelle Veränderungen infolge bestimmter Stressoren. Nach Bestimmung der Ausgangslage praktizierte die eine Gruppe vier Monate lang Transzendentale Meditation, die andere erhielt eine allgemeine Aufklärung über Stressbewältigungstechniken. Die Ergebnisse beider Gruppen unterschieden sich deutlich. In der Meditationsgruppe sanken die Cortisolspiegel, in der anderen Gruppe blieben sie gleich. Insgesamt bestätigen die Ergebnisse früher gewonnene Daten, wonach wiederholtes Üben von Transzendentaler Meditation einige der körperlichen Folgewirkungen von Dauerstress aufheben kann.

Konzentrierte Meditation ist genauso, wie der Name besagt. Sie konzentrieren sich gezielt auf einen einzelnen Gegenstand, um im Hier und Jetzt zu verweilen.

Meditationsanleitung

1. Suchen Sie sich einen ruhigen Ort und setzen Sie sich bequem hin. Lassen Sie nach und nach Ihre gesamte Muskulatur locker. Wenn es Ihnen lieber ist, schließen Sie die Augen (sofern Sie nicht konzentrierte Meditation praktizieren – siehe unten).

2. Wählen Sie einen Satz, ein Wort, ein Gebet oder einen Gegenstand, der oder das eine besondere Bedeutung für Sie hat oder Ihnen das Gefühl von Frieden gibt – oder konzentrieren Sie sich einfach nur auf Ihren Atem.

3. Atmen Sie langsam und natürlich. Atmen Sie durch die Nase ein, und halten Sie den Atem dann einige Sekunden lang an. Atmen

Sie durch den Mund aus, und legen Sie am Ende des Ausatmens wieder eine Pause ein. Sprechen Sie während des Ausatmens im Geist Ihr Wort, Ihren Satz, Ihr Gebet. Wiederholen Sie das Ganze.

4. Danach konzentrieren Sie sich weiterhin auf Ihren Atem und sitzen still. Nehmen Sie bewusst wahr, wo Sie sich befinden, öffnen Sie langsam die Augen und stehen Sie auf. (Wenn Sie auf die Zeit achten müssen, versuchen Sie es mit einem ganz leise gestellten Wecker, damit Sie nicht ständig auf die Uhr schauen müssen.)

Sie können es aber auch mit konzentrierter Meditation versuchen. Wählen Sie, bevor Sie beginnen, einen Gegenstand, auf den Sie Ihre Aufmerksamkeit richten. Er muss so klein sein, dass Sie sich wirklich konzentrieren müssen, um ihn zu sehen. Ich benutze eine nur einen Zentimeter hohe Buddhafigur. Üben Sie, sich zehn Minuten lang voll auf dieses Objekt zu konzentrieren. Wenn Ihnen Gedanken in den Kopf kommen, versuchen Sie sie fallen zu lassen und sich wieder auf den gewählten Gegenstand zu konzentrieren.

Üben Sie zehn bis 20 Minuten pro Tag mindestens drei- bis viermal pro Woche.

Kirtan-Kriya-Meditation

Kirtan Kriya kann Ihre geistige Energie, Kreativität und Intuition stärken. Bei dieser Übung werden vier Silben verwendet, die in der hinduistischen Tradition mit den Lebensstadien verknüpft sind.

Saa steht für Geburt. Wenn Sie diesen Laut wiederholen, so ruft Ihnen dies Ihre lebhaftesten und lebendigsten Empfindungen ins Gedächtnis: den Anblick einer von Neuschnee bedeckten Landschaft gleich nach dem Aufwachen, die ersten Takte einer wunderschönen Symphonie.

Taa steht für Leben. Führen Sie sich ein Liebeserlebnis vor Augen, ob eine zutiefst erfüllende sexuelle Erfahrung oder einen anderen ganz besonderen Augenblick der Intimität und Zärtlichkeit, etwa wenn Ihr Liebster/Ihre Liebste in einer Menschenmenge Ihre Hand ergreift.

Naa steht für Tod oder Vollendung. Denken Sie an einen Augenblick großer Freude, nach dem Erreichen eines Ziels, für das Sie sehr hart gearbeitet haben und das für Sie eine große Leistung darstellt.

Maa steht für Wiedergeburt. Versetzen Sie sich im Geiste an einen Ort von großer Schönheit oder Majestät, etwa in eine jahrhundertealte Kathedrale, die Sie zum ersten Mal betreten haben, oder denken Sie an den Blick über eine schneebedeckte Bergkette aus dem Fenster eines Flugzeugs.

Mit etwas Übung werden diese vier nacheinander rezitierten Silben umgehend das Gefühl oder Bild, das Sie jeweils damit verbinden, vor Ihrem geistigen Auge erstehen lassen. Lassen Sie sich mit geradem Rücken in den Schneidersitz nieder, konzentrieren Sie sich und rezitieren Sie *Saa Taa Naa Maa*. Stellen Sie sich vor, der Laut ströme durch den höchsten Punkt Ihrer Schädeldecke ein und in der Mitte Ihrer Stirn – durch das »dritte Auge« – wieder aus. Rezitieren Sie zwei Minuten lang in Ihrer normalen Lautstärke, dann zwei weitere Minuten flüsternd und schließlich vier Minuten lang stumm. Wiederholen Sie dies dann in umgekehrter Reihenfolge, zwei Minuten ganz leise, zwei Minuten laut, insgesamt also zwölf Minuten.

Führen Sie parallel zur Rezitation der Silben folgende Fingerübungen aus; sie sind unerlässlich für die Meditation:

Berühren Sie auf *Saa* mit dem Zeigefinger jeder Hand den Daumen.

Berühren Sie auf *Taa* mit dem Mittelfinger jeder Hand den Daumen.

Berühren Sie auf *Naa* mit dem Ringfinger jeder Hand den Daumen.

Berühren Sie auf *Maa* mit dem kleinen Finger jeder Hand den Daumen.

Nach Abschluss der zwölfminütigen Übung atmen Sie tief ein, heben die Hände über den Kopf und führen sie beim Ausatmen in einem weiten Bogen nach unten. Kirtan Kriya ist einfacher, als Sie vielleicht denken. Mit ein wenig Übung wird es Ihnen ganz leicht und überaus sinnvoll erscheinen. Wer mehr darüber wis-

sen möchte, findet es auf der Website von Dharma Singh Khalsa:
www.drdharma.com

Zeit zum Spielen – nicht mehr nur für Kinder

Wir vertun einen beträchtlichen Teil unseres modernen Lebens damit, von einem Ort zum andern zu hetzen, immer verplant, immer
auf dem Sprung und innerlich schon beim nächsten Termin. Hält
jemals einer von uns inne, um ganz im Hier und Jetzt zu sein?

Jeder Mensch, insbesondere aber der supergestresste, braucht
eine »Spielzeugkiste«, aus der er mindestens eine Aktivität hervorholen kann, die ihm Spaß macht.

Spielen Sie. Los. Sie wissen doch noch, wie es geht.

Spielen ist ideal, um Ihre Kreativität zu entfalten, unbekümmert
im Augenblick zu leben oder um einfach nur Dampf abzulassen.
Und wenn Sie ganz in etwas aufgehen, das Ihnen Freude macht,
können Sie in den Zustand des »Flow« geraten. Dabei tritt Ihr
Gehirn in einen meditationsähnlichen Zustand ein. Das Konzept
stammt von Mihály Csíkszentmihályi, einem Vertreter der Positiven Psychologie, und wurde seither umfassend erforscht. Immer
wieder zeigten sich dabei positive Einflüsse auf Körper, Geist und
Seele.

Spielen bedeutet, den Alltag hinter sich zu lassen und die Dinge
aus einem anderen Blickwinkel zu betrachten. Spielen können Sie
auf ganz unterschiedliche Weisen. Sie können mit Ihren Kindern
herumtoben oder sich für eine halbe Stunde deren Jojo ausleihen.
Gehen Sie in den Stadtpark, setzen Sie sich auf die Schaukel und
schwingen Sie sich so hoch Sie können. Verweilen Sie am Sand-
kasten und versetzen Sie sich zurück in die Zeit, als Sie sich nicht
darum scherten, ob Sie Sand in die Schuhe bekamen.

Darüber hinaus gibt es andere – ernsthaftere – Möglichkeiten
des Spiels, die Ihrem Stress einen Riegel vorschieben und obendrein Ihnen und anderen nützen. Arbeiten Sie freiwillig bei einem
sozialen Bauprojekt von Habitat for Humanity mit und lernen Sie
dabei, ein Haus zu bauen. Lesen Sie einem Kind vor. Lesen Sie selbst.
Nichts bringt Sie so wirksam auf andere Gedanken wie ein gutes
Buch, und Sie können das Tempo der Lektüre selbst bestimmen.

Gärtnern ist ebenfalls eine prima Form von Spielen; Ihre Sinne werden angesprochen, und Sie verschönern zugleich Ihre Umgebung und kommen intensiv in Kontakt mit der Natur. Musikhören ist ein weiteres Anti-Stress-Hobby. Musik inspiriert und lenkt ab zugleich. Sie kann Sie beruhigen (oder anregen), und sie kann Sie durch den gesamten Tag begleiten.

In diesem Augenblick, während ich all diese wunderbaren Möglichkeiten für Sie zusammenstelle, spiele ich gerade selbst. Und ich würde zu gerne damit fortfahren. Doch das Beste am Spielen ist, die eigene Phantasie walten zu lassen und den eigenen Träumen nachzugehen. Und warum sollte ich Ihnen den Spaß verderben?

Haustiere können für Menschen eine Quelle des Trostes und der Freude sein. Sie schenken uns bedingungslose Liebe, und sie wecken Einfühlungsvermögen, Mitleid und Fürsorglichkeit in uns. Haustiere können uns dazu bringen, aus uns herauszugehen, und sie bieten uns geistige Anregung, weil sie zu verbaler und physischer Interaktion ermuntern. Viele Studien zum Zusammenhang von seelischer Verfassung und Haustierbesitz erbrachten ermutigende Ergebnisse: Haustierbesitzer weisen einen niedrigeren Blutdruck auf, weniger von ihnen sind herzkrank, und sie fühlen sich nicht so einsam. Manche Kliniken bieten ihren Patienten sogar tiergestützte Therapie an, beispielsweise mit speziell ausgebildeten, stark menschenbezogenen Hunden. Wer Freude an Tieren und die nötige Zeit hat, für den kann der Umgang mit einem Tier, das zu ihm passt, eine sehr lohnende Erfahrung sein.

Progressive Muskelentspannung

Diese Entspannungstechnik macht Ihnen Anspannung und Entspannung im Wechsel bewusst und lässt Sie auf diese Weise erleben, wo Sie in Ihrem Körper den Stress festhalten (wenn Sie beispielsweise zu den zahlreichen Menschen gehören, die den ganzen Tag vor dem Computer hocken, spüren Sie wahrscheinlich eine Verspannung im Schulterbereich). Mit dieser Technik lernen Sie in kurzer Zeit, genau die Körperbereiche ausfindig zu machen, die stressbedingt am stärksten verspannt sind. Dann können Sie sich darauf konzentrieren, diese Anspannung aufzulösen.

Selbst nach einem restlos ausgefüllten Tag kann Sie diese Übung zur Ruhe bringen und Ihren Blick nach innen richten. Sie ist daher eine gute Stressabbautechnik. Vielleicht mögen Sie die folgende Anleitung zu sanfter Hintergrundmusik auf Band sprechen – und siehe da, Sie haben soeben Ihr erstes Selbsthilfeaudioband hergestellt.

1. Ziehen Sie als Erstes Ihre Augenbrauen so weit wie möglich hoch. Spüren Sie, wie die Spannung sich aufbaut, und halten Sie sie einen Augenblick.

2. Entspannen Sie die Stirn wieder, und spüren Sie, wie die Spannung herausfließt.

3. Drücken Sie die Augen so fest wie möglich zu, und spüren Sie die Anspannung. Entspannen Sie dann Ihre Augenlider.

4. Beißen Sie die Zähne fest zusammen, und spüren Sie die Anspannung. Halten Sie sie einige Sekunden, und lassen Sie dann locker.

5. Legen Sie Ihr ganzes Gesicht mit aller Kraft in Falten, halten Sie die Spannung, und lassen Sie wieder locker.

6. Ballen Sie Ihre rechte Hand ganz fest zur Faust, und halten Sie die Spannung. Lassen Sie wieder locker, und spüren Sie, wie die Anspannung aus den Fingern fließt.

7. Machen Sie dasselbe mit der linken Hand.

8. Spannen Sie die Bauchmuskeln an, so fest Sie können. Halten Sie die Spannung, und lassen Sie dann locker.

9. Wenn Sie liegen oder auf einem Stuhl sitzen, strecken Sie das rechte Bein, spannen Sie Oberschenkel- und Wadenmuskeln an, und ziehen Sie den Fuß zu sich heran. Spüren Sie die Anspannung beim Halten des Beins. Lassen Sie es wieder sinken, und entspannen Sie es.

10. Machen Sie dasselbe mit dem linken Bein.

11. Spannen Sie Ihren ganzen Körper mehrere Sekunden lang an, lassen Sie dann locker, und spüren Sie das Gefühl von Ruhe und Frieden in dem Entspannungszustand, in den Sie sich durch diese Übung versetzt haben. Atmen Sie ein, und halten Sie den

Atem an; zählen Sie dabei bis vier. Atmen Sie aus, und blasen Sie dabei alle noch in Ihrem Körper verbliebene Erschöpfung hinaus. Öffnen Sie jetzt Ihre Augen, und dehnen Sie Arme und Beine. Genießen Sie dabei das Gefühl von Ruhe und innerem Frieden.

Tai Chi

Ganz bestimmt haben Sie das schon mal gesehen. Vielleicht erblickten Sie auf einem Morgenspaziergang im Stadtpark oder durch die Tür eines Kursraums in Ihrem Fitnessstudio eine Gruppe von Menschen, die eine Folge fließender Bewegungen wie in Zeitlupe vollführten, und Sie waren sofort gebannt. Das ist Tai Chi, eine Technik zur Schulung des Gleichgewichts und der Gelenkigkeit, die manchmal auch als »innere Kampfkunst« oder »Meditation in Bewegung« bezeichnet wird. In einem gewissen Sinn ist Tai Chi tatsächlich eine Form von Meditation. In einem anderen ist es Low-impact-Yoga. Die langsamen, sanften, fließenden Bewegungen, das tiefe Atmen und die geistige Konzentration dieser Übung sollen Spannung lösen, die Gelenke beweglich machen und das Chi oder Qi überall im Körper ungehindert fließen lassen.

Für Tai Chi benötigen Sie nicht viel – nur flache Schuhe, einen Quadratmeter Platz und einen guten Lehrer oder ein gutes Anleitungsbuch oder -video. (Sie können sogar die Schuhe weglassen.) Wie einschlägige Forschungsarbeiten bestätigten, kann Tai Chi die Atmung verbessern, Stress vermindern, den Blutdruck senken und das Gleichgewicht verbessern. In einer dieser Studien[5] wurden 48 männliche und 48 weibliche Tai-Chi-Übende nach dem Zufallsprinzip vier Gruppen zugewiesen. Dann übte eine Gruppe Tai Chi, eine andere absolvierte einen flotten Spaziergang mit der gleichen Dauer. Die dritte Gruppe meditierte, und die letzte las, jeder still für sich. Alle Teilnehmer mussten anschließend geistige Aufgaben wie Kopfrechenaufgaben lösen und sahen dann einen Film, der sie emotional aufwühlen sollte. Wie sich herausstellte, lagen Herzfrequenz und Blutdruck in der Tai-Chi-Gruppe niedriger als in den beiden anderen Gruppen und etwa auf gleicher Höhe wie bei den Marschierern. Dies zeigt, dass Tai Chi nicht nur eine meditative

Übung ist, sondern denselben körperlichen Nutzen wie anstrengendere Betätigungen bringt.

Die Empfindungen beim Üben von Tai Chi lassen sich mit Worten nur schwer beschreiben. Ich finde, es lässt sich am ehesten mit meinem Lieblingssport vergleichen, dem Tauchen. Beim Tauchen gleitet man in dem Augenblick, da man die Wasseroberfläche durchbricht, in eine völlig andere Welt, ein Reich des Unwirklichen, in dem man still ist und sich dennoch bewegt, eingehüllt vom Wasser, um sich herum das Blau, die Pflanzen und die Fische, die stumm vorübergleiten. Allein im Reich der Stille, gegenwärtig im Augenblick. Wenn man auftaucht, fühlt man sich wie neu geboren, im Reinen mit sich. So fühlt man sich auch, wenn man eintaucht in Tai Chi.

Visualisierung

Sehr häufig treten supergestresste Menschen in eine bestimmte Falle: Sie vergessen, dass sie Alternativen haben. In gewissem Sinn werden sie Opfer ihrer eigenen Entscheidungen – bis spät abends zu arbeiten, PDA oder Blackberry die ganze Zeit eingeschaltet zu lassen, sich zu viele Termine aufzubürden und Schlaf an die letzte Stelle der Prioritätenliste zu setzen. Visualisierungsübungen erinnern uns daran, dass wir die Dinge auch anders betrachten können. Wenn Sie supergestresst sind, bewegen Sie sich innerlich häufig in der Zukunft oder in der Vergangenheit – Sie zermartern sich Ihr Hirn wegen Ihres stümperhaften Geredes in der letzten Redaktionskonferenz oder machen sich Sorgen wegen des anstehenden Schlusstermins. Visualisierung holt Sie in die Gegenwart zurück, denn sie zwingt Sie dazu, sich Ihrer selbst und Ihrer eigenen Ziele bewusst zu werden. Visualisierung erlaubt Ihnen, sich durch Wiederholung Ihre eigene Wahrnehmung der Realität zu schaffen.

Für Visualisierungsübungen müssen Sie zunächst entspannt sein, um direkten Zugang zu Ihrem Unterbewussten zu bekommen. Durch die folgenden Schritte finden Sie in diesen Prozess hinein:

• Suchen Sie sich ein ruhiges Plätzchen, und setzen Sie sich auf einen bequemen Stuhl, oder legen Sie sich hin.

- Konzentrieren Sie sich dann zuerst auf Ihrem Atem und das Atmen. Machen Sie mehrere bewusste Atemzüge, wie oben beschrieben (das aktiviert den Vagusnerv, den wichtigsten Nerv für beruhigende Signale).
- Wenn Sie sich entspannt fühlen, stellen Sie sich irgendeine Szene vor, die Ihnen innere Ruhe vermittelt und Ihr Bewusstsein in die Gegenwart zurückholt.

Sie können Ihre Szene so oft wechseln, wie Sie möchten. Ich habe eine Lieblingsvorstellung, auf die ich sehr oft zurückgreife.

1. Ich stelle mir vor, heiter und gelassen auf dem Boden zu sitzen und mich an einen alten Baum zu lehnen.
2. Ich stelle mir vor, der Ort, wo ich sitze, sei von Wildblumen oder niedrigen Sträuchern umgeben.
3. Ich stelle mir einen Augenblick lang vor, mein Rückgrat sei vom Steißbein bis hoch zum Schädel mit dem Baum »verwachsen«.
4. Ich spüre, wie mein Kopf Sonnenlicht vom Baumwipfel herunterzieht, und ich strecke meine Beine aus und drücke Sie auf die Erde, wie um Nahrung aus den Baumwurzeln zu ziehen. Mich energetisch mit der Erde zu verbinden, erdet mich im wahrsten Sinn des Wortes.
5. Kommen mir beunruhigende Gedanken, Begebenheiten oder Begegnungen in den Sinn, stelle ich mir eine Blume in meiner Hand vor. Dann lege ich die Begebenheit oder den Gedanken auf ihre Blüte und übergebe sie den Baumwurzeln, damit die negative Energie in die Erde eingehen kann.

Yoga

Wenn Sie nie Yoga praktiziert haben, dann beschwört dieses Wort vielleicht das Bild eines Menschen herauf, der im Lotossitz auf dem Boden sitzt, Hände in Gebetshaltung auf Herzhöhe zusammengelegt, und ein langgezogenes, volltönendes »*Ommmmm*« von sich gibt. Oder vielleicht erscheint vor Ihrem geistigen Auge ein Maharishi mit Gummiknochen, der auf einem Bein steht und das andere anmutig um seinen Nacken geschlungen hat. Beides sind in der Tat Yogapositionen oder Asanas. Doch natürlich geht es beim Yoga um weitaus mehr als um bestimmte Körperhaltungen. Yoga bezweckt eine harmonische Verbindung von Körper, Geist und Seele – das Wort *Yoga* leitet sich von dem Sanskrit-Wort *yui* ab, das Vereinigung bedeutet. Niemand weiß genau, wie alt Yoga ist. Manche schätzen das Alter dieser Praxis auf nicht weniger als 5000 Jahre. Es wurde ursprünglich als Training auf dem Weg zu spiritueller Erleuchtung entwickelt. Die körperlichen Übungen, aus denen sich dieses Training zusammensetzt – unter anderem bewusstes Atmen, Konzentration der Aufmerksamkeit und Einnehmen einer bestimmten Haltung –, sollen den Gedankenstrom unterbrechen und Körper und Geist entspannen.

Hatha Yoga, die in Europa und den Vereinigten Staaten am häufigsten praktizierte Form, legt das Schwergewicht auf Körperhaltungen (Asanas) und Atemübungen (Pranayama). Zu den Hauptformen von Hatha Yoga zählen *Ananda, Anusara, Ashtanga, Bikram, Iyengar, Kripalu, Kundalini* und *Viniyoga*.

Yoga wird bei verschiedenen gesundheitlichen Problemen wie Angststörungen, Stress, Asthma, Bluthochdruck und Depressionen therapeutisch eingesetzt. Genutzt wird das Training auch als Teil der allgemeinen Gesundheitspflege, um körperliche Fitness und Entspannung zu erreichen. Yoga gilt allgemein als unschädlich, doch unter bestimmten Voraussetzungen können manche Körperhaltungen ein Risiko darstellen. Klären Sie das mit Ihrem Arzt ab, bevor Sie beginnen, insbesondere als Anfänger.

Methoden, für die Sie einen Therapeuten benötigen
Akupunktur

Akupunktur, eine der wichtigsten Behandlungsformen der TCM, gehört zu den ältesten Heilverfahren der Welt. (Etwas, das es seit 2500 Jahren gibt, verdient doch so etwas wie einen Orden, finden Sie nicht?) Einer Umfrage der National Institutes of Health (NIH) von 2002 zufolge unterzogen sich schätzungsweise 8,2 Millionen erwachsene Amerikaner in diesem Jahr einer Akupunktur gegenüber 2,1 Millionen im Jahr zuvor.[6] Ein Anstieg um 400 Prozent spricht doch für sich!

Die Akupunktur gründet auf der Grundannahme der TCM, dass die Energie des Körpers, das Qi, entlang bestimmter Leitbahnen, der Meridiane, durch den Körper fließt, ähnlich wie das Blut in den Adern. Jede Störung oder Unterbrechung des Qi-Flusses führt zu einem Ungleichgewicht zwischen Yin und Yang, was letztlich das Wohlbefinden stört. Die Akupunktur stimuliert bestimmte Punkte auf den Leitbahnen durch Einstechen sehr feiner Metallnadeln, um Qi-Blockaden zu beseitigen und dadurch Gleichgewicht und Gesundheit wiederherzustellen.

Die Ursprünge der Akupunktur liegen im mystischen Dunkel, doch wie die moderne Forschung gezeigt hat, lässt sich das Verfahren biologisch erklären. Die Wirksamkeit der Akupunktur beruht wahrscheinlich darauf, dass Signale wie Druck oder Schmerz entlang der Leitbahnen schneller als normal weitergeleitet werden. Diese Signale regen offenbar die Freisetzung von natürlichen schmerzdämpfenden Substanzen – Endorphinen – an, die automatisch das Gefühl von Wohlbefinden verstärken. Die Meinungen gehen etwas auseinander, doch Konsens besteht darüber, dass das Qi durch zwölf Haupt- und acht Nebenmeridiane fließt, von denen viele durch die wichtigsten Organe verlaufen. Eine am Handgelenk eingestochene Nadel kann auf die Lungen wirken, weil ein Meridian beide verbindet. Falls Sie sich für Akupunktur als Entspannungstechnik entscheiden, sollten Sie sich einen erfahrenen Akupunkteur suchen.

Massage

Sie brauchen nicht erst die Bestätigung durch eine wissenschaftliche Studie, um zu wissen, dass Massage entspannend ist und Stress abbaut. Wenn Sie zu den Glücklichen gehören, die von Zeit zu Zeit in den Genuss einer professionellen Massage kommen, wissen Sie, wovon ich spreche. Ich kenne niemanden, der unmittelbar nach einer Massage wild darauf gewesen wäre, sich sofort wieder in die Arbeit zu stürzen. In Gegenteil, die meisten Menschen sind danach unglaublich entspannt – sie schaffen es gerade noch, auf der Massagebank nicht einzuschlafen.

Es gibt viele Arten von Massage, darunter die klassische Rücken-

oder Schwedische Massage, Esalen- und Deep Tissue Massage. Immer aber streicht, knetet, reibt und walkt der Masseur oder die Masseurin Muskeln und andere Weichteile des Körpers, vor allem mit Händen und Fingern. Das soll die Durchblutung und Sauerstoffversorgung des behandelten Bereichs verbessern und – in den Begriffen der TCM ausgedrückt – Blockaden des Qi auflösen.

Supergestresste Menschen sprechen gewöhnlich positiv auf Massage an, weil die langsamen, rhythmischen und einschläfernden Streichbewegungen, oft zu den Klängen beruhigender Musik, sowohl Geist als auch Körper entspannen. Das liegt daran, dass Massage die Ausschüttung von stimmungsaufhellenden körpereigenen Substanzen wie Serotonin oder Endorphinen anregt. Massage kann zudem die physischen und psychischen Kräfte stärken und die Lebensqualität verbessern, und zwar bei jedem Menschen. Eine neuere Studie bestätigt das. Forscher an mehreren Institutionen unter anderem vom The Touch Research Institute an der University of Miami, wiesen nach, dass therapeutische Massagen die berufliche Leistung und den Stressabbau begünstigen.[7] Die Studie verglich 26 Teilnehmer, die Massagen erhielten, mit 24 unbehandelten Probanden und stellte fest, dass eine einfache viertelstündige Massage im Sitzen zweimal pro Woche über fünf Wochen den Arbeitsstress der Massierten verringerte und eine merkliche Steigerung ihrer Wachheit und Produktivität zur Folge hatte.

Reflexzonenmassage und ayurvedische Fußmassage
Die Reflexzonenmassage ist eine besondere Form der Massage von Händen und Füßen. Die Therapeuten lernen, Zonen auf deren Oberfläche zu stimulieren, Drucksensoren, die mit den inneren Organen in Verbindung stehen sollen. Ausgebildete Reflexzonentherapeuten kennen die Verbindung bestimmter Stellen auf der Fußsohle mit bestimmten Organen, Drüsen und anderen Körperteilen. Druck auf die richtige Stelle löst eine reflexartige Reaktion im entsprechenden Körperbereich aus. Drückt man beispielsweise auf den Fußballen, kann dies Herz oder Lungen günstig beeinflussen.

Viele meiner Patienten halten die Reflexzonenmassage für ein ausgezeichnetes Mittel zum Stressabbau. Da Füße und Hände das Spannungsniveau für den übrigen Körper mitbestimmen, sind sie ein sehr geeigneter Ansatzpunkt, um Stresssignale zu unterbrechen und das körperliche Gleichgewicht wiederherzustellen. Die indische Reflexzonenlehre kennt am Fuß 107 Hauptkreuzungspunkte von Bändern, Gefäßen, Muskeln und Knochen, die Marmas. Die Vertreter dieser Lehre glauben, dass man durch Massieren dieser Marmas Schadstoffe aus dem Körper entfernen kann. Ob das nun stimmt oder nicht, eine Fußreflexzonenmassage wirkt auf jeden Fall zutiefst entspannend. Dasselbe Ergebnis können Sie auch durch Selbstmassage erzielen. Wenn Sie sich die Füße massieren, massieren Sie im Grunde Ihren ganzen Körper; Sie bringen Ihre Gefühle ins Lot und verbessern den Blut- und Lymphkreislauf.

Anleitung für eine ayurvedische Fußmassage:
1. Waschen Sie sich die Füße gründlich mit Wasser und Seife und trocknen Sie sie gut ab.
2. Reiben Sie einen Fuß mit Mandel- oder Sesamöl (nicht das zum Kochen), versetzt mit zwei bis drei Tropfen Lavendelessenz ein.
3. Beginnen Sie die Massage an der Basis Ihres kleinen Zehs.
4. Machen Sie an der Basis Ihres nächsten Zehs weiter.
5. Wenden Sie zwischen Ihrem kleinen und dem nächsten Zeh leichten Druck an.
6. Reiben Sie jetzt zwischen diesem nächsten Zeh und dem mittleren.
7. Massieren, dehnen und ziehen Sie Ihren mittleren Zeh mit kreisförmigen Bewegungen.
8. Reiben Sie dann den Zehenzwischenraum und massieren, dehnen und ziehen Sie kreisend Ihre beiden anderen Zehen.
9. Drücken Sie sanft beide Seiten Ihrer Ferse unterhalb des Knöchels, umkreisen Sie dann Ihre Knöchel im Uhrzeigersinn, um Energie und Kreislauf anzuregen.
10. Massieren Sie schließlich Ihre Wadenmuskeln, um Spannungen zu lösen.
11. Wiederholen Sie alles am anderen Fuß.

Vor allem aber: Machen Sie sich keinen Stress beim Entspannen!
Vielleicht kennen Sie Leute, für die nichts über Yoga geht. Das mag auch durchaus zutreffen – aber denken Sie daran, dass keine Entspannungstechnik, gleich mit welcher Sie es auch probieren möchten, Ihr Leben über Nacht ändern wird. Alle erfordern sie Übung, genau wie das Entspannen selbst, und das bedeutet Wochen oder Monate. Vor allem aber: *Machen Sie sich keinen Stress bei dem Bemühen, sich zu entspannen!* Wenn eine bestimmte Technik nichts für Sie ist, dann versuchen Sie es mit einer anderen.

Und vergessen Sie nicht zu *atmen.*

Kapitel 4
Heilsame Ernährung

Stress ist zweifelsohne ein häufiger Störfaktor im Magen-Darm-oder Gastrointestinaltrakt. Bei den 1402 Teilnehmern einer neueren großen Umfrage zu stressbedingten körperlichen Symptomen waren die drei Spitzenreiter Erschöpfung (51 Prozent), Kopfschmerzen (44 Prozent) und Verdauungsbeschwerden wie Säurereflux und Reizdarm (34 Prozent).[1] Doch auch wenn stressbedingte Magen-Darm-Beschwerden nur auf dem dritten Rang landeten, hege ich den Verdacht, dass der Zustand vieler Erschöpfter auf schlechte Ernährung oder schlichten Hunger zurückzuführen war.

Sind Sie mittlerweile überzeugt, dass Sie kürzer treten müssen? Bestimmt. Aber wir wissen beide, dass das nicht immer möglich ist. In diesem Fall liegt die zweitbeste Lösung darin, die Nährstoffe aufzustocken, von denen Sie zu wenig bekommen.

Und darum geht es zum großen Teil in der Anti-Superstress-Diät. Bevor ich näher darauf eingehe, möchte ich jedoch klarstellen, dass diese Diät nicht isoliert anzuwenden ist – das gilt für alle vorgestellten Hilfsmittel –, sondern einen von mehreren Pfeilen im Köcher darstellt. Sie ergänzt die im vorigen Kapitel und in den noch kommenden Kapiteln vorgestellten Stressabbaumethoden.

Die Anti-Superstress-Diät

Anti-Superstress-Diät (ASD) ist ein Ernährungsplan, den ich speziell auf die mit Superstress verbundenen Gesundheits- und Ernährungsprobleme – Entzündungen, Fehlernährung, Stimmungsschwankungen – zugeschnitten habe. Eines dieser Probleme ist beispielsweise die fortwährende Überschwemmung des Körpers mit Cortisol durch die Stressreaktion. Wir wissen bereits, dass Stresshormone wie Cortisol dem Körper Vitamine entziehen, weil sie diese für klassische Stressreaktionen wie die Erhöhung der Herzfrequenz und der Muskelspannung mit Beschlag belegen. Ebenso wissen wir, dass dauerhafter stressbedingter Cortisolüberschuss sich unmittelbar in Bauchfett umsetzt – was, wie in Kapitel 2 besprochen, nicht nur aus ästhetischen Gründen unerwünscht ist, sondern auch Ihre Gesundheit gefährdet.

Die ASD wirkt der übermäßigen Cortisolausschüttung und ihren unerwünschten Folgen entgegen und bringt damit nicht nur Ihren Körper wieder besser in Form, sondern macht Sie durch eine ausgewogene Ernährung insgesamt gesünder. Sie führt Ihnen alle Vitamine und Spurenelemente zu, die Sie brauchen, um den Tag mit Schwung und starken Nerven durchzustehen. Einen Bonus gibt es obendrein: Sie werden wahrscheinlich ein paar Pfund (oder mehr) verlieren, während Sie all die anderen Vorteile gewinnen. Kein schlechter Tausch.

Die ASD – die Sie im Anhang finden – beruht auf Nahrungsmitteln aus drei verschiedenen Kategorien: Mittelmehrkost, Supergenussmittel und Seelennahrung. Als Anregung für Mahlzeiten mit diesen Nahrungsmitteln habe ich für alle, die diesen Weg einschlagen möchten, einen zweiwöchigen »Normalkostplan« sowie eine einwöchige »Entgiftungsdiät« zusammengestellt. Wenn Sie das in Teil III dargestellte Vierwochenprogramm absolvieren, sollten Sie sich parallel dazu an diese Ernährungspläne halten.

Die Grundlage: die Mittelmeerdiät

Die Mittelmeer»diät« ist keine Abmagerungskur wie die Modediäten, die uns alle naslang in Zeitschriften oder im Fernsehen angepriesen werden. Es handelt sich vielmehr um einen Ernährungsstil, der sich stark an die Küche der Länder rund ums Mittelmeer anlehnt. Ich habe mich für die Prinzipien der mediterranen Küche als Grundlage der ASD entschieden, weil sie erwiesenermaßen sehr gesund ist und weil sie gegen die mit Superstress einhergehende Schädigung des Organismus hilft. Diese Art der Ernährung dämpft Entzündungen, ersetzt die in Angst- oder Stresszuständen verpulverten Vitamine und enthält ausreichend Ballaststoffe zur Unterstützung und Pflege des Darms.

Ein Vorzug der Mittelmeerkost ist ihr hoher Gehalt an Omega-3-Fettsäuren. Diese lebenswichtigen Nährstoffe kommen in Fisch, Leinsamen und Nüssen vor. Sie stärken das Immunsystem, wirken entzündungshemmend und mildern Depressionen und Stress.

Omega-3-Fettsäuren sind zudem unerlässlich für die Funktion der Zellmembranen, insbesondere im Gehirn und im Nervensystem. Mehr als 35 Prozent des Membrangewebes im Gehirn sind auf Omega-3-Fettsäuren angewiesen, ebenso wie die Sehzellen in der Augennetzhaut. Diese besteht sogar zu 60 Prozent aus Omega-3-Fettsäuren.

Omega-6-Fettsäuren spielen in der Mittelmeerküche ebenfalls eine Rolle. Doch anders als Omega-3-Fettsäuren gibt es »gesunde« und »ungesunde« Omega-6-Fettsäuren. Rotes Fleisch enthält die ungesunde Form und fördert daher Entzündungen. Eier, Geflügel, Getreide, Gemüse und Sojabohnen enthalten die gesunde Form, ebenso verschiedene Öle, die vielleicht noch nicht in Ihrer Speisekammer stehen, über die Sie aber bald mehr erfahren werden: Borretschöl, Öl aus schwarzen Johannisbeerkernen und Nachtkerzenöl. Diese Öle haben entzündungshemmende Eigenschaften.

Mit der Nahrung zugeführte Omega-3- und Omega-6-Fettsäuren im richtigen Verhältnis haben eine beruhigende Wirkung und sind besonders wohltuend für supergestresste Menschen. Der Durchschnittsamerikaner nimmt derzeit durch den Verzehr getreidegefütterten Viehs und gentechnisch veränderter und industriell verarbeiteter Nahrungsmittel zwanzigmal mehr (oder noch mehr!) Omega-6- als Omega-3-Fettsäuren zu sich. Nur zum Vergleich: In der wesentlich gesünderen Ernährung unserer Vorfahren betrug dieses Verhältnis nahezu 1:1. Wissenschaftliche Befunde sprechen gegenwärtig dafür, dass ein Verhältnis von Omega-3- zu Omega-6-Fettsäuren von 1:4 den Stressteufelskreis am wirksamsten durchbrechen dürfte. Dieses Verhältnis streben wir in der ASD an.

Köstlichkeiten der Mittelmeerküche

Die Mittelmeerküche beruht auf folgenden Nahrungsmittelgruppen:

Obst und Gemüse liefern Folsäure, Vitamin B_6 und Magnesium, wichtige Bausteine für den Aufbau stimmungshebender Aminosäuren. Sieben Portionen am Tag sind gut, mehr sind besser. Vielfalt ist ebenfalls wichtig. Verschiedenfarbige Gemüse und Früchte enthalten unterschiedliche Vitamine, von denen viele als Antioxidantien die Gesundheit allgemein stärken. Werden sie gemeinsam verzehrt, maximiert dies ihre segensreiche Wirkung. Essen Sie also häufig violettes, rotes, orangefarbenes, gelbes und grünes Gemüse und mischen Sie es! Dieses Füllhorn sekundärer Pflanzenstoffe stärkt das Immunsystem und schützt vor Krankheiten.

Fette. Die Mittelmeerdiät zielt nicht so sehr auf die Begrenzung der Fettaufnahme insgesamt, sondern auf den Verzehr der richtigen Fette, nämlich solcher mit einfach ungesättigten Fettsäuren wie Olivenöl. Olivenöl wirkt entzündungshemmend. Wichtig sind auch mehrfach ungesättigte Fettsäuren wie die wertvolle Linolensäure, eine spezielle Omega-3-Fettsäure. Sie findet sich in Rapsöl und Nüssen, vor allem Walnüssen. Olivenöl aber sollte das Öl Ihrer Wahl sein. Es liefert nicht nur einfach ungesättigte Fettsäuren, welche das HDL-Cholesterin (das »gute«, gesunde) hoch und das LDL-Cholesterin (das »schlechte«, ungesunde) niedrig halten, sondern neuere Forschungen ergaben zudem, dass natives Olivenöl – unraffiniertes Öl aus der ersten Pressung – die Arterien frei von Ablagerungen halten kann. Achten Sie also beim Kauf von Olivenöl auf Bezeichnungen wie »extra vergine« auf dem Etikett. Die Mittelmeerdiät rät von gesättigten und gehärteten Fetten (Transfettsäuren) ab (und die Anti-Superstress-Diät verbietet sie), da beide Entzündungen fördern und eine Rolle bei der Entstehung zahlreicher chronischer Krankheiten wie Herzkrankheiten, Alzheimer und Typ-II-Diabetes spielen. »Extra vergine« und »kalt gepresste« Olivenöle sind am gesündesten, weil sie am wenigsten verarbeitet sind und daher den höchsten Gehalt an schützenden antioxidativen Pflanzenstoffen aufweisen. Ölsäure, eine einfach ungesättigte Fettsäure, die in Olivenöl in hoher Konzentration vorkommt, ist widerstandfähiger gegenüber Oxidation, also der chemischen Verbindung mit Sauerstoff. Dieser Prozess ist im Organismus allgegenwärtig, da alle Zellen für den Stoffwechsel Sauerstoff benötigen. Dabei entstehen aber auch chemisch aggressive Abfallprodukte – »freie Radikale« –, welche die Zellen wiederum schädigen und Entzündungen auslösen können. Diese freien Radikale gilt es abzufangen, beispielsweise durch die in Obst und Gemüse enthaltenen Antioxidantien und die richtigen Fette. Ölsäure senkt erwiesenermaßen den LDL- und steigert den HDL-Wert. Im Vergleich zu mehrfach ungesättigten Ölen wie Mais-, Distel- und Sojaöl ist Olivenöl hitzebeständiger und gilt neben Rapsöl als das für die Küche geeignetste Öl.

Nüsse in kleinen Portionen. Nüsse enthalten zwar viel Fett (es liefert 80 Prozent ihres Kaloriengehalts), doch Baumnüsse wie Walnüsse, Pecannüsse, Mandeln und Haselnüsse enthalten wenig gesättigte Fette und zeigen eine beeindruckende cholesterinsenkende Wirkung. Walnüsse enthalten zudem Omega-3-Fettsäuren. Nüsse sind kalorienreich, weshalb man sie nicht in großen Mengen verzehren sollte – im Allgemeinen nicht mehr als eine Handvoll pro Tag (30 g). Doch Nüsse können sättigen und einen knurrenden Magen wirksam besänftigen. Einer in der medizinischen Fachzeitschrift *Obesity* veröffentlichten Studie zufolge legten Bewohner des Mittelmeerraums, die mindestens zweimal pro Woche Nüsse aßen, mit einer um 31 Prozent geringeren Wahrscheinlichkeit an Gewicht zu als solche, die selten oder nie welche verzehrten.[2] Vermeiden Sie im Sinne einer guten Ernährung in Honig geröstete oder stark gesalzene Nüsse. Erdnussbutter allerdings ist vertretbar, und die meisten mögen sie auch sehr. Wer jedoch wirklich reinhauen will, sollte es mit Cashew- oder Mandelmus versuchen; das enthält noch mehr Omega-3-Fettsäuren.

Rotwein spricht mit gleich zwei zugkräftigen Argumenten für sich. Er hat eine ähnliche Wirkung wie Aspirin, insofern er die Gerinnungsfähigkeit des Blutes herabsetzt, was das Herz-Kreislauf-System entlastet. Zudem enthält Rotwein das Antioxidans Resveratrol. Pflanzen erzeugen Resveratrol als Reaktion auf Umweltstressoren. Es verhindert das Verklumpen der Blutplättchen, hemmt Entzündungen und blockiert einige krebsfördernde Effekte. Resveratrol ist auch in rotem Traubensaft, Maulbeeren, Heidelbeeren und in kleineren Mengen in Erdnüssen enthalten. Zur Ernährung gehört in den Mittelmeerländern in aller Regel Rotwein, allerdings in Maßen. Dies bedeutet nicht mehr als ein kleines Glas (150 ml) für Frauen (oder Männer über 65) und nicht mehr als 300 ml (ein größeres Glas) täglich für Männer unter 65 Jahren. Mehr ist eher gesundheitsschädlich. Doch Wein hat auch eine Schattenseite. Übermäßiger Alkoholgenuss kann Fettablagerungen am Herzen vergrößern, die Abwehr schwächen und die Entgiftungsfähigkeit der Leber herabsetzen. Dies gilt auch für Schadstoffe, die durch Stress entstehen. Wenn Sie abstinent leben wollen, hat sich reiner Traubensaft als ebenso wirksam zur Senkung des Gesamt- und des LDL-Cholesterins erwiesen.[3]

Rotes Fleisch nur in kleinen Mengen. Rotes Fleisch enthält gesättigte Fette. Lässt man ein Roastbeef mehr als eine Stunde lang auf einer Platte oder einem Schneidbrett stehen, sehen Sie das zuvor flüssige Fett in dem ausgetretenen Fleischsaft, weil es fest wird – fast so wie in Ihren Arterien. Gesättigtes Fett fördert Entzündungen durch Aktivierung der Arachidonsäure-Kaskade, des Hauptsignalübertragungswegs bei der Entstehung von Schmerz und Entzündungen. Ersetzen Sie es wo immer möglich durch Fisch oder Huhn, und wenn Sie doch einmal Rindfleisch essen, dann möglichst gemischt mit Vollkorn und Gemüse in Eintöpfen.

Regelmäßig Fisch. Fisch ist ein hervorragender Lieferant von Omega-3-Fettsäuren. Diese senken den Triglyzerid- und den LDL-Wert und halten Ihre Blutgefäße gesund. Fisch sollten Sie mindestens ein- bis zweimal in der Woche essen. Thunfisch im eigenen Saft, Lachs, Makrele und Hering – Fische mit hohem Fettgehalt – sowie Forelle sind am gesündesten.

Vollkorn. Naturreis oder -gerste liefern Tryptophan. Diese Aminosäure ist die Vorstufe für den Botenstoff Serotonin, das Hormon der inneren Ausgeglichenheit. Viele Menschen entwickeln ein Verlangen nach Kohlehydraten, wenn sie niedergeschlagen, überfordert, ängstlich oder supergestresst sind. Kohlehydratreiche Mahlzeiten führen zu vermehrter Insulinausschüttung, und dies lässt letztlich den Tryptophan- und Serotoninspiegel im Gehirn steigen. Schließlich schaltet das Serotonin-Hoch die Gier nach Kohlehydraten ab. Vollkorn enthält zudem Zink, Chrom und Magnesium sowie Vitamin B_6, das ebenfalls die Serotoninproduktion unterstützt.

Supergenussmittel

Jede Ureinwohnerkultur kennt Nahrungs- und Genussmittel von besonderer Bedeutung, entweder weil sie lebenswichtige Nährstoffe liefern und/oder unabdingbar für seelenstärkende Rituale sind. Ich habe unten eine Liste von Supergenussmitteln zusammengestellt, die ich auf meinen Reisen in Mikronesien zu schätzen gelernt habe. In meinen Augen sind sie für Menschen mit Superstress ein wahres Manna, unter anderem weil sie sie mit vielen wichtigen Vitalstoffen versorgen, die der Superstress ihnen geraubt hat. Genauso wichtig ist, dass sie unsere Freude am Essen fördern und uns daher entspannen.

Dunkle Schokolade. Der absolute Favorit der meisten Menschen ist Schokolade. Sie stammt aus den Tropen und bietet neben ihrem himmlischen Geschmack eine Vielzahl empfehlenswerter Inhaltsstoffe. Beispielsweise stecken in Schokolade jede Menge Flavonoide, eine Gruppe hochwirksamer Antioxidantien. Diese Stoffe senken nachgewiesenermaßen einen hohen Blutdruck und verringern das Risiko für Herzerkrankungen und Schlaganfall. Andere Inhaltsstoffe von Schokolade senken offenbar das LDL-Cholesterin, beeinflussen das HDL-Cholesterin aber nicht. Dunkle Schokolade enthält zudem mehrere die Psyche beeinflussende Substanzen; sie machen wach und sogar euphorisch. Der neuesten wissenschaftlichen Literatur zufolge hat Schokolade mit hohem Kakaoanteil sogar blutdrucksenkende Eigenschaften.

In meinen Augen ist das jedoch nicht das Tollste an Schokolade. Das sehe ich vielmehr in ihrer Sinnlichkeit. Schokolade intensiviert und bereichert die Sinneswahrnehmung in jeder Hinsicht. Ein Stückchen Schokolade ist ein so preiswertes und lustvolles Vergnügen, dass ich, wenn Sie Schokolade mögen, nur sagen kann: Essen Sie sie. Das macht Lebensgenuss aus. Gönnen Sie sich täglich ohne schlechtes Gewissen zwei Rippen (acht Kästchen, rund 30 g) einer dunklen Schokolade. Verordnung des Arztes!

Kokosöl steht im Westen bislang in schlechtem Ruf, weil es zu 92 Prozent gesättigtes Fett ist. Doch seine physiologischen Wirkungen werden derzeit neu bewertet. Kokosöl ist ein Triglycerid mit einem hohen Anteil mittelkettiger Fettsäuren. Mit diesen Triglyceriden ließ sich der Gesundheitszustand von Patienten mit Fettmalabsorption, einer Fettverwertungsstörung, verbessern. Der Körper kann diese Fette fast ebenso schnell in verwertbare Energie umwandeln wie Glukose. Wer unter ausgeprägten Verdauungsproblemen (Völlegefühl und Krämpfe nach dem Verzehr stark fetthaltiger Speisen), Erschöpfung und gravierendem Gewichtsverlust leidet, dem empfehle ich zwei Teelöffel Kokosöl in einem Frühstücksshake. Das liefert zusätzliche Kalorien und Energie in leicht verdaulicher Form, die den geschädigten Magen-Darm-Trakt nicht zusätzlich belastet. Zudem enthält Kokosöl Laurinsäure, von der man heute weiß, dass sie gegen Viren und Bakterien wirkt. Allerdings sollten Sie sich vor Augen halten, dass ein Teelöffel Kokosöl 14 Gramm Fett und 115 Kilokalorien enthält.

Kokos- und andere Palmen bilden traditionell die Lebensgrundlage auf den pazifischen Inseln. Die Stämme werden als Bau- und Brennholz verwendet, aus den Wedeln flicht man Körbe und Hüte, und aus den braunen Fasern der Fruchthülle dreht man Seile. Die feinen, geflechtartigen Fasern an der Basis des Blattes werden als natürliches Seihtuch benutzt. Heilpflanzen werden zerstampft und in dieses »Leinen« gegeben, das man dann über Wunden ausdrückt oder reibt, um den Pflanzensaft auf die Haut aufzutragen. Da der Saft der Palme sehr rasch in Gärung übergeht, macht man daraus ein alkoholisches Getränk namens *Tuba*. In Mikronesien wird Kokosöl zum Kochen benutzt und, vermischt mit Ylang-Ylang-Öl – ein entspannender Duft, den ich in der Aromatherapie einsetze –, als Massageöl. Kokosöl ist zudem unter anderem der Grundbestandteil des Rituals der Erstgeburt. Dieses Ritual wird im Familienverband praktiziert, um Mutter und Kind in der Gemeinschaft willkommen zu heißen. Mehrere Tage nimmt die Mutter Kräuterdampfbäder, welche die Haut zart machen, und wird von den Frauen der Sippe mit Kokosöl und Kräutern eingerieben.

Zimt. Die Bewohner der Insel Pohnpei bereiten aus der zerriebenen Rinde einer heimischen Zimtbaumart (*Cinnamomum carolinense*) einen Tee zu, der sowohl als Alltagsgetränk als auch als natürliches Heilmittel gegen allerlei Beschwerden von Rückenschmerzen bis zu Menstruationskrämpfen getrunken wird. Andere Zimtarten (wie *Cinnamomum verum* und *Cinnamomum cassia*, die aus unserer Küche bekannten Gewürze) senken den Cholesterinspiegel und den Blutzucker, wirken gegen Bakterien und eine Vielzahl von Viren und fördern die Wundheilung. Noch andauernde Studien untersuchen zur Zeit die entzündungshemmenden, antibakteriellen und sogar krebshemmenden Eigenschaften von Zimt. Außerdem schmeckt er vorzüglich in allem Möglichen von Apfelbrei bis zu Schmorgerichten!

Kurkuma (Gelbwurz). Die leuchtend gelbe Kurkuma ist ein wesentlicher Bestandteil von Currys. Auf den Inseln wird sie gegen Hautkrankheiten sowie im Erstgebärendenritual verwendet. In der traditionellen asiatischen und indischen Medizin dient sie gegen alles von Arthritis und Amenorrhoe bis zu Parasiteninfektionen und Geschwüren. Die moderne Forschung hat gezeigt, dass Kurkuma stark entzündungshemmende und sogar krebsbekämpfende Eigenschaften besitzt.

Grüntee. Tee – insbesondere grüner – ist schon seit langem für seine belebende, erfrischende und zugleich entspannende Wirkung bekannt. Tee enthält unter anderem einen wichtigen Stoff, das L-Theanin, eine seltene Aminosäure, welche die Entstehung von Alphawellen im Gehirn stimuliert. Diese Hirnstromwellen treten in entspanntem, müßigem Wachzustand bei einem Gleichgewicht der stimmungssteuernden Neurotransmitter Serotonin und Dopamin auf. Tee liefert überdies reichlich Flavonoide und Antioxidantien, die zur Gesunderhaltung der Zellen beitragen.

Ingwer. Die ayurvedische und die chinesische Medizin verwenden Ingwer seit Jahrtausenden. Ingwer hat entzündungshemmende Eigenschaften und wirkt gegen Bakterien, Geschwüre, Parasiten und Pilze. Ingwertee lindert Magenschmerzen und gilt als unbedenklich gegen die Morgenübelkeit von Schwangeren.

Seelennahrung

Das Food and Mood Project, eine britische Ernährungsforschungsgruppe, teilt Nahrungsmittel in belastende und stützende, in »Nahrungsstressoren« und »Nahrungsstützfaktoren« ein. Erstere verschärfen Stress von innen her, letztere helfen Menschen unter Stress. Die Liste beruht auf den persönlichen Erfahrungen von 200 Freiwilligen, die an diesem Experiment teilnahmen.[4] Nahezu 90 Prozent von ihnen berichteten, dass sich ihre psychische Verfassung deutlich verbesserte, nachdem sie ihre Ernährung anhand dieser beiden Kategorien als Leitfaden umgestellt hatten. Nach Angaben der Teilnehmer wirkte sich eine Einschränkung oder Vermeidung von Nahrungsstressoren wie Zucker (80 Prozent), Koffein (79 Prozent) und Alkohol (55 Prozent) am deutlichsten auf die psychische Gesundheit aus. Darüber hinaus gaben die Probanden Verbesserungen an, wenn sie mehr Nahrungsstützfaktoren wie Wasser (80 Prozent), Gemüse (78 Prozent), Obst (72 Prozent) und fettreichen Fisch (52 Prozent) zu sich nahmen.

Bestimmte Nahrungsmittel helfen also bei der Bewältigung von Superstress. Doch andererseits können manche Nahrungsmittel auch Stress *verursachen*, weil sie unsere Stimmung verändern. Judith Wurtman, Professorin am Massachusetts Institute of Technology (MIT), erforscht diese Mechanismen seit Jahren. Die Inhaltsstoffe dessen, was wir verzehren, beeinflussen den Spiegel bestimmter körpereigener Substanzen im Gehirn, der Neurotransmitter. Zwei dieser für uns interessanten Botenstoffe – Noradrenalin und Serotonin – haben entgegengesetzte Wirkung und werden von bestimmten Nahrungsmitteln beeinflusst. Noradrenalin, wie Adrenalin ein Neurotransmitter des sympathischen Nervensystems, macht uns munterer, während Serotonin eher beruhigt.

Noradrenalinsteigernde Nahrungsmittel sind einweißreich und steigern die Aufmerksamkeit, verbessern die Konzentrationsfähigkeit und verkürzen die Reaktionszeit. In diese Gruppe gehören proteinhaltige Nahrungsmittel wie Thunfisch, Pute und Eier. Eier sind besonders vorteilhaft, denn Eigelb enthält viel Cholin, eine gedächtnisstärkende Aminosäure. (Cholinmangel ist weitverbreitet und beschleunigt nach Ansicht mancher Fachleute den Ausbruch der Alzheimerkrankheit und anderer mit Gedächtnisverlust einhergehender Syndrome. Wer kein Eigelb essen darf: Auch Weizenkeime enthalten viel Cholin.) Nahrungsmittel, die die Serotoninproduktion ankurbeln, sind kohlehydratreich. Dazu gehören etwa Süßigkeiten, Getreide, Brot und Nudeln. Es könnte auf die beruhigende oder angstdämpfende Wirkung von Serotonin zurückzuführen sein, dass wir schläfrig werden, wenn wir einen ordentlichen Teller Spaghetti verputzt haben.

Endorphine sind eine weitere Gruppe körpereigener chemischer Substanzen, die Stimmung und Appetit beeinflussen können. Endorphine sind opiatähnliche Stoffe, die uns positiv stimmen, die Schmerzempfindlichkeit herabsetzen und Stress reduzieren. Ein mit den Endorphinen verwandter Nahrungsinhaltsstoff ist das 2-Phenylethylamin. Es kommt unter anderem in – raten Sie mal – Schokolade vor! Schokolade enthält viel Zucker und Fett, Phenylethylamin und Koffein. Der Zucker regt die Freisetzung von Serotonin an, und Fett und Phenylethylamin die von Endorphinen. Diese Kombination führt einen ruhigen, fast träumerischen Zustand herbei, den manche als »optimalen Glückszustand des Gehirns« bezeichnet haben.

Doch bevor Sie jetzt losziehen, um einen Fünfkilosack M&M's zu erstehen, sollten Sie wissen, dass sämtliches Seelenfutter nur kurzfristige Wirkung zeitigt. Ein Putensandwich zu Mittag mag die Wachheit und Konzentration steigern, doch im Allgemeinen nur für zwei bis drei Stunden. Ebenso hält die beruhigende Wirkung von Nudeln mit Tomatensauce nur zwei bis drei Stunden an. Dann ist sie verpufft. Sofern Sie nicht beschließen, wieder was nachzuschieben – was ich Ihnen ganz und gar nicht empfehle.

Stimmungskiller

So ungern ich es auch zugebe, aber zu viel Schokolade kann Sie apathisch machen, wenn der Zucker- und Koffeinstoß abgeflaut ist. Ähnlich entzieht ein Übermaß an Kartoffelchips dem Körper und dem Gehirn Flüssigkeit und führt zu Erschöpfungsgefühlen. Und fettreiche Mahlzeiten (lies: Backhähnchen) treiben den Stresshormonspiegel in die Höhe. Dennoch sind es genau diese Dinge, nach denen es viele von uns gelüstet, wenn wir mies gelaunt oder traurig oder sauer sind.

Insbesondere zwei Substanzen halten nicht, was sie versprechen: Koffein und Zucker. Zwar sind sie in Maßen vertretbar, doch zu viel davon wirkt auf den Körper wie ein Aufputschmittel und erzeugt daher Stress. Koffein, ein Inhaltsstoff von Kaffee, Tee, Schokolade und Colagetränken, steigert die geistige Wachheit und Konzentration und kann insofern die Leistung verbessern, doch im Übermaß genossen kann es Angst, Gier nach mehr davon, Depressionen, Schlaflosigkeit und Nervosität hervorrufen. Schon zwei Tassen Kaffee, was etwa 300 mg Koffein entspricht, können Berichten zufolge Angstgefühle auslösen. Das liegt daran, dass Koffein die Ausschüttung von Adrenalin in die Blutbahn fördert und somit das Stressniveau erhöht. Wenn man es recht bedenkt, könnte ein zu hoher Koffeinkonsum dieselbe Wirkung wie Dauerstress nach sich ziehen.

Abgesehen von seiner manchmal unwiderstehlichen Süße hat Zucker nicht viel Erstrebenswertes. Er enthält keinerlei lebenswichtige Nährstoffe. Man vermutet entzündungsfördernde Wirkungen – was, wie schon erläutert, sämtliche Symptome eines supergestressten Körpers verstärkt –, und er liefert nur einen kurzzeitigen Energiestoß. Zu viel zu oft kann zu Reizbarkeit, Konzentrationsmangel und gedrückter Stimmung führen. Ein hoher Zuckerverzehr belastet die Bauchspeicheldrüse und kann zu Diabetes beitragen. Am besten meiden Sie Zucker. Falls Sie nicht darauf verzichten können, dann versuchen Sie, Ihren Blutzucker konstant zu halten, indem Sie Zucker nicht als »Muntermacher« benutzen.

Die mit einem stark schwankenden Blutzuckerspiegel verbundenen Hochs und Tiefs von Stimmung und Spannkraft können Sie vermeiden, wenn Sie Nahrungsmittel wählen, die nur langsam verdaut werden. Man spricht dann von einem niedrigen glykämischen Index. Zu diesen Nahrungsmitteln gehören Vollkornbrot, grobe Haferflocken und Naturreis.

Stimmungsaufheller

Bestimmte Vitamine und Spurenelemente wie Vitamin B_6 und B_{12}, Folsäure und Magnesium sind unerlässlich für die Produktion des »Wohlfühltransmitters« Serotonin. Auch Vitamin C ist ein »Stimmungsvitamin«, da es offenbar den physiologischen Stress eines erhöhten Cortisolspiegels abpuffert. Das Spurenelement Zink ist für supergestresste Menschen lebenswichtig, weil es einigen stressbedingten physiologischen Folgen von Malabsorption (ungenügende Nährstoffaufnahme aus dem Darm), Diarrhöe (Durchfall) und gestörter Glukosetoleranz (Vorstufe von Diabetes) entgegenwirkt. Zu den Anzeichen eines Zinkmangels gehören: Abmagerung, geistige Trägheit, Reizbarkeit, niedrige Spermienzahl, diffuser Haarausfall, raue, trockene Haut, verzögerte Wundheilung, Schilddrüsenunterfunktion und beeinträchtigte Riechfähigkeit. Viele der erwähnten Symptome gehören zu den häufigeren Gesundheitsproblemen gestresster Menschen.

Es folgen weitere stimmungshebende Nahrungs- und Genussmittel.

Hafer. Haferflocken und -schrot können Ihnen helfen, wenn Sie reizbar und verdrießlich sind. Hafer ist reich an Ballaststoffen. Diese verlangsamen die Aufnahme von Zucker ins Blut und tragen daher zu einem gleichmäßigeren Blutzuckerspiegel bei. Mit Hafer können Sie zudem Ihre Diät leichter durchhalten, denn seine Ballaststoffe bilden im Magen ein Gel, das die Magenentleerung verlangsamt. Dadurch bekommen Sie nicht so schnell wieder Hunger. Überdies ist Hafer reich an unserer seelentröstenden Aminosäure Tryptophan. Weitere ballaststoffreiche Nahrungsmittel sind Bohnen, Erbsen, Gerste, Zitrusfrüchte, Erdbeeren und Äpfel.

Walnüsse. Früher hielt man Walnüsse aufgrund ihrer gefurchten, zweilappigen (gehirnähnlichen) Form für »Gehirnnahrung«. Heute jedoch wissen wir, dass sie ausgezeichnete Lieferanten von Omega-3-Fettsäuren sind und dass diese Fettsäuren für die Funktion der Gehirnzellen und der stimmungsaufhellenden Neurotransmitter unentbehrlich sind, vielleicht sogar manchen depressiven Patienten helfen. Weitere Nahrungsmittel mit hohem Gehalt an Omega-3-Fettsäuren sind Lachs, Sardinen, Leinsamen und Omega-3-Eier.

Tee. Zwar hebt Koffein erwiesenermaßen die Stimmung und verbessert die Leistung, doch zwischen gerade richtig und zu viel liegt ein schmaler Grat. Zu viel Koffein kann Sie abhängig sowie nervös, reizbar und überempfindlich machen oder Kopfschmerzen auslösen. Da der Koffeingehalt von Tee pro Tasse geringer ist als der von Kaffee, können Sie mehr Tee trinken, bis diese Effekte auftreten. Tee enthält zudem ein wenig von der beruhigenden Aminosäure L-Theanin.

Lachs. Rotlachs, auch Sockeye-Wildlachs genannt, liefert besonders viel Vitamin D: Eine 110-Gramm-Portion enthält rund 740 Einheiten, das sind 102 Prozent des Tagesbedarfs. Seit einigen Jahren gibt es wissenschaftliche Indizien, wonach Vitamin D den für die Stimmung so wichtigen Serotoninspiegel erhöht und vielleicht sogar affektive Störungen positiv beeinflussen kann.

Linsen. Linsen gehören zu den Hülsenfrüchten und liefern Folsäure, ein B-Vitamin, das für die Gemütslage und die Nervenfunktion im Gehirn unerlässlich zu sein scheint. Niedrige Folsäurespiegel wurden mit Depression in Verbindung gebracht. Einer Harvard-Studie zufolge besteht bei 38 Prozent der depressiven Erwachsenen ein Folsäuremangel.[5] Zwar ist der Zusammenhang noch nicht ganz aufgeklärt, doch Folsäuremangel beeinträchtigt offenbar den Serotonin-, Dopamin- und Noradrenalinstoffwechsel, und diese Neurotransmitter sind wichtig für die Stimmung. 120 g gekochte Linsen liefern 90 Prozent des Tagesbedarfs an Folsäure. Eine gesunde Zugabe: Linsen enthalten Eiweiß sowie sättigende und den Blutzuckerspiegel stabilisierende Ballaststoffe.

Kapitel 5
Ruhe und Bewegung

Wie Yin und Yang ergänzen sich Ruhe und Bewegung. Geist und Körper brauchen ein gewisses Maß von Ruhe und ein gewisses Maß von Bewegung, um gesund zu bleiben. Zu viel vom einen ohne das andere tut nicht gut. Ich predige das meinen Patienten seit Jahren. »Ruhen Sie sich aus«, empfehle ich der Mutter von Zwillingen, die sich erkennbar nicht einmal ein kleines bisschen Zeit für sich selbst reserviert. »Sie brauchen mehr Schlaf«, dränge ich den jungen Arzt, der darüber klagt, er sei als Assistenzarzt meistens »zu müde zum Essen und zu hungrig zum Schlafen« gewesen. Die Mutter der Zwillinge sieht verhärmt aus. Der junge Chirurg operiert – im wörtlichen wie im übertragenen Sinne – auf einer viel zu schmalen Basis.

Genauso oft ermahne ich Patienten, mehr Sport zu treiben oder sich wenigstens mehr zu bewegen. »Lassen Sie Ihr Auto stehen und gehen Sie zu Fuß«, rate ich meiner Patientin, einer fünfundsiebzigjährigen Vorortbewohnerin, die immer schick gekleidet ist, aber in den sieben Jahren, die ich sie jetzt kenne, Jahr für Jahr ein paar Kilo zugelegt hat. Den jungen Vater, der über seine Schlaffheit jammert, fordere ich auf, mit seinen Söhnen Fußball zu spielen, damit er neue Kraft schöpfen, Dampf ablassen und sich fit halten kann.

Ruhe und ihre Erweiterung: Schlaf. Bewegung und ihre Erweiterung: Sport. Beides ist lebenswichtig nicht nur für den supergestressten, sondern für jeden Menschen. Dieses Kapitel wird Ihnen erklären, warum Sie beides benötigen und wie Sie mehr von beidem in Ihre ausgefüllten Tage (und Nächte) hineinpacken können.

Ruhe und Schlaf
Ruhe: Körperliche Regeneration

Ruhe ist die bewusste Form der Regeneration. Wenn Sie sich ausruhen – auch wenn Sie dabei wach bleiben –, erholt sich Ihr Körper. Denken Sie sich Ruhe als *den wahren Zustand wacher Stille*. Denken Sie an die Meditationsübungen in Kapitel 3. Ihr Körper lässt los, wenn er ruht.

Von allen Vorschlägen, die ich meinen supergestressten Patienten mache, ist der folgende für sie am schwersten zu schlucken: Unterbrechen Sie mehrmals am Tag Ihre Tätigkeit, stehen Sie von Ihrem Computer auf, schalten Sie Ihr Handy aus und ruhen Sie fünf oder zehn Minuten lang. Meist schauen sie mich dann an, als hätte ich ihnen empfohlen, das Atmen einzustellen. Warum? Weil *Ruhe* ein Wort ist, das supergestresste Menschen sehr ungern hören. Zwar hat der Fragebogen Ihnen vielleicht schon einen Denkanstoß gegeben, aber denken Sie noch mal gründlicher nach: Würden Sie nicht entgegnen, Sie *bräuchten* keine Ruhe? Glauben Sie nicht, Ihnen ginge es prima – auch wenn Sie ständig auf Trab sind, immer hintendran, immer im »Aufholmodus«? Und wenn Sie durch einen glücklichen Zufall tatsächlich einmal aufgeholt haben, laden Sie sich dann nicht gleich noch mehr auf, legen die Latte noch etwas höher, bis es praktisch unmöglich ist, sie zu überspringen? Das heißt: außer, wenn Sie etwas opfern. Was Sie natürlich tun. Und welches Opfer bringt ein supergestresster Mensch am leichtesten? Was erkauft uns am meisten Zeit?

Schlaf.

Doch gehen wir noch nicht gleich zum Schlummer über. Verweilen wir noch einen Augenblick beim Thema Ruhe. Kein Lebewesen kann ohne Ruhe überleben. Vielleicht ist für Sie, in einer Hängematte zu schaukeln oder ein Buch zu lesen, der Inbegriff von Ruhe, doch für mich ist er Segeln, Golf oder Klettern. Wer hat nun recht? Wir beide selbstverständlich. Denn innere Ruhe lässt sich auch durch eine Tätigkeit erreichen, die Ihnen Freude macht, die Ihre Gedanken weg von den alltäglichen, banalen Pflichten lenkt.

Physiologisch betrachtet verschafft Ruhe unserem Organismus

Zeit, Zellschäden zu reparieren und Nährstoffe aufzunehmen. Ruhe ist zudem lebenswichtig für unser Gehirn. Sie haben bestimmt schon einmal gemerkt, wie Ihre Gedanken wandern, auch wenn Sie sich fest vorgenommen hatten, ganz bei der Sache zu bleiben. Das ist ein Zeichen dafür, dass das Gehirn im Wachzustand Zeit benötigt, um sich treiben zu lassen, tagzuträumen und abzuschweifen. Mit anderen Worten, das Gehirn meldet sich hin und wieder ab, ohne dass wir das bewusst steuern könnten – es macht ein kleines Nickerchen, und dann »erwachen« wir und sind wieder ganz da. Kluges Kerlchen, dieses Gehirn. Es weiß, wann es eine Pause braucht, auch wenn wir es nicht wissen.

Ernest Rossi, Fachmann für medizinische Hypnose, erklärt dieses Phänomen etwas wissenschaftlicher und im Zusammenhang mit den *ultradianen Rhythmen*. Darunter versteht man rhythmische biologische Zyklen, während denen das Gehirn regelmäßig die Hemisphärendominanz wechselt. Das heißt, es schaltet von der linken zur rechten Gehirnhälfte und wieder zurück. Dieses Umschalten ereignet sich alle 90 Minuten, sowohl im Wachen als auch im Schlaf. Die linke Gehirnhälfte wird im Allgemeinen mit dem logischen Denken in Verbindung gebracht, die rechte ist geschickter im Träumen. Der Wechselvorgang selbst nimmt etwa 20 Minuten in Anspruch. Diese 20 Minuten sind natürliche Erholungszeit für Körper und Geist. Währenddessen fühlen Sie sich vielleicht ein ganz klein wenig schläfrig. Manche Menschen versuchen sich dann mit einer Tasse Kaffee oder einer Süßigkeit wieder in Schwung zu bringen. Rossi zufolge kann eine kleine zehnminütige Pause den Stress lindern, den die Überbrückung dieser »Ausfallzeit« hervorruft. Natürlich geht es auch ohne Pause – wer hat schon Zeit für eine »Pause« alle 90 Minuten? –, doch nur, weil das Umschalten binnen eines annehmbaren Zeitraums erneut stattfindet.

Wenn Sie tagsüber regelmäßig mit Konzentrationsschwäche und Schläfrigkeit zu kämpfen haben, dann versuchen Sie es mit einem »Power Nap«, einem zehnminütigen Nickerchen an Ihrem Schreibtisch oder auf einer Couch – einer kurzen Zeitspanne, in der Sie Ihrer Schläfrigkeit ganz nachgeben. Viele

Menschen schwören darauf. Gegenwärtig zeichnet sich ab, dass solche kurzen Schläfchen auch spürbaren gesundheitlichen Nutzen haben können, denn so tanken Sie auf natürliche Weise neue Energie, statt sich mit künstlichen Anregungsmitteln wie mehreren Tassen Kaffee aufrecht zu halten. Anstelle eines Power Nap können Sie auch einige der ein- und fünfminütigen Entspannungsübungen in Kapitel 3 ausprobieren.

Schlaf: Geistige Regeneration

Wenn Ruhe die bewusste Form der Regeneration ist, dann ist Schlaf die unbewusste. Im Schlaf regeneriert sich der Geist durch Loslassen des rationalen Denkens. Obwohl der oder die Schlafende nichts davon mitbekommt, ist Schlaf Studien zufolge unerlässlich für Lernen und Gedächtnis. Verschiedene Schlafstadien sind an der Konsolidierung unterschiedlicher Erinnerungen beteiligt, und Schafmangel beeinträchtigt die Lernfähigkeit. Wir merken meist nur, dass wir, wenn wir mit Schlaf knausern, bald zu nichts mehr zu gebrauchen sind. Und das kann man nicht allzu lange überspielen.

Im sicheren Hafen Ihrer Wohnung oder sogar Ihres Schlafzimmers mögen Sie denken: *Wer kriegt es schon mit, wenn ich heute Nacht nicht schlafe?* Wenn Sie allein leben, kein Problem: Niemand erfährt es. Doch wenn Sie mit jemandem zusammenleben oder verheiratet sind, wie meine Patientin Suzanne, wird es schon schwieriger. Suzanne war auf dem besten Weg zum Sozius in ihrer Anwaltskanzlei. Ihre Arbeit türmte sich. Selbst als sie sich Akten nach Hause mitnahm und sie bearbeitete, wenn die Kinder schliefen, wuchs der Berg weiter – ebenso wie ihr Stress. Ihr Mann Jack verlor allmählich die Geduld. Sie wusste, dass auch er etwas von ihr haben wollte. Wenn er also abends vorschlug, zu Bett zu gehen, folgte sie ihm gehorsam hinauf ins Schlafzimmer. Doch sobald Jack eingeschlafen war, tappte sie hinunter ins Arbeitszimmer, um »nur noch eine Stunde« zu arbeiten. Doch aus einer Stunde wurden vier, und wenn sie sich wieder ins Schlafzimmer schlich, fand sie keinen erholsamen Schlaf mehr. Nach mehreren derartigen Nächten war sie so gerädert, dass sie im Büro einnickte. Und im Bus. Und in der Oper, auf die sie sich seit Monaten gefreut hatte. Sie trank drei Tassen Kaffee, um bei der Jahreskonferenz der Kanzlei wach zu bleiben, doch sie war so matt, dass sie es nicht fertigbrachte, mit klugen Beiträgen zu glänzen. Nicht gerade das, was man von einem künftigen Sozius erwartet.

Der natürliche Schlafzyklus

Schlaf hat viel mit unseren biologischen Rhythmen – auch *zirka-diane Rhythmen* genannt – zu tun. Unser Biorhythmus durch-läuft einen etwa vierundzwanzigstündigen Zyklus, währenddessen unsere biochemischen und physiologischen Funktionen sowie unser Verhalten in charakteristischer Weise variieren. In der Natur haben sich über Jahrtausende durch Versuch und Irrtum Muster entwickelt, und die moderne Wissenschaft bestätigt, dass auch der menschliche Schlaf solchen Mustern folgt. Wir wissen heute, dass der Mond die Gezeiten und die Nährstoffverteilung in Pflanzen beeinflusst und dass Pflanzenwachstum und Mondphasen un-mittelbar zusammenhängen. Zusätzlich zum Mondzyklus weisen Pflanzen innere Rhythmen auf, die ihnen so etwas wie ein Zeitmaß liefern und die besten Zeiträume für Blüte und Keimung wie auch bevorstehendes schlechtes Wetter anzeigen.

Tiere haben ähnliche Biorhythmen – ebenso wie Menschen. Beispielsweise steigt morgens der Cortisolspiegel und erreicht um neun Uhr sein Maximum. Aus diesem Grund ereignen sich Herz-infarkte mit einer um 30 bis 40 Prozent erhöhten Wahrscheinlich-keit zwischen sechs Uhr morgens und mittags. Unser Blutdruck folgt demselben Muster; er ist morgens am höchsten und sinkt abends, wenn wir schlafen gehen. Heutzutage jedoch, wo so viele in Stresshormonen förmlich ertrinken, sind unsere Cortisolspiegel den ganzen Tag lang erhöht.

Einige Strategien gegen Schlaflosigkeit

Es gibt kaum etwas Frustrierenderes, als im Bett zu liegen und vergeblich auf den Schlaf zu warten. Doch wenn Sie wie zwölf Prozent der erwachsenen Deutschen unter Schlafstörungen leiden, wissen Sie wahrscheinlich mittlerweile, dass der direkte Weg ins Land der Träume über Entspannung vor dem Zubettgehen führt. Zu diesem Zweck folgen nun einige narrensichere Methoden, um den tagsüber angesammelten Stress loszuwerden und sich so weit zu entspannen, dass Sie leichter in einen erholsamen Schlaf gleiten.

Lassen Sie den Tag ausklingen. Wahrscheinlich haben Sie den ganzen Tag Ihr Gehirn rauchen lassen, gönnen Sie ihm also Ruhe, bevor Sie sich in die Falle hauen. Versuchen Sie es mit Beschäftigungen, die wenig geistige Anstrengung erfordern, etwa Dehnübungen oder ruhiger Musik.

Nehmen Sie sich keine Arbeit mit nach Hause. Falls Sie es doch einmal müssen, dann nehmen Sie sie nicht mit ins Schlafzimmer, und falls sogar das einmal nötig sein sollte, dann auf keinen Fall ins Bett. Im Bett zu arbeiten heißt Cortisolstau, der wiederum das Einschlafen behindert.

Räumen Sie dem Schlafen Priorität ein. Häufiger abends lange auszubleiben, kann den Körper belasten, weil er in seiner Regeneration gestört wird. Denken Sie an sich und Ihren Schlaf, wenn Sie Pläne für den Abend schmieden.

Bleiben Sie cool. Mit erhöhter Körpertemperatur ist es schwierig durchzuschlafen. Auch Einschlafen fällt leichter, wenn Ihre Körpertemperatur absinkt. Die Umverteilung von Wärme aus Ihrem Rumpf in die Gliedmaßen bewirkt Entspannung und senkt sehr rasch die Herzfrequenz, was den Körper auf Schlaf vorbereitet.

Entspannung durch Psychoakustik. Ich bin fasziniert von neueren Forschungen zu Binaural Beats, auch BrainSync oder Hemisphären-Synchronisation genannt, einem angstlösenden und schlaf-

fördernden psychoakustischen Verfahren. Man hört mittels Kopfhörern zwei Töne mit geringfügig unterschiedlicher Frequenz, so
dass zwei Töne mit verschiedenen Wellenlängen die beiden Ge-
hirnhälften erreichen. Das Gehirn »konstruiert« daraus einen dritten, nicht wahrgenommenen Ton, eben den Binaural Beat. Dieser
Ton wird nicht im eigentlichen Sinn gehört, doch er verändert und
bewirkt Hirnstromwellen, welche die Entspannung und andere
gesundheitsförderliche Effekte erleichtern. Einer Studie zufolge
erzielte regelmäßige Anwendung von Binaural Beats Stress- und
Angstabbau sowie verbesserte Aufmerksamkeit, Konzentration,
Motivation, mehr Selbstvertrauen und Meditationstiefe.[1] Ich be-
nutzte eine individuell abgewandelte Form dieses Verfahrens zur
Behandlung von Sara. Die siebenunddreißigjährige Stadtplanerin
aus einer großen Vorortgemeinde von New York arbeitete in der
Führungsebene der Stadtverwaltung. Sie hatte mich aufgesucht,
nachdem drei Ärzte ihre zahlreichen körperlichen Beschwerden
nicht hatten lindern können.

Saras Geschichte

Irgendwann hatte Sara die Lust an ihrer Arbeit und ihren Erfolgen
verloren, und jetzt, unmittelbar vor ihrer Amtszeitverlängerung
durch den Bürgermeister, überlegte sie ernsthaft, ob sie annehmen
sollte.

　Wie sich herausstellte, hatte Sara vor mehreren Jahren ein com-
putergestütztes Verfahren eingeführt, das sämtliche städtischen
Bauprojekte und Baufirmen genau kontrollierte. Bald danach war
bei ihr ein schweres Ekzem an Armen, Brust und Gesicht aufgetre-
ten. Ein Jahr lang nahm sie Cortisoncreme gegen den Juckreiz und
Schlaftabletten gegen die Ein- und Durchschlafstörungen. Obwohl
sie und ihr Arzt erkannten, dass der Ausschlag auf Stress zurückzuführen war, bekam Sara ihre nervöse Unruhe nicht in den Griff.
Als ihr Verfahren landesweit Aufsehen erregte, bekam sie heftige
Schmerzen im Becken. Diagnostiziert wurde eine Endometriose.
Sie ließ zwei Operationen über sich ergehen, in denen das wu-
chernde Gewebe entfernt wurde, doch es wuchs weiter.

Sie kam in der Überzeugung in meine Praxis, dass sie für jeden öffentlich beachteten Erfolg einen schweren gesundheitlichen Tribut bezahlen musste. Überdies machte ihr ihre zunehmende Abhängigkeit von Schlaftabletten Sorgen. Wie gewöhnlich ging ich zunächst mit ihr durch, welche Möglichkeiten ihr offenstanden, unter anderem psychologische Beratung. »Sie sind nicht die Erste, die mir das vorschlägt«, erwiderte sie, lehnte jedoch ab, da Psychotherapie zu zeitaufwendig und außerdem politisch belastend sei. »Können wir nicht hier etwas machen? Jetzt? Nur wir beide?«, fragte sie. »Ich bin bereit, alles nur Mögliche auszuprobieren.«

Ich willigte ein. Und ich stellte Sara zunächst einmal ein Biofeedbackinstrument namens Biodot zur Verfügung. Mit dessen Hilfe sollte sie eine Woche lang ihren Stresspegel beobachten. Ich verwende den Biodot häufig als Stressbarometer. Es handelt sich um eine kleine Plastikscheibe von der Größe einer Paillette. Die Farbe des Kunststoffs ändert sich in Abhängigkeit von der Hauttemperatur. Gewöhnlich platziere ich den Biodot auf dem Handrücken. Die Farbänderung zeigt an, wie warm oder kalt, also wie gut oder schlecht die Haut durchblutet ist. Entspannte sich Sara, würde der Biodot auf ihrer Hand blau werden, unter starkem Stress schwarz. Bei unserem nächsten Termin berichtete sie, die Farbe habe sich nie geändert – der Biodot war immer schwarz. »Was uns sagt, dass Sie die ganze Woche ›unter Strom‹ standen«, entgegnete ich. »Entspannen Sie sich überhaupt?«

»Natürlich.«

»Und was machen Sie dann?«, forschte ich nach.

Sara erwiderte, sie sehe nach dem Abendessen (und manchmal währenddessen) fern, und wenn sie zur Schlafenszeit nach oben ginge und ein Beruhigungsmittel nehme, schliefe sie gewöhnlich bei laufendem Fernseher ein. Das war schon an sich ein Problem, denn das Licht und die Geräusche der Mattscheibe schürten sehr wahrscheinlich ihre nervöse Unruhe. Wir sprachen weiter darüber und erstellten einen Plan.

»Also gut«, sagte ich. »Folgendes müssen Sie in den nächsten drei Wochen tun.« Ich riet ihr, den Fernseher mindestens eine Stunde vor dem Schlafengehen auszuschalten und dafür zu sorgen, dass kein Licht ihr Schafzimmer erhellte, nicht einmal ein Nacht-licht. Dann griff ich in ihre Abendgestaltung ein. Nach dem Essen sollte sie, statt den Fernseher einzuschalten, ein ausgiebiges Laven-delölbad nehmen und einen Beruhigungstee trinken. Eine halbe Stunde vor dem Zubettgehen sollte sie ein Milligramm Melatonin einnehmen. Ich schlug ihr vor, einige Selbstbekräftigungssätze zu-sammenzustellen und sie zusammen mit ihrer Lieblingsmusik im Hintergrund auf Band aufzunehmen. Beim Anhören dieses Ban-des sollte sie progressive Muskelentspannung üben. In den viermal wiederholten Sätzen spiegelte sich Saras persönliche Vorstellung von Gelassenheit:

- Ich bin ruhig und entspannt.
- Ich fühle mich ausgeglichen.
- Mein Körper fühlt sich weich, entspannt, schwer und wohlig an.
- Mein Geist ist ruhig.
- Ich ziehe meine Gedanken von meiner Umgebung ab und bin gelassen und still.
- Meine Gedanken sind nach innen gerichtet, und ich fühle mich wohl.
- Tief in mir empfinde ich Entspannung, Wohlbefinden und Stil-le.
- Ich spüre eine tiefe innere Ruhe.

Wir fertigten das Band zusammen an, doch Sara wollte es nicht so recht anwenden. »Ich weiß nicht, Dr. Lee«, zweifelte sie. »Erstens einmal weiß ich nicht, ob ich lange genug stillsitzen kann, um mir das viermal anzuhören, und zweitens – also, das soll funktionie-ren?«

Ich drängte sie zu einem Versuch: Es ginge nicht nur darum, dass sie einschlief, sondern auch dass sie lernte, ihr Nervensystem zur Ruhe zu bringen. Der Biodot würde zeigen, ob sie Fortschritte machte.

Nach einer Woche rief Sara wie vereinbart an und berichtete, dass das neue Abendprogramm »wirklich einen Unterschied bewirkt!«. Mehrere Abende hintereinander war ihr Biodot blau geworden, und sie war erholt und munter aufgewacht. Nachdem sie jetzt einen Vorgeschmack von innerer Ruhe gekostet hatte, verordnete ich ihr einige kurze Entspannungsübungen für tagsüber, damit ihre Nervosität nicht überhandnahm. Die Kombination von täglichen Entspannungspausen und neuem Abendprogramm zahlte sich aus, und bald war sie von den schweren Schlafmitteln runter und auf dem Weg zu einer tiefergehenden Besserung. (Sie behielt übrigens ihre Stelle.) Heute erzählt sie mir, ihre Kollegen seien ganz verrückt nach Biodots.

Auch Ihnen stehen viele Möglichkeiten offen, Ihren Schlaf wieder in den Griff zu kriegen. Kleinere Veränderungen von Lebensstil und Umgebung – etwa bewusste Vorbereitung auf den Schlaf, immer zur selben Zeit schlafen gehen und eine schlaffördernde Gestaltung des Schlafzimmers – können große Wirkung zeitigen. Die folgenden Maßnahmen und Mittel für einen gesunden Schlaf sind von meinen Patienten genehmigt und gutgeheißen. Süße Träume!

Chronische Schafstörungen:

- Schnarchen
- Narkolepsie (anfallsweiser Schlafzwang tagsüber)
- Syndrom der unruhigen Beine (oder Arme), auch Wittmaack-Ekbom-Syndrom
- Wiederkehrende Albträume
- Anfallsweise Atemstillstände während des Schlafs (Schlafapnoe)

Wenn Sie regelmäßig an einer dieser Beschwerden leiden – insbesondere wenn sie schon monatelang anhalten –, müssen Sie, bevor Sie die folgenden Schlafstrategien ausprobieren, Ihren Arzt konsultieren, um abzuklären, ob diese Beschwerden auf ein anderes Gesundheitsproblem wie Depression, Herzerkrankung oder Diabetes zurückgehen.

Dr. Lees Rezept für gesunden Schlaf

Verbesserung des Schlafumfelds

Beginnen wir beim Einfachen. »Umfeld« bezieht sich sowohl auf Ihre räumliche Umgebung als auch auf Ihre Aktivitäten vor dem Zubettgehen. Die folgenden Maßnahmen verbessern Ihr Schlafumfeld:

- Nehmen Sie nach dem Abendessen kein Koffein mehr zu sich.
- Treiben Sie zwei Stunden vor dem Schlafengehen keinen Sport mehr.
- Ihre Matratze und Ihr Kopfkissen sollten möglichst bequem sein.
- Benutzen Sie Ihr Bett ausschließlich zum Sex und zum Schlafen.
- Halten Sie den Raum möglichst dunkel, und benutzen Sie nötigenfalls eine Schlafmaske. Eine helle Umgebung beeinträchtigt den Schlaf.
- Sorgen Sie für möglichst viel Ruhe im Schlafbereich.

Einschlafrituale

Wenn Sie einen Gedanken oder Vorgang oft genug wiederholen, wird er Ihnen bald zur Gewohnheit, zur zweiten Natur. Das gilt auch für das Einschlafen. Halten Sie sich vier Wochen lang abends an die folgenden Regeln:

- Gehen Sie möglichst immer zur selben Zeit schlafen, und stehen Sie zur selben Zeit auf, möglichst auch am Wochenende.
- Machen Sie aus dem Schlafengehen ein entspannendes, den Geist reinigendes Abendritual.
- Lesen Sie (aber nichts, was mit Ihrer Arbeit zu tun hat), hören Sie Musik.
- Machen Sie eine fünf- bis zehnminütige Entspannungsübung (siehe Kapitel 3).

- Nehmen Sie ein geruhsames Bad mit ätherischen Ölen wie:
  - Lavendel
  - Majoran
  - Römische Kamille
  - Hopfen
  - Baldrian
  - Vetiver
  - Muskatellersalbei
- Geben Sie 2 Tropfen eines dieser Öle in 1 Teel. Pflanzenöl und massieren Sie damit Ihre Füße, bevor Sie zu Bett gehen.
- *Sehen Sie nicht im Bett fern, insbesondere keine Nachrichten.*

Einschlafhilfen

Die folgenden Hilfsmittel sind leicht zu beschaffen, aber so einfach, dass sie hier erwähnt werden sollen:

- Geräte, die weißes Rauschen erzeugen, sind nützlich, um immer wieder auftretende Geräusche wie die Unterhaltungen und Fernseher der Nachbarn oder Verkehrslärm zu übertönen.
- Ohrenstöpsel
- Schlafmasken
- Warme Socken. Es ist gesund und einfacher, in einem kühlen Raum zu schlafen, doch vielleicht bekommen Sie dann kalte Füße. Wenn Sie in frischen Nächten warme Füße haben, bleibt der ganze Körper warm, also sind Socken die Ideallösung.

Schlaffördernde, vorwiegend pflanzliche Präparate

Die folgenden frei verkäuflichen Mittel haben sich als wirksam zur Behandlung von Schlaflosigkeit erwiesen. Wenn nicht anders angegeben, sind sie in Tabletten- oder Kapselform in Bioläden, Drogerien und Apotheken oder über das Internet zu kaufen.

Melatonin

Melatonin ist ein Hormon, das in Abhängigkeit vom Hell-Dunkel-Rhythmus in die Blutbahn ausgeschüttet wird. (In Deutschland ist es nicht als Medikament zugelassen und darf daher nicht frei verkauft werden. Es darf aber eingeführt werden, wenn ein Arzt es verschreibt). Auf dem amerikanischen Markt gibt es die Substanz als Schlafmittel in zwei Formen: Der Wirkstoff wird entweder auf einmal freigesetzt oder nach und nach. In letzterer Form soll er das Durchschlafen fördern, im ersteren die Schlaf*latenz* verkürzen, also die Zeit bis zum Einschlafen verringern. Sie sollten niemals Melatonin nehmen, wenn Sie vier bis fünf Stunden nach der Einnahme Auto fahren oder schwere Maschinen bedienen müssen (was Sie eigentlich sowieso nicht sollten – es ist Schlafenszeit!). Und Sie sollten wissen, dass Melatonin nicht nur müde macht (was Sie erreichen wollen), sondern auch Kopfschmerzen und Benommenheit hervorrufen kann. Für Supergestresste empfiehlt sich zu Beginn ein Präparat mit sofortiger Freisetzung.

Dosis: 0,5 bis 5 mg als Kapsel oder Tablette. Höhere Dosen bewirken offenbar einen hypnotischen Effekt. Eine Besserung der Schlaflosigkeit ist erst nach einer zwei- bis dreitägigen Einnahme zu erwarten.

Nebenwirkungen: Kann übermäßige Schläfrigkeit verursachen.

Falls Ihnen Melatonin beim Einschlafen, nicht aber beim Durchschlafen hilft, nehmen Sie zusätzlich eines der folgenden Pflanzenpräparate.

Baldrian *(Valeriana officinalis)*

Diese Heilpflanze wird seit langem als Mittel gegen Schlaflosigkeit verwendet. Der Wirkmechanismus ist noch nicht ganz geklärt, doch Studien zufolge beeinflusst Baldrian offenbar den Spiegel des beruhigenden Neurotransmitters GABA (*Gammaaminobuttersäure*). Die klinische Erfahrung zeigt, dass Baldrian die Einschlafzeit verkürzt und die Schlafqualität verbessert.

Dosis: Kapsel mit 400 bis 900 mg. Baldrian wirkt am besten eine halbe Stunde vor dem Schlafengehen eingenommen. Ergebnisse stellen sich erst mehrere Wochen nach regelmäßiger Einnahme ein. Baldrian kann mit Hopfen, Helmkraut, Mohn und Zitronenmelisse kombiniert werden.

Nebenwirkungen: Manche Menschen berichten über Kopfschmerzen, Unwohlsein und/oder morgendliche Müdigkeit.

Wird Baldrian zusammen mit Beruhigungsmitteln eingenommen, kann er deren Wirkung verstärken. Auch ist bekannt, dass gelegentlich lebhafte Träume auftreten.

Hopfen *(Humulus lupulus)*

Hopfen wird zur Aromatisierung von Lebensmitteln und vor allem von Bier verwendet. Die beruhigend wirkenden Stoffe sitzen in der Blüte.

Dosis: 40 mg (Kapsel oder Tropfen) vor dem Zubettgehen.

Nebenwirkungen: Ein Übermaß kann unerwünschte Lethargie hervorrufen.

Kava-Kava *(Piper methysticum)*

Das ist eher ein Muskelrelaxanz als ein Beruhigungsmittel, doch nach Ansicht vieler meiner Patienten wirkt es gemeinsam mit Melatonin sehr gut.

Dosis: 100 bis 120 mg (70 mg Kavalactone) vor dem Schlafengehen als Kapsel. Die Konzentration der wirksamen Bestandteile, der Kavalactone, sollte auf dem Etikett verzeichnet sein.

Risiken: Bei manchen Menschen verursachte Kava Leberschädigungen. In Deutschland wurde deshalb die Zulassung aller Kava-Produkte 2002 widerrufen. Wenn Sie also beabsichtigen, regelmäßig Kava zu nehmen, informieren Sie Ihren Arzt.

Nebenwirkungen: Kann Magenverstimmungen verursachen. (Achtung: Nicht zusammen mit anderen Beruhigungsmitteln einnehmen.)

Zitronenmelisse *(Melissa officinalis)*
Dosis: Eine 80-mg-Kapsel vor dem Schlafengehen.
Nebenwirkungen: Kann zusammen mit anderen Beruhigungsmitteln genommen übermäßige Schläfrigkeit verursachen.

Helmkraut *(Scutellaria lateriflora)*
Dosis: 1 bis 2 mg in Kapselform vor dem Schlafengehen oder als Tee. Dieser sollte aus 1 bis 2 ml Helmkrauttinktur in heißem Wasser hergestellt werden. Nehmen Sie die Kapsel oder trinken Sie den Tee eine halbe Stunde vor dem Zubettgehen.
Nebenwirkungen: Bei niedrigen Dosen keine bekannt.

Passionsblume *(Passiflora incarnata)*
Dosis: Kapsel mit 0,25 bis 2 g oder 0,5 bis 1 ml Extrakt in Tee.
Nebenwirkungen: Kann Schwindel hervorrufen.

Kalifornischer Kappenmohn, auch Goldmohn oder Schlafmützchen genannt *(Eschscholzia californica)*
Dosis: Gibt es als losen Tee. 1 Essl. in ⅛ l Wasser ziehen lassen.
Nebenwirkungen: Kann morgendliche Trägheit verursachen.

Echte Kamille *(Matricaria recutita)*
Dosis: 10 Tropfen flüssigen Extrakt in ¼ l warmem Wasser vor dem Schlafengehen.
Nebenwirkungen: Wenn Sie allergisch auf Blüten der Gänseblümchenfamilie sind, sollten Sie vorher Ihren Arzt fragen.

Römische Kamille *(Chamaemelum nobile)*
Dosis: 1 bis 4 g Blütenköpfe als Tee oder einen Essl. Tinktur in ⅛ l Wasser.
Nebenwirkungen: Bei niedrigen Dosen keine bekannt.

L-Theanin
Dosis: Kapsel mit 100 mg zur Schlafenszeit.
Nebenwirkungen: Bei Kombination mit anderen Beruhigungs-
mitteln übermäßige Schläfrigkeit.

Johanniskraut
Gegen leichte Depressionen und depressionsbedingte Schlaflosigkeit.
Dosis: Kapsel mit 300 mg dreimal täglich
Nebenwirkungen: Kann allergischen Hautausschlag verursachen,
wenn Sie sich übermäßig der Sonne aussetzen. (Achtung: Nicht zusammen mit Antidepressiva einnehmen.)

Bewegung und Sport

Bewegung gehört von Natur aus zum Leben, und entwicklungsgeschichtlich gesehen hat Bewegung unser Überleben gesichert.
Unsere Urahnen jagten und sammelten. Später züchteten sie Vieh
und bestellten Felder. Wenn sie etwas brauchten, verließen sie ihre
Behausungen und gingen los, um es zu beschaffen. Wenn es kalt
wurde, brachen sie auf in die Steppe, um Feuerholz zu suchen. Und
wie kamen sie zu diesen weit entfernten Orten? Zu Fuß natürlich.
Ohne iPod, ohne Nikes. Sogar ohne einen Adidas-Trainingsanzug.
Können Sie sich das vorstellen? Unsere Vorfahren hatten nichts als
stramme Wadenmuskeln, scharfe Augen und ein Gehirn. Jeden Tag
wagten sie sich aufs Neue hinaus, weil ihnen gar nichts anderes
übrigblieb. Schließlich gab es in der Savanne keine Kühlmöglich-
keit. Gleichgültig, wie gute Beute sie an einem Tag auch gemacht
hatten, am nächsten war sie schon nicht mehr essbar. Doch nehmen wir an, einer aus der Horde beschloss, *nicht* jagen zu gehen.
Nehmen wir an, er beschloss, einen Tag blau zu machen, vielleicht
auch zwei. Na gut, musste er halt die Reste essen. Doch dann ging
der Nahrungsvorrat zur Neige. Umgehend erkannte sein Gehirn

drohenden Hunger und erteilte seinem Körper den Befehl, langsamer zu machen und Energie für die Zukunft zu sparen. Und was passiert im Körper unseres Höhlenhockers infolge der Verlangsamung? Sein Stoffwechsel sackt ab, seine Energie erlahmt, seine Muskeln erschlaffen und sein Körper beginnt Fett zu *speichern* statt es zu verbrennen.

Wollen Sie das?

Kommen Sie in die Puschen!

Bewegung und Sport wirken immer noch dieselben Wunder wie bei unseren Vorfahren, doch heute wissen wir wesentlich mehr über das Wie und Warum. Nehmen wir beispielsweise das Gehen. Ein fünfzehnminütiger Spaziergang regt Ihren Kreislauf an, was Ihrem Gehirn mehr Sauerstoff und Glukose zuführt, wodurch Sie wiederum den Kopf klar kriegen und besser denken können. Regelmäßiges Gehen kann die »Exekutivfunktion« des Gehirns – seine Fähigkeit, sich zu konzentrieren und seine Aufgaben angemessen zu bewältigen – sowie Ihr Arbeitsgedächtnis verbessern. Das gilt auch, wenn Sie erst jenseits der Siebzig mit körperlicher Ertüchtigung beginnen. Gehen ist gut für Ihre Blutgefäße, Ihr Immunsystem und Ihre Stimmung.

Eine Studie des Brigham and Women's Hospital in Boston ergab, dass Frauen, die sich nur zwei Stunden pro Woche (oder 17 Minuten täglich) bewegten, ihr Risiko für Herzkrankheiten und Schlaganfall um 27 Prozent senkten.[2] Barry Franklin, Leiter des Instituts für kardiologische Rehabilitation und Sport am Beaumont Hospital in Royal Oak in Michigan erklärt dazu: »Sie brauchen nicht einmal alles am Stück zu machen. Nicht weniger als zehn Studien seit 1995 zeigen, dass die Aufteilung körperlicher Aktivität in kleine Einheiten von etwa zehn Minuten genauso wirksam ist.«[3]

Sport und Superstress:
Was hat das eine mit dem anderen zu tun?

Als Mittel gegen Stress ist Bewegung unglaublich wirksam. Praktisch jede Form von Training kann die Ausschüttung von Stresshormonen bremsen und der natürlichen Stressreaktion des Körpers entgegenwirken. Der Grund dafür ist folgender: Bei sportlicher Betätigung erzeugt und setzt der Organismus opiatähnliche Substanzen frei. Diese Endorphine hat die Natur dafür vorgesehen, die mit großer körperlicher Anstrengung einhergehenden Schmerzen zu dämpfen. In mäßigen Mengen rufen sie ein gutes Gefühl hervor – denken Sie an das »Läuferhoch«. Endorphine sind jedoch nicht die einzigen körpereigenen Substanzen, die während eines ordentlichen Trainings produziert werden. Neurotransmitter – stimmungshebende wie Dopamin, Noradrenalin und Serotonin – entstehen ebenfalls. Sind sie nur in geringen Mengen vorhanden, kann dies zu Angst und Depression führen. Bewegung trägt dazu bei, dass diese Botenstoffe in ausreichender Menge zur Verfügung stehen, um solche Empfindungen in Schach zu halten.

Sport hilft auch, Cortisol und andere stressbedingte Hormone abzubauen. Wie Sie wissen, können diese Hormone den Körper schädigen, wenn sie zu lange im Blutstrom verweilen: Sie verengen die Arterien, was das Herz belastet. Bewegung baut diese schädlichen Hormone ab und sorgt dafür, dass sie ausgeschieden werden. Bewegung stärkt zudem die Widerstandskraft der Blutgefäße, so dass eventuell verbliebene schädliche Substanzen weniger Schaden anrichten können.

Supergestresste Menschen leiden häufig unter verspannten Nacken-, Schulter- oder Rückenmuskeln. Bestimmte Übungen stärken diese Muskulatur und verbessern deren Sauerstoffversorgung, so dass sie sich nach dem Training weniger verspannt.

Natürlich kann man beim Sport auch Dampf ablassen. Wenn täglicher Frust und Ärger sich anstauen, bietet Sport – in harter wie in sanfter Form – ein Ventil für diese negativen Emotionen. Die Konzentration auf Ihre Übungen lenkt Sie von dem stressverursachenden Problem ab und stellt Sie innerlich darauf ein, dass

Sie jetzt sich selbst etwas Gutes tun. Die Wirkung davon nennt man *Homöostase*. Erinnern Sie sich noch an Kapitel 1, wo wir über »Gleichgewicht« gesprochen haben? Durch eben dieses Prinzip wird Ihr Körper wieder zurückgebracht in einen ausgeglichenen, seinen natürlichen Zustand, der frei ist von Sorgen oder Stress.

Sind Sie jetzt überzeugt? Ich hoffe es. Denn ich kann Ihnen sagen, meine Patienten sind sehr erfinderisch, was Ausflüchte angeht: »Ich bin zu beschäftigt, um Sport zu machen. Ich kann mir unmöglich eine Stunde abknapsen, um ins Fitnesscenter zu gehen.« Und das sagen nicht nur meine *Patienten*.

»Ich *hasse* Fitnesscenter!«

Ich habe eine Freundin, die Fitnessstudios verabscheut. Schlicht und einfach. Gäbe es einen Oscar oder einen Pulitzer- oder sonst einen Preis für die originellsten Gründe, sich zu drücken, bekäme Allison ihn mit Sicherheit. Der Hund hat ihre Sportschuhe zerbissen. Ihr Auto wurde abgeschleppt. Sie hat Zahnarzttermine, Blind Dates, sogar eine überfällige Buchbesprechung zu schreiben. Allison isst gerne, geht gerne einkaufen, redet und singt gerne und spielt gern Scrabble. Aber Sport? Sie mag einfach keinen. Und sie mag auch mich nicht sehr, wenn ich ihr sage, dass sie trotzdem Sport treiben muss. Natürlich erkläre ich ihr lang und breit, dass sie das nicht unbedingt in einem Fitnesscenter tun muss. Die Muckibude ist der Inbegriff von Sport im 21. Jahrhundert – mit allem, was dazugehört, etwa dem richtigen Outfit und Stunden beim richtigen Trainer. Und natürlich Training im richtigen Fitnessstudio, um Himmels willen. In Wahrheit jedoch kann man sich überall betätigen, solange man sich nur ordentlich bewegt. Man kann durch den Stadtpark marschieren, auf Bäume klettern, tanzen, schwimmen oder Golf spielen.

Man muss sich nicht eine Stunde auf dem Laufband abstrampeln, um Nutzen aus Bewegung zu ziehen. Studien zeigen, dass kleine, stufenweise gesteigerte Einheiten – etwa drei kurze Spaziergänge in strammem Tempo morgens, mittags und abends – fast ebenso viel nützen wie 30 Minuten Schwitzen und Schuften am

Stück. Und es findet doch wirklich jeder ein paarmal am Tag zehn Minuten!

Na los! Sie wissen doch, dass Sie es können!

Wie Sie sich vielleicht erinnern, ist ein wichtiger Schritt in Kapitel 3, »Wege zu innerem Frieden«, sich Zeit zur Pflege des eigenen Wohls zu nehmen – und das müssen nicht unbedingt die Stunden am Stück sein, die sich so viele Zeitgenossen unmöglich aus den Rippen schneiden können, wie sie meinen. Es genügt schon, wenn Sie kleinere Zeitinseln für die Verbesserung Ihres Wohlbefindens reservieren. Wenn Sie Ihren inneren Schweinehund nicht anders besiegen können, dann betrachten Sie Sport eben als Job, zu dem Sie ja auch täglich antreten. Wenn Sie Ihren Chef ständig – oder auch nur häufig – um einen Tag Urlaub bäten, wie lange würden Sie sich dann wohl auf der Stelle halten? Also gehen Sie eine Verpflichtung sich selbst gegenüber ein. Fünf-Minuten-Inseln, sechsmal täglich. Viermal zehn Minuten. Tun Sie es wie Zähneputzen. Tun Sie es automatisch.

Nur – tun Sie es.

Unten habe ich eine Reihe von Übungen zusammengestellt, deren Wirksamkeit gegen Superstress sowohl die wissenschaftliche Literatur als auch meine Patienten bestätigen. Diese Übungen stärken Körperkraft und Selbstwertgefühl und machen obendrein Spaß. Unter anderem finden Sie ein »Keine Muckibude!«-Trainingsprogramm und ein Baukastensystem von auf Ihre Situation abstimmbaren Übungen, von kurzen Bewegungseinheiten für vollgestopfte Tage bis zu Zwanzig-Minuten-Programmen für einstündige Mittagspausen.

Bevor Sie anfangen, sollten Sie mit Ihrem Arzt oder Therapeuten sprechen, insbesondere wenn Sie herzkrank sind oder andere Risikofaktoren haben. Denken Sie daran, Ihre Fitness schrittweise aufzubauen. Das ist sicherer, und wenn Sie es langsam angehen lassen, bleiben Sie auch eher dabei. Betrachten Sie zudem Sport nicht als etwas, das Sie nach Belieben tun oder lassen können. Betrachten Sie ihn, wie ich oben sagte, als Gelegenheit, sich zu bestätigen, dass Sie es sich wert sind, und treten Sie jeden Tag an.

Dr. Lees Rezept für Übungen gegen Superstress

Nun wissen wir schon sehr gut Bescheid über den Nutzen von Bewegung für den Körper. Bewegung bietet aber auch dem Geist unermesslichen Nutzen, insbesondere der Psyche supergestresster Menschen. Körperliche Betätigung bremst die Produktion von Stresshormonen, da sie der natürlichen Stressantwort des Organismus entgegenwirkt. Und wenn Sie anfangen, Ihre alltägliche innere Anspannung durch Bewegung und körperliche Aktivität zu lösen, werden Sie bald merken, dass Sie dabei auch neue Energie und Zuversicht gewinnen, wodurch Sie wiederum Ruhe und einen klaren Kopf bewahren können.

Ich weiß, ich weiß. Niemand unterbricht gerne seine Tätigkeit und macht sich auf die Socken. Deshalb werde ich Ihnen das so leicht und schmerzlos wie möglich machen – vor allem, weil ich möchte, dass Sie mitmachen. Für so wichtig halte ich Bewegung! Meine Vorschläge fallen in zwei Kategorien, die sich aber am selben Ziel orientieren: den Stress aus dem Superstress zu streichen, so dass am Ende nur noch ein super Gefühl übrig bleibt.

Zeitlich begrenzte Trainingseinheiten (inklusive Zu-Fuß-Gehen) sollen sich in Ihren arbeitsreichen Tag einfügen. Selbst wenn Ihnen nur ein paar kleine Inseln freier Zeit zur Verfügung stehen, können Sie jeweils ein Minitraining hineinquetschen.

Übungen mit freier Ortswahl. Ich nenne Ihnen eine Reihe von Übungen, die Sie sowohl zu Hause als auch im Freien (oder beides) machen können.

Damit Ihnen nicht langweilig wird, wählen Sie an aufeinanderfolgenden Tagen zur Abwechslung jeweils etwas aus einer anderen Kategorie – ein probates Mittel, um Sie bei der Stange zu halten. Nehmen Sie einen iPod oder eine Freundin/einen Freund mit.

Gegen Ende dieses Kapitels finden Sie zudem eine Reihe von Dehnübungen, die meines Erachtens sowohl die Entspannung als auch die Beweglichkeit fördern. Stretching ist ein ausgezeichnetes Gegenmittel gegen Superstress. Dehnen Sie sich vor dem Sport, und wenn es Ihre Zeit erlaubt, auch danach. Selbst wenn Sie gar keinen Sport treiben wollen, sondern sich nur »angespannt« fühlen, können Sie sich darauf verlassen, dass diese Dehnübungen entspannend wirken. Probieren Sie es aus!

Trainingstipps
- Mit Sport fangen Sie am besten langsam an und steigern die Intensität, bis Sie eine für Sie zufriedenstellende Fitness erreichen.
- Übertreiben Sie es am Anfang nicht. Trainieren Sie so, dass es Ihnen noch Spaß macht, Ihrer Gesundheit aber dennoch nützt.
- Steigern Sie jede Woche das Tempo ein wenig, dann geht es bald wie geschmiert.
- Vor allem aber sprechen Sie mit Ihrem Arzt, bevor Sie mit einem Trainingsprogramm beginnen.

Zeitlich begrenzte Trainingseinheiten

Glauben Sie nicht, Sie könnten nichts für Ihre Gesundheit tun, bloß weil Sie keine volle halbe Stunde oder mehr täglich für Sport erübrigen können. Wenn es um Stressmanagement geht, zählt jedes bisschen Bewegung. Wirklich. Jede Aktivität, die Ihr Herz in Schwung bringt (sogar Stretching), setzt Endorphine frei und baut Stress ab. Wenn Sie sich morgens nur fünf Minuten lang einigermaßen intensiv bewegen, verbrennen Sie Studien zufolge tagsüber bis zu doppelt so viele Kalorien wie normalerweise![3]

Was bedeutet das alles? Dass der Satz »Ich habe keine Zeit!« keine Entschuldigung mehr ist. Fünf Minuten ranklotzen – mehr ist nicht nötig. Deshalb folgen jetzt einige Übungen, die Sie machen können, wenn Sie fünf Minuten oder mehr haben. Manche kommen vom Aerobic her, manche vom Stretching, und manche verbessern Ihr Gleichgewicht. Alle sollen Ihren Stress abbauen und Ihre Stimmung heben.

Beachten Sie: Alle aufgeführten Kalorienverbräuche variieren je nach Körpergewicht und Geschlecht.

Fünf- bis fünfzehnminütige Trainingseinheiten

Im und um das Haus

Walken Sie! Walken ist wunderbar. Es bringt Sie ins Freie (obwohl Sie natürlich auch in einer Sporthalle oder einem Einkaufszentrum walken können – viele Leute tun das!), verbrennt Kalorien, kräftigt Ihre Beine und Waden, regt Ihren Kreislauf an, schmiert Ihre Gelenke und fördert die Ausdauer. Ach übrigens, es ist auch ein blitzschneller Stresskiller! Schließlich und endlich kostet es nichts, und man kann es überall tun. Sie brauchen nur ein bisschen Antrieb und ein Paar gute Walking-Schuhe.

Der Durchschnittsamerikaner geht täglich 4000 bis 5000 Schritte zu Fuß (je nachdem, welche Studie man liest), ohne viel darüber nachzudenken. Er legt damit auf seinen Wegen im Büro, zum Briefkasten, mit dem Hund und innerhalb des Hauses rund drei Kilometer zurück. Um Superstress zu bekämpfen, brauchen Sie diese Distanz nur geringfügig zu erhöhen: Ich empfehle Ihnen, sich auf 7500 Schritte täglich zu steigern, wenn Sie maximalen Nutzen erzielen möchten. (Und 7500 Schritte pro Tag lassen auch die Pfunde purzeln, falls Sie das interessiert.)

Ein Schrittzähler sagt Ihnen, wie viele Schritte Sie machen. Die meisten Sportgeschäfte führen solche Pedometer in allen Formen und Größen. Sie sind nicht übermäßig teuer, und sie funktionieren. Befestigen Sie das Gerät einfach morgens an Ihrem Gürtel und gehen Sie Ihrem Tagewerk nach. Abends wissen Sie Bescheid. Da manche Schrittzähler komplizierter einzustellen sind als andere, schlage ich Ihnen vor, eine Woche lang täglich Ihre Schrittzahl aufzuschreiben und dann den Durchschnitt zu errechnen. Studien zeigen, dass manche Menschen allein durch die Aufzeichnung ihrer Schrittzahl zu mehr Bewegung angeregt werden. Wenn Gehen, wie Sie sich vielleicht erinnern, Stress abbaut – was es bekanntermaßen tut –, dann baut mehr Gehen mehr Stress ab.

Einige Vorschläge für mehr Schritte in Ihrem Tagesablauf:

- Falls Sie mit öffentlichen Verkehrsmitteln zur Arbeit fahren, steigen Sie einige Stationen früher aus, und gehen Sie den restlichen Weg zu Fuß.
- Wählen Sie einen möglichst weit vom Eingang des Bürogebäudes oder des Einkaufszentrums entfernten Parkplatz.
- Nehmen Sie die Treppe hoch zu Ihrer Wohnung. Falls Sie weit oben in einem Hochhaus wohnen, steigen Sie zehn Treppen unter Ihrem Stockwerk aus, und gehen Sie sie zu Fuß.
- Laufen Sie hin und her, während Sie auf den Bus oder Zug oder auf den Beginn einer Besprechung warten oder während Sie telefonieren.
- Stehen Sie während der Werbeunterbrechungen im Fernsehen auf und gehen Sie umher. Die Pause geht dann schneller herum, und Sie bewegen sich mindestens zehn Minuten pro halbe Stunde.
- Gehen Sie einfach nur so die Treppe rauf und runter.
- Bringen Sie Ihre Einkaufstüten einzeln vom Auto ins Haus.
- Benutzen Sie im Büro die am weitesten von Ihrem Schreibtisch entfernte Toilette.
- Machen Sie mit dem Hund einen flotten Spaziergang. Wenn Sie keinen Hund haben, führen Sie den Ihres Nachbarn aus. Und wenn Ihr Nachbar auch keinen hat, dann nehmen Sie Ihren Nachbarn mit!

Steigen Sie Treppen! Sie werden staunen, wie oft Sie in Ihrem Haus treppauf und treppab laufen. Aber welches Glück haben Sie erst, wenn Sie in einem Mehrfamilienhaus wohnen. Der Gipfel ist ein Hochhaus! Die Treppe statt den Aufzug zu nehmen, bringt Ihr Herz zum Pumpen und die Endorphine zum Strömen. Treppensteigen verbrennt etwa doppelt so viele Kalorien wie Gehen, und zehn Minuten Treppensteigen addieren sich zu 65 bis 100 verbrauchten Kalorien.

Gärtnern Sie! Unkrautjäten und Pflanzensetzen oder Rasenmähen zählt als leichte Tätigkeit, wenn sich dabei Ihr Puls leicht erhöht und Ihnen warm ist. Fünf Minuten = 26 Kalorien. Zehn Minuten = 53 Kalorien. 15 Minuten = 79 Kalorien.

Springen Sie! Versuchen Sie fünf oder zehn Minuten lang Hampelmann zu machen oder noch besser Seil zu springen. (Eine 68 Kilo schwere Frau kann durch fünfminütiges Seilhüpfen 45 Kalorien verbrennen.) Seilspringen ist gut fürs Herz und für die Knochen, für Beweglichkeit und Koordination. Alles was Sie brauchen, sind ein Springseil, gute Turnschuhe und den nötigen Platz. Je nach Intensität Ihres Trainings verbrennen Sie durch fünf Minuten Seilspringen oder Hampelmann in der Regel 35 bis 55 Kalorien, in zehn Minuten 70 bis 110 und in 15 Minuten 105 bis 145 Kalorien.

Strampeln Sie! Stellen Sie ein Fahrradergometer oder ein Laufband vor den Fernseher und schalten Sie Ihre Lieblingssendung ein. Sie werden gar nicht merken, dass Sie trainieren. Fünf Minuten mäßig intensives Radfahren verbrennt 35 Kalorien, dieselbe Zeit auf dem Laufband 30 Kalorien.

Jede dieser Aktivitäten ist als solche nützlich, aber machen Sie nichts davon in der Zeit vor dem Schlafengehen.

In der näheren Umgebung

Joggen Sie! Gehen Sie mehrmals um den Block, während Sie auf das Ende der Musikstunde Ihres Kindes warten. Wenn Sie fitter geworden sind, legen Sie immer wieder eine Minute Joggen ein. Mäßig schnelles Gehen mit drei Kilometern pro Stunde für fünf Minuten = 14 Kalorien. Zehn Minuten = 28 Kalorien. 15 Minuten = 42 Kalorien. Joggen verbrennt 25 Kalorien in fünf Minuten, 50 in zehn und 75 in einer halben Stunde.

Tanzen Sie! Ob in einem Kurs oder allein zu Hause mit Kopfhörern auf den Ohren, Tanzen macht großen Spaß und ist ein gutes Training. Wenn Sie Freude an einer Aktivität haben, bleiben Sie eher dabei, schießen sogar über Ihr Fünf-Minuten-Ziel hinaus. Ich bevorzuge einen Kurs, weil ich finde, dass gemeinsames Üben mit anderen besser ist für die Motivation. Fünf Minuten Aerobic verbrennt 32 Kalorien. Zehn Minuten = 64 Kalorien. 15 Minuten = fast 100 Kalorien.

Rund ums Büro

Gehen Sie! Benutzen Sie ein Headset zum Telefonieren, damit Sie mobil sind.

Gehen Sie mit einer Nachricht zu einem Kollegen, statt sie ihm zu mailen.

Benutzen Sie die Toilette im Stockwerk über Ihnen.

Halten Sie Ihre nächste Besprechung im Gehen ab, und machen Sie ein Brainstorming beim Pflastertreten.

Mit jeder dieser Aktivitäten können Sie 17 Kalorien in fünf Minuten verbrennen.

Marschieren Sie! Wenn Sie zu einem Termin fahren müssen, brauchen Sie Ihren Sport nicht ausfallen zu lassen. Parken Sie Ihren Wagen in einer noch vertretbaren Entfernung von Ihrem Ziel und legen Sie den restlichen Weg zu Fuß zurück. Lassen Sie Ihr Auto beim Einkaufen auf dem von den Läden am weitesten entfernten Platz stehen, und wenn Sie beladen zurückkommen, profitieren Sie durch das Tragen der Zusatzlast. Sie verbrennen in fünf Minuten strammen Gehens etwa 17 Kalorien und noch mehr, wenn Sie dabei schwere Taschen tragen.

Zwanzig- bis dreißigminütige Trainingseinheiten
Dehnübungen mit dem Dyna- oder Theraband

Dehnübungen stimulieren Rezeptoren im Nervensystem, welche die Produktion von Stresshormonen drosseln. Dehnübungen entspannen zudem angespannte, verspannte Muskeln und verbessern deren Durchblutung. Stretching fördert Ihre Beweglichkeit und trainiert den Gleichgewichtssinn. Infolgedessen fühlen Sie sich kräftiger, sicherer und ruhiger.

Ein Dyna- oder Theraband aus Gummi bekommen Sie für wenig Geld in den meisten Sportgeschäften. Dehnen Sie immer so, dass es Ihnen noch angenehm ist – das Dehnen soll Ihnen wohl-, nicht wehtun. Halten Sie jede Dehnposition mindestens 15 Sekunden lang, und wiederholen Sie sie, so oft es Ihre Zeit erlaubt.

Beinrückseitendehnung

Legen Sie sich auf den Boden, und schlingen Sie das Band um Ihren rechten Fuß; halten Sie beide Enden fest, um Spannung zu erzeugen. Heben Sie das rechte Bein in die Senkrechte, und drücken Sie es so weit wie noch angenehm durch, während Sie das linke leicht gebeugt auf dem Boden halten. Ziehen Sie Ihr rechtes Bein sanft zu sich heran, und dehnen Sie dabei seine Hinterseite. Halten Sie diese Stellung 15 bis 30 Sekunden, und wechseln Sie dann die Seite.

Schenkelinnenseitendehnung

Sie liegen auf dem Boden und schlingen das Band um den Fuß Ihres rechten hochgereckten Beins. Halten Sie beide Enden in der rechten Hand, um Spannung zu erzeugen. Senken Sie langsam Ihr rechtes Bein nach außen zur Seite, bis Sie ein Ziehen in der Schenkelinnenseite spüren. Halten Sie die Position 15 bis 30 Sekunden, und wechseln Sie dann die Seite.

Beinvorderseitendehnung

Setzen Sie sich auf den Boden, strecken Sie Ihr rechtes Bein nach vorne aus, und winkeln Sie Ihr linkes Bein in Hüfte und Knie möglichst weit nach hinten ab. Lehnen Sie sich nach rechts, stützen Sie sich auf Ihren rechten Unterarm, und ergreifen Sie mit der linken Hand Ihren rechten Fuß. Das dehnt die Hinterseite Ihres rechten Beins. Um nun Ihren linken Quadrizeps (Oberschenkelstreckmuskel) zu dehnen, ziehen Sie Ihre linke Ferse sanft in Richtung Po, so dass Sie die Vorderseite Ihres linken Schenkels dehnen. Halten Sie die Position 15 bis 30 Sekunden, und wiederholen Sie das Ganze mit der anderen Seite.

Seitendehnung

Halten Sie mit gekreuzten Beinen oder sitzend ein Ende des Bandes mit der linken Hand fest, und strecken Sie den Arm nach rechts oben. Halten Sie dabei das andere Ende mit der rechten Hand fest, und ziehen Sie sanft, damit Spannung entsteht und Ihre linke Taillenseite gedehnt wird. 15 bis 30 Sekunden halten und dann Seite wechseln.

Brustdehnung

Halten Sie das Band mit gekreuzten Beinen oder im Sitzen überschulterbreit über Ihrem Kopf. Ziehen Sie Ihre Arme so weit wie möglich nach außen und unten, um Ihre Brust nach vorne zu dehnen. Falls Sie Schulterprobleme haben, sollten Sie diese Übung überspringen.

Rückendehnung

Setzen Sie sich mit ausgestreckten Beinen auf den Boden, und schlingen Sie das Band um beide Füße. Kreuzen Sie die Enden, und halten Sie es mit beiden Händen nahe bei Ihren Füßen fest. Rollen Sie sanft Ihren Rücken ein, und dehnen Sie ihn nach hinten; erzeugen Sie dabei mit Hilfe des Bandes eine Spannung, die die Dehnung verstärkt. Halten Sie Ihre Abduktoren (hintere Oberschenkel- und Pomuskulatur) angespannt, und versuchen Sie, nicht auf Ihre Beine zu fallen. Halten Sie die Position 15 bis 30 Sekunden lang.

Hüftdehnung

Legen Sie sich auf den Boden, schlingen Sie das Band um den Fuß Ihres rechten, in die Senkrechte erhobenen Beins, und halten Sie beide Enden in Ihrer linken Hand. Strecken Sie Ihr linkes Bein flach aus, und senken Sie langsam Ihr rechtes Bein nach links über Ihren Rumpf, so tief Sie können. Dabei zieht es in der rechten Hüfte und Pobacke. Halten Sie die Position, und wechseln Sie dann die Seite.

Übungen mit dem Gymnastik- oder Fitball

Mit dem Fitball lassen sich Stabilität, Kraft und insbesondere das Gleichgewicht verbessern. Gymnastikbälle bekommen Sie wie

Dynabänder für wenig Geld in den meisten Sportartikelgeschäften. Zwar eignet sich dieses Training für Anfänger, doch falls Sie noch nie mit einem Fitball gearbeitet haben, könnten Sie sich anfangs etwas wackelig fühlen. Das wird sich bald geben. Falls nötig, setzen Sie sich gegen die Wand oder an einen Stuhl gelehnt, dann können Sie das Gleichgewicht besser halten.

1. Setzen Sie sich mit gerader Wirbelsäule auf den Ball, und legen Sie Ihre Hände zum Balancieren an die Hüften. Beginnen Sie langsam im Uhrzeigersinn mit den Hüften zu kreisen. Machen Sie anfangs kleine Kreise. Wenn Sie sich sicherer fühlen, gehen Sie zu größeren über. Beschreiben Sie zehn bis 20 Kreise, zuerst im Uhrzeigersinn und dann genauso viele andersherum.
2. Setzen Sie sich mit gerader Wirbelsäule auf den Ball. Spannen Sie Ihre Bauchmuskeln so fest wie möglich an. Heben Sie abwechselnd Ihren rechten und Ihren linken Fuß, als ob Sie marschieren würden. Heben Sie die Füße anfangs nur Zentimeter vom Boden hoch. Je sicherer Sie werden, desto höher und schneller können Sie Ihre Knie heben. Machen Sie das ein bis zwei Minuten lang.
3. Setzen Sie sich mit gerader Wirbelsäule und angespannten Abduktoren (gespreizten Beinen) auf den Ball. Legen Sie die Hände auf den Ball oder in den Schoß, und heben Sie Ihren rechten Fuß vom Boden. Lassen Sie ihn fünf Sekunden oder länger schweben, heben Sie dabei langsam Ihr Bein, und strecken Sie es durch. Senken Sie es wieder, und wiederholen Sie das mit dem anderen Bein. Wiederholen Sie das fünf- bis zehnmal.
4. Setzen Sie sich gerade auf den Ball, und stützen Sie die Hände in die Seiten. Spannen Sie Ihre Abduktoren an, und machen Sie Schrittchen mit den Füßen nach vorne, während Sie Ihren Rumpf langsam am Ball nach unten gleiten lassen. Beginnen Sie mit wenigen Schrittchen, bis Sie sich sicherer fühlen. Setzen Sie dann Ihre Füße weiter nach vorne, bis Sie eine Brückenposition erreicht haben, bei der Kopf und Schultern auf dem Ball liegen und die Hüften erhoben sind. Machen Sie dann Schrittchen zurück, bis Sie wieder sitzen, und wiederholen Sie alles drei- bis fünfmal.

5. Stellen Sie sich vor eine Wand, und klemmen Sie den Ball zwischen ihr und Ihrem Kreuzbein fest. Rutschen Sie mit den Füßen ein wenig nach vorne, so dass Sie gegen den Ball gelehnt dastehen, die Füße etwa hüftbreit auseinander. Beugen Sie die Knie, so dass Ihr Rücken mit dem Ball an der Wand nach unten gleitet. Gehen Sie so tief wie möglich, aber nicht weiter als 90 Grad, das heißt, bis Ihre Oberschenkel parallel zum Boden sind. Ihre Knie sollten immer über den Zehen bleiben. Drücken Sie die Fersen gegen den Boden, um wieder hochzukommen, und wiederholen Sie die Übung fünfzehnmal.

6. Legen Sie sich flach auf den Boden und die Fersen auf den Ball. Spannen Sie die Abduktoren an, und heben Sie die Hüften langsam vom Boden ab (kneifen Sie Ihre Pobacken zusammen), bis Ihr Körper wie ein Brett eine gerade Linie beschreibt. Halten Sie die Position ein paar Sekunden, und senken Sie den Rumpf wieder ab. Wiederholen Sie das zehn- bis fünfzehnmal. Die Übung wird einfacher, wenn Sie die Kniekehlen statt der Fersen auf den Ball legen. Schwieriger wird sie, wenn Sie dabei die Arme über der Brust verschränken.

Einstündige Trainingseinheiten

Wenn Sie eine Stunde oder mehr Zeit haben – Sie Glückliche/r! –, dann probieren Sie etwas aus der folgenden Liste aus.

- Machen Sie irgendeinen Kurs, der Sie in Bewegung bringt, etwa Tanzen, Yoga, Tai Chi, Segeln, Golfen oder Bauchtanz.
- Schließen Sie sich einer Softball-, Frisbee-, Hockey-, Basketball- oder Fußballmannschaft/gruppe an.
- Suchen Sie eine Drivingrange auf, und schlagen Sie Golfbälle.
- Spielen Sie Tennis oder Indiaca.
- Machen Sie Wanderungen durch den Wald oder ein Naturschutzgebiet.

Ganzkörpertraining

Wenn Zeit und/oder Ort kein Problem darstellen und Sie etwas für Ihren ganzen Körper tun möchten, folgt jetzt eine Reihe von Übungen, die mir viel bringen.

Bauch

Bauchmuskelkräftigung

Legen Sie sich mit flachem Rücken auf den Boden, Hände hinter dem Kopf verschränkt, Knie zusammen, Füße aufgestellt.

Heben Sie den Oberkörper, so weit Sie können, vom Boden ab, halten Sie die Knie unverändert und die Ellbogen nach außen.

Senken Sie den Oberkörper langsam, Wirbel für Wirbel wieder ab.

Machen Sie drei Serien zu je zwölf Wiederholungen.

Beinstrecker

Setzen Sie sich aus dem Liegen etwas auf, und stützen Sie sich auf die gebeugten Arme. Balancieren Sie auf dem Po, die Beine gestreckt und ein paar Zentimeter vom Boden erhoben. Spannen Sie Ihre Abduktoren an, und ziehen Sie Ihre Beine gebeugt an den Körper heran. Strecken Sie sie wieder aus, und wiederholen Sie das.

Machen Sie zwei Serien zu je 15 Wiederholungen.

Kräftigung der schrägen Bauchmuskeln

Legen Sie sich auf den Rücken, Knie gebeugt, Füße flach auf dem Boden gestellt, Hände hinter dem Kopf verschränkt, Ellbogen nach außen. Heben Sie den Oberkörper, bis Ihre Schulterblätter vom Boden weg sind, und drehen Sie Ihren rechten Ellbogen zum linken Knie. Zählen Sie bis drei. Senken Sie den Oberkörper ab, und wiederholen Sie das mit der anderen Seite.

Machen Sie drei Serien zu je 15 Wiederholungen.

Beine und Po
Beinheber
Legen Sie sich flach auf den Rücken, Beine gestreckt und Fußspitzen zu sich herangezogen. Heben Sie beide Beine so weit wie möglich an, ohne dass Ihre Lendenwirbel vom Boden kommen. Senken Sie die Beine, und wiederholen Sie die Übung. Machen Sie drei Serien zu je 20 Wiederholungen.

Ausfallschritt
Machen Sie aus dem Stehen mit Ihrem rechten Bein einen Schritt nach vorne, so dass Ihr Oberschenkel parallel zum Boden und Ihr Knie über dem Knöchel ist. Beugen Sie nun Ihr linkes Knie, und senken Sie dabei das Becken, bis Ihr linkes Knie fünf bis acht Zentimeter über dem Boden schwebt. Richten Sie sich wieder auf, und wiederholen Sie die Übung mit dem linken Bein. Machen zwei Serien zu je 20 Ausfallschritten.

Eseltritt
Gehen Sie auf Hände und Knie in den Vierfüßlerstand. Heben Sie ein Bein hoch, als ob Sie mit der Fußunterseite an die Decke treten wollten, und senken Sie es wieder. Zwanzigmal mit jedem Bein wiederholen. Machen Sie drei Serien.

Oberkörper
Liegestütze
Gehen Sie in die Liegestützposition, mit gestreckten Beinen, gebeugten und dicht am Körper gehaltenen Ellbogen. Senken Sie sich zum Boden ab, Nase nach unten, Kopf in einer Linie mit dem übrigen Körper. Machen Sie zehn Wiederholungen, dann 60 Sekunden Pause. Wiederholen Sie alles zweimal.

Brett
Legen Sie sich auf die rechte Seite, den Ellbogen unter Ihrer rechten Schulter auf den Boden gestützt. Halten Sie Ihre Beine gestreckt.

Heben Sie Ihre Hüften, bis Ihr Körper bis zu den Fersen eine Linie bildet. Halten Sie die Position 30 Sekunden. Wiederholen Sie die Übung mit der linken Seite. Machen Sie drei Serien.

Dehnübungen

Ohne Dehnen verliert der Körper an Beweglichkeit. Das Gute ist, dass Dehnen überhaupt nicht schwer ist. Zusatznutzen: Ihre Beweglichkeit verbessert sich, selbst wenn Sie nur einmal pro Woche Dehnübungen machen. Als Faustregel gilt, dass jede Dehnposition wie folgt gehalten werden sollte:

Anfänger: bis zu zehn oder zwölf Sekunden

Mittelstufe: 15 bis 20 Sekunden

Fortgeschrittene: mehr als 20 Sekunden

Keine dieser Dehnübungen sollte jemals wehtun. Falls Sie Schmerzen empfinden, hören Sie sofort auf. Wenn Sie das nächste Mal anfangen, dehnen Sie vorsichtiger, und steigern Sie sich nur ganz allmählich bis zur vollen Dehnung.

Nacken

Stellen Sie sich aufrecht hin, die Arme hängen locker an den Seiten. Neigen Sie Ihren Kopf nach vorne. Lassen Sie ihn dann in großen Halbkreisen von einer Seite zur anderen rollen. Machen Sie das viermal.

Brust

Stellen Sie sich mit dem Rücken gegen die Wand. Strecken Sie die Oberarme auf Schulterhöhe waagrecht aus, und beugen Sie die Ellbogen so, dass Ihre Finger zur Decke weisen (wie Stamm und Äste eines Baumes). Ihre Schulterblätter sollten die Wand berühren. Versuchen Sie, sich so flach wie möglich an die Wand zu drücken.

Oberer Rücken
Setzen Sie sich auf einen Stuhl, Knie gebeugt, Füße flach auf dem Boden. Legen Sie die Hände auf die Knie. Drücken Sie Ihr Kinn auf die Brust, und machen Sie einen Katzenbuckel. Machen Sie Ihren Rücken rund, bis Sie Zug in der Wirbelsäule und zwischen Ihren Schulterblättern spüren.

Unterer Rücken
Legen Sie sich auf den Rücken, ein Bein ausgestreckt und das andere angewinkelt. Umfassen Sie dieses (an der Rückseite Ihres Oberschenkels), und ziehen Sie es sanft zu Ihrer Brust herunter, bis Sie einen leichten Zug in Ihrer Lendenwirbelsäule spüren. Wiederholen Sie das mit dem anderen Bein.

Hüftbeuger
Stehen Sie in Ausfallschrittposition. Beugen Sie Ihr hinteres Knie zum Boden, und lassen Sie dabei Ihre hintere Ferse hochkommen. Kippen Sie Ihr Becken, bis Sie die Dehnung spüren.

Kniesehne/Wade
Suchen Sie sich eine Stufe, und stellen Sie sich mit beiden Füßen darauf. Lassen Sie Ihre Fersen über die Kante hinausragen, so dass Ihr Gewicht nur auf der vorderen Hälfte Ihrer Fußsohlen ruht. Wippen Sie ein paar Minuten sanft auf und ab, und halten Sie dabei das Gleichgewicht.

Pomuskeldehnung
Legen Sie sich auf den Rücken, Knie im 90-Grad-Winkel gebeugt. Legen Sie Ihren rechten Knöchel auf Ihr linkes Knie. Ziehen Sie Ihr linkes Knie auf die Brust, bis Sie Zug in Ihrer rechten Pobacke spüren. Unterstützen Sie die Dehnung, indem Sie Ihr linkes Knie umfassen. Mit der anderen Seite wiederholen.

Jetzt, wo Sie so weit gediehen sind, gehe ich davon aus, dass Sie auf dem Weg zu besserem Schlaf gut vorankommen und dass Sie sich aufgrund der oben vorgestellten Übungen auch besser bewegen.

Lassen Sie sich sagen, dass es weiter aufwärts gehen wird, wenn Sie diese Übungen während des Vierwochenprogramms fortsetzen.

Nunmehr sind Sie reif für Hilfsmittel Nummer fünf. Es wird Ihnen beibringen, die Welt durch eine zuversichtliche, optimistische, positive Brille zu sehen.

Fühlen Sie sich denn nicht schon wohler?

Kapitel 6
Die Kraft des Denkens

Wir wenden uns nun also wieder dem geistig-seelischen Bereich zu. Doch während wir uns in Kapitel 3 damit befasst haben, wie wir durch *Ruhen* des Geistes Entspannung finden können, untersuchen wir jetzt, wie wir unseren Geist *arbeiten* lassen können, um uns die Last des Superstress zu nehmen. Der Geist ist weit mehr als ein Vehikel des Denkens; mit der richtigen Lenkung kann er auch zu einem wirksamen Heilfaktor werden.

Es ist sogar möglich, dem Gehirn eine veränderte Weltsicht beizubringen, genau wie eine gut angepasste Brille Ihr Sehvermögen verändern kann. Denken Sie daran, wie ein Besuch beim Augenarzt abläuft: Sie lesen die Buchstaben (oder versuchen es zumindest), und wenn Sie unscharf sehen, probiert der Arzt so lange verschiedene Linsen aus, bis Sie die Buchstaben gestochen scharf wahrnehmen. In diesem Kapitel werde ich Sie anleiten, Ihre Wahrnehmungsbrille selbst so anzupassen, dass die Welt schließlich viel übersichtlicher und handhabbarer aussieht. Und diese Anpassung wird lediglich durch Denken geschehen.

Die Grundfärbung eines guten Lebens besteht meines Erachtens in Optimismus, positivem Denken und Widerstandskraft, und ich bin überzeugt, dass all dies zu erreichen in unserer Macht steht. Ich bin keine Psychologin, doch diese Leitbegriffe haben sich für meine Therapien supergestresster Patienten als äußerst hilfreich erwiesen. Im Vierwochenprogramm lernen Sie, die erwähnten geistigen Werkzeuge unterschiedlich anzuwenden, beispielsweise in Form von Hausaufgaben. Und dabei machen Sie einen Riesenschritt auf dem Weg zur Verwandlung Ihrer selbst und Ihrer Lebensweise. Betrachten wir jedes der drei Hilfsmittel getrennt, und untersuchen wir, warum sie eine derartige Macht über Superstress haben.

Optimismus

Optimismus ist die Überzeugung, dass *Hühnchen Junior* unrecht hatte und *Die kleine blaue Lokomotive* recht. Optimismus ist, Ihr Gehalt abzuheben und einen Teil davon in ein Lotterielos zu stecken. Optimismus ist, sich um den Vorsitz von welchem Verein auch immer zu bewerben. Optimismus ist, in Aktien zu investieren. Optimismus ist, für den Frühling eine Hochzeitsfeier im Freien zu planen. Kurzum, Optimismus ist die Erwartung, dass in der Zukunft etwas Gutes geschehen wird. Wenn Sie optimistisch sind, sehen Sie Möglichkeiten, keine Probleme. Sie stehen Widrigkeiten besser durch, weil Sie sie als vorübergehend betrachten. Sie haben Hoffnung.

In seinem Buch *Optimism: The Biology of Hope* legt Lionel Tiger, Soziologe an der Columbia University, eine evolutionstheoretische Erklärung für die Macht des Optimismus vor.[1] Demnach war Optimismus für unsere Vorfahren überlebenswichtig. Wären die Frühmenschen davon ausgegangen, dass ihre Unternehmungen eher in einer Katastrophe denn mit einem Erfolg enden würden, hätten sie die Herausforderung gar nicht erst angenommen. Statt also hinaus in den strömenden Regen zu treten, um Nahrung für seine Sippe zu beschaffen, hätte so ein Höhlenmann logischerweise lieber den ganzen Tag in der Höhle herumgelungert. Wie wir alle wissen, ist es nicht so gelaufen – jedenfalls nicht bei den Höhlenmenschen, die überlebt haben. Was also trieb unseren Urahn mit dem Speer in der Hand hinaus in Kälte und Regen? Ich vermute, genau dasselbe, was den modernen Mann trotz eines düsteren Wetterberichts auf den Golfplatz treibt: Optimismus.

Der Nutzen von Optimismus

Nichts nagt so sehr an positiven Überzeugungen wie Stress. So kommt es, dass supergestresste Menschen die drei erwähnten, alles überragenden Überzeugungen hegen:

1. Sie glauben, sie seien nicht gestresst.
2. Sie glauben, sie hätten nicht genügend Zeit für all das, was sie erledigen müssen.
3. Sie glauben, es gäbe keinen Ausweg aus der Zeitklemme. Das bedeutet, sie haben keine Hoffnung.

Wenn es Ihnen gelingt, diesen drei Überzeugungen den Boden zu entziehen, machen Sie einen Riesenschritt auf dem Weg hin zu mehr Optimismus und weg vom Superstress. Als Erstes müssen Sie sich eingestehen, dass Sie supergestresst sind. Halten Sie inne und fragen Sie sich ganz ehrlich, ob Sie nicht doch unter irgendwelchen körperlichen Beschwerden leiden, die Sie nicht abstellen können – seien es Rückenschmerzen oder Migräne oder ein Reizdarm oder sonstige stressbedingte Beschwerden. Dann müssen Sie sich fragen, wie es mit Ihnen dahin kommen konnte. Gab es Umstände, die mit dem Auftreten dieser Krankheit zusammenfielen, etwa ein katastrophales Ereignis, eine schwierige Beziehung, eine vergiftete Atmosphäre am Arbeitsplatz oder spürbare Arbeitsüberlastung?

Haben Sie die Ursachen Ihres miesen Zustands dingfest gemacht, sollten Sie sich folgende Frage stellen: Wenn ich etwas ändern könnte, würde diese Veränderung meine körperlichen Beschwerden lindern? Diese Frage mag schwer zu beantworten sein. Manchmal zeigt es erst die Zukunft und nur, wenn Sie sich der Frage ernsthaft stellen. Können Sie die Veränderung, die Sie im Sinn haben, umsetzen? Wenn Sie sie noch nicht in Angriff genommen haben, blättern Sie zurück zu Kapitel 2 und beantworten Sie die Fragebögen. Wenn Sie die Ergebnisse schwarz auf weiß vor sich sehen, zeichnet sich die Antwort vielleicht klarer ab.

Zugegeben, es gibt viele äußere Stressoren, die wir nicht ändern können. Niemand wird Ihre Zahlungsverpflichtungen übernehmen.

Als berufstätige Eltern stehen Sie immer unter Zeitdruck, und immer kommt Ihre Familie zu kurz. Vielleicht hat Ihr Verlobter gerade die Hochzeit abgesagt; vielleicht hat er sich mit Ihrer besten Freundin zusammengetan. Vielleicht gibt es Tage, an denen Sie sich ausgeschlossen oder betrogen oder machtlos fühlen. Aber ich sage Ihnen, dass Sie Ihr Leben schließlich besser im Griff und viel mehr Hoffnung haben werden, wenn Sie sich nicht auf negatives Denken einlassen.

Inwiefern soll Optimismus nützen? Zunächst einmal widersetzen Sie sich innerlich der Vorstellung, es gäbe keine Hoffnung. Wenn Optimisten etwas sind, dann hoffnungsvoll. Als Optimist werden Sie zudem ein gesünderer, glücklicherer und angenehmerer Zeitgenosse sein. Sie werden sich weniger Sorgen machen. Und Sie werden obendrein länger leben! Wer wünscht sich nicht ein möglichst langes und erfülltes Leben?

Die Wissenschaftler kamen den körperlichen Vorteilen des Optimismus zufällig auf die Spur. Mitte der 1930er Jahre beschloss die William T. Grant Foundation, eine Gruppe gesunder Männer deren gesamtes Leben lang zu verfolgen, um auf diese Weise herauszufinden, welche Lebensstilfaktoren über Erfolg und Gesundheit entscheiden.[2] Die Teilnehmer wurden aus fünf verschiedenen Studienanfängerkursen in Harvard rekrutiert. Sie waren alle gesund, intelligent und sozial gut angepasst, unterschieden sich jedoch stark nach sozioökonomischer Herkunft. Auf der Grundlage von Aufsätzen, die sie mit Mitte zwanzig (kurz nach ihrer Rückkehr aus dem Zweiten Weltkrieg) schrieben, stufte man sie als optimistisch oder pessimistisch ein. Zu Beginn der Studie und dann in fünfjährigen Abständen unterzogen sich die Männer einer ärztlichen Untersuchung, wurden befragt und füllten Fragebögen über ihr Leben aus. Die Ergebnisse überraschten sogar die Forscher. Mit einem silbernen Löffel im Mund geboren zu sein, sagte nämlich den Erfolg im Leben oder die Gesundheit nicht annähernd so gut voraus wie Optimismus. Die Optimisten waren alles in allem weit gesünder als die Studenten, deren Aufsätze eine pessimistischere Grundeinstellung verrieten. Bei den pessimistischen Männern traten Krankheiten des mittleren Lebensalters früher auf als bei den Optimisten, und mit 45 Jahren unterschied sich der allgemeine Gesundheitszustand der beiden Gruppen signifikant. Ab dem fünfundvierzigsten Lebensjahr und in den 20 Jahren danach nahm Optimismus als Faktor für gute Gesundheit eine Schlüsselstellung ein.

Eine andere berühmte und häufig zitierte Studie begann vor Jahren als Längsschnittuntersuchung an 180 katholischen Nonnen. Handschriftliche Autobiographien der Nonnen, verfasst mit durchschnittlich 22 Jahren, wurden nach ihrem emotionalem Gehalt ausgewertet. Dann verfolgten die Forscher diese Frauen für ihr gesamtes weiteres Leben.[3] Wie bei der Harvard-Studie erhielten die Forscher nach Abschluss der Datenerhebung ein unerwartetes Ergebnis. Die Nonnen, die in ihren Zwanzigern oder Dreißigern optimistisch waren, lebten bis zu zehn Jahren länger als solche mit neutraler oder pessimistischer Einstellung.

Und falls Sie meinen, eine kleine Gruppe Nonnen stelle nicht unbedingte eine repräsentative Stichprobe der Bevölkerung dar, dann halte ich eine weitere große Studie dagegen: Die Georgia Centenarian Study untersuchte im Zeitraum von 1988 bis 2006 eine Gruppe Männer und Frauen, die alle ihren hundersten Geburtstag hinter sich hatten – anders gesagt, diese Menschen lebten bereits 20 Jahre länger als der Durchschnittsamerikaner.[4] Doch das waren nicht etwa gebrechliche Leutchen, die still das Ende ihrer Tage erwarteten. Im Gegenteil – 20 bis 25 Prozent dieser Hundertjährigen nahmen immer noch am Leben ihrer Gemeinde teil, waren geistig rege und im allgemeinen gut beisammen. Die Forscher fragten sich, welche biologischen, psychologischen und soziologischen Besonderheiten dieses lange Leben begünstigten. Sie untersuchten eine Reihe von mit extremer Langlebigkeit verbundenen Merkmalen: Status, Persönlichkeit, Bewältigungsstrategien und sogar Ernährung. Und tatsächlich spielte all dies eine Rolle. Die wichtigste Eigenschaft jedoch – die fast alle Hundertjährigen aufwiesen – war ein ausgeprägter Optimismus.

Statt sich die schweren Zeiten vor Augen zu halten (die Mehrzahl der Studienteilnehmer war ihr ganzes Leben lang arm gewesen), erinnerten sie sich bewusst der guten. Statt stets auf das zu blicken, was sie nicht hatten, machten sie sich bewusst, was sie hatten. Von den 96 Studienteilnehmern waren 86 Prozent Frauen und davon mehr als die Hälfte schwarz, eine Bevölkerungsgruppe, die im vergangenen Jahrhundert kein sehr leichtes Leben geführt hat. Doch für das Wertvolle in ihrem Leben waren sie zutiefst dankbar: Familienangehörige und Freunde, mit denen sie ihr Leben teilen durften, bedeuteten ihnen weit mehr als die materiellen Dinge, an denen so viele von uns ihr Glück messen.

Die Hundertjährigen von Georgia zeichneten sich am häufigsten durch vier Merkmale aus, denen auch eine Schlüsselfunktion in der Bewältigung von Superstress zukommt.

- Optimismus
- Sinnfindung
- Vielfältige Betätigung
- Widerstandskraft

Lässt sich Optimismus lernen?

Optimismus *ist* lernbar. Der Begriff des »gelernten Optimismus« nahm im Jahr 1964 Gestalt an, als Martin Seligman – der heute als der Vater der Positiven Psychologie gilt, damals jedoch ein einundzwanzigjähriger Absolvent der University of Pennsylvania war – und seine Mitarbeiter ein Laborexperiment entwarfen, um das Verhalten von Tieren besser zu verstehen. Die jungen Männer sperrten Hunde einzeln in einen Versuchskäfig und setzten sie zufälligen Stromstößen aus, denen die Tiere nicht entkommen konnten. Nach wiederholten Durchgängen begannen die Hunde, sich in ihr Schicksal zu fügen. Kurze Zeit später wurden diese Hunde sowie Artgenossen, die nicht geschockt worden waren, in einen unterteilten Käfig gesetzt, in dem sie sich durch einen Sprung über eine Barriere vor den Elektroschocks retten konnten. Und dennoch taten das nur die zuvor nicht geschockten Tiere. Die anderen blieben, wo sie waren, und erduldeten das Unbehagen passiv. Diese Hunde hatten praktisch gelernt, hilflos zu sein. Seligman übertrug diesen Begriff der gelernten Hilflosigkeit erfolgreich auf bestimmte Depressionen bei Menschen. Seligmans Depressionstheorie zufolge haben manche von Problemen geplagte Menschen wie die geschockten Hunde den Glauben verloren, sie könnten aktiv etwas zur Verbesserung ihrer Lage unternehmen.

Während Seligman seine Theorie der gelernten Hilflosigkeit ausarbeitete, fragte er sich, warum die einen Hunde die Chance zur Flucht nutzten und die anderen nicht. Spielt sich bei Menschen dasselbe ab? Warum überwinden manche Menschen widrige Umstände, während andere in ihrer Opferrolle verharren? Und was noch wichtiger ist, wenn Menschen Hilflosigkeit lernen können, können sie sie dann auch wieder *verlernen*?

Vielleicht, so überlegte er, bot sich hier depressiven Menschen ein Weg, um ohne jahrelange Psychotherapie oder Psychopharmakaeinnahme wieder aktiv Anteil an der Welt um sie herum nehmen zu können. Schließlich gelangte er zu folgendem Schluss: Wenn Sie möglichst glücklich sein möchten, sollten Sie sich nicht auf das konzentrieren, was schiefläuft und in Ordnung gebracht werden muss, sondern auf das, was gut und richtig ist, und es vielleicht sogar noch besser zu machen versuchen. Das ist das Grundprinzip der Positiven Psychologie, welche die Glücksforschung als wissenschaftliche Disziplin etabliert hat. Diese scheint derzeit nicht nur hierzulande, sondern in der ganzen Welt Fuß zu fassen.

Also, kann man Optimismus lernen? Die Antwort ist ein lautes Ja!

Wie lässt sich Optimismus lernen?

Wenn Sie sich Optimismus zum Ziel nehmen – und warum sollten Sie nicht? –, dann gibt es einige leicht umzusetzende Maßnahmen. Na ja, vielleicht nicht immer, aber wenn Sie an folgenden Verhaltensweisen arbeiten, werden sie Ihnen immer leichter fallen.

1. Wenn Sie auf ein Problem stoßen, dann halten Sie inne, erwägen Sie die Lösungsmöglichkeiten, suchen Sie sich eine oder zwei heraus, und legen Sie mit dieser Strategie los. Wenn Sie glauben, dass Sie es schaffen, dann schaffen Sie es.

2. Im selben Augenblick, da sich ein pessimistischer Gedanke in Ihrem Hirn breit macht, nageln Sie ihn als solchen fest, und ersetzen ihn rasch durch einen positiven. Machen Sie einen Spaziergang in der Natur, und betrachten Sie all das Gute auf der Welt. Allein durch bewusstes Wahrnehmen des Schönen um Sie herum können Sie trübe Gedanken verscheuchen.

3. Räumen Sie auf. Nein, nicht im wörtlichen Sinn. Was ich sagen will ist, meiden Sie soweit wie möglich Menschen, die Ihnen Ihre Kraft rauben, indem sie Sie beurteilen, herabsetzen oder Sie mit *ihren* Problemen belasten. Auf solche Leute können Sie verzichten, wenn Sie das Leben von der heiteren Seite betrachten.

4. Üben Sie sich im Rollenspiel. Das heißt, tun Sie so, als ob alles toll wäre, und Ihr Handeln wird sich bald in eine sich selbsterfüllende Prophezeiung verwandeln. Optimistische Menschen bewegen sich schneller, reden schneller und strahlen eine zuversichtliche Haltung aus. Wenn Sie jemand fragt, wie es Ihnen geht, dann antworten Sie:»Phantastisch!«Auch wenn Sie nicht immerzu dahinterstehen können, dann versuchen Sie es heute. Und morgen wieder. Sie werden es bald auch selbst glauben.

Sehen, was das Leben verspricht:
Die Kraft des positiven Denkens

Manche Menschen sind Glückspilze. Sie scheinen sich trotz himmelschreiender Umstände eine relativ positive Einstellung bewahren zu können. Sie sehen das Gute in schwierigen Leuten, und sie sehen Chancen in Krisen. Kurzum: Sie sehen Möglichkeiten. Wenn Sie in Superstress geraten, wendet sich das Blatt. Aufgrund der negativen körperlichen Veränderungen und der Cortisolausschüttung strotzen Sie wahrscheinlich vor Negativismus; Sie fühlen sich alleingelassen, fast erdrückt von der Last der Welt, jetzt stets auf das Schlimmste gefasst. Weil Ihnen jede Hoffnung auf einen einfacheren, vernünftigeren Gang der Ereignisse abhanden gekommen ist, haben Sie Ihrem inneren Kritiker die Zügel schießen lassen und treffen jetzt vielleicht schlechte Entscheidungen, denn Sie fühlen sich von Gott und aller Welt im Stich gelassen. Und das ist ein Teufelskreis, der schwer zu durchbrechen ist: All diese negativen Gefühle blockieren Sie und lösen eine Flut noch schädlicherer Stresshormone aus.

Da positive Gefühle das sympathische und parasympathische Nervensystem im Gleichgewicht halten, müssen Sie sich genauso lange oder länger in einem positiven Gemütszustand befinden wie in einem negativen, wenn Sie Superstress in Schach halten wollen. Positives Denken – was ich häufig mit dem Ausdruck »positive Einstellung« gleichsetze – und Optimismus sind verwandte, aber dennoch unterschiedliche geistige Merkmale. Optimisten glauben, dass sie für Gutes in ihrem Leben verantwortlich sind und dass ihnen weitere gute Dinge bevorstehen. Geschieht etwas Schlechtes, tun Optimisten es eher als einen isolierten Zwischenfall, als etwas Anormales oder als höhere Gewalt ab. Positives Denken dagegen ist eine Brille, durch die wir unser Alltagsleben betrachten. Mit einer positiven Einstellung sieht man das Gute im Leben und er- wartet, dass einem Gutes widerfährt. Menschen mit einer positiven Einstellung warten ab, bis die Tatsachen feststehen, statt voreilig negative Schlüsse zu ziehen. Finden Sie beispielsweise auf Ihrem Schreibtisch eine Notiz Ihrer Chefin vor, Sie mögen zu ihr kommen, können Sie daraus schließen, dass Entlassungen anstehen und Sie zu den Unglücklichen gehören. Oder Sie können vermuten, dass sie über den Stand des großen, von Ihnen verantworteten Pro- jekts informiert werden möchte, und zwar lieber durch Sie per- sönlich als durch eine lange, verwickelte E-Mail mit angehängten Tabellenkalkulationen. Ich empfehle Ihnen nicht etwa, sich über Ihr Bauchgefühl oder Ihre Fähigkeit, Anzeichen zu deuten, hin- wegzusetzen – denn manchmal bedeutet eine solche Notiz Un- annehmlichkeiten, wenn auch nicht gleich eine Entlassung –, aber weisen Sie nicht die Möglichkeit von der Hand, dass sich hinter einer uneindeutigen Nachricht eine gute verbergen könnte. Und Sie müssen doch sowieso zu Ihrer Chefin hinein. Warum also nicht in der Erwartung durch ihre Tür treten, dass Sie gebraucht werden, statt vom Gegenteil auszugehen? Eine derartige Erwartung erzeugt positives Denken: Wenn Entlassungen drohen, müssen vielleicht gerade Sie nicht gehen, weil der Laden ohne Ihr sonniges Gemüt gar nicht laufen würde!

Wie man eine positive Einstellung entwickelt

Klischeealarm! Ja, ich predige Binsenweisheiten: Für supergestresste Menschen besteht der erste Schritt zur Entwicklung einer positiven Einstellung in der Erkenntnis ihrer eigenen Hoffnungslosigkeit. Schritt zwei ist die Erkenntnis, dass sich dieses Gefühl *ändern* lässt.

In ihrem Buch *Positivity* behauptet Barbara Frederickson, wir würden uns viel schneller, als man meinen möchte, zu 90 statt zu zehn Prozent in unserer Haut wohlfühlen, wenn wir täglich öfter bewusst positive Gedanken dächten.[5] Frederickson zufolge münden viele verschiedene Elemente in positives Denken ein – Freude, Dankbarkeit, Gelassenheit, Hoffnung, Stolz, Vergnügen, Inspiration und Ehrfurcht. Die Autorin fordert uns auf, die darin zum Ausdruck kommenden Denkweisen in unser Leben zu integrieren. Wie sie erklärt, formen diese Einstellungen unser Leben sozusagen nach ihrem Bilde. Ich fordere Sie auf, noch über das Denken hinaus und zum Erleben überzugehen. Greifen Sie nach den Sternen! Schnappen Sie sich die positiven Erlebnisse, und nicht nur ab und zu! Wenn Ihnen positive Erfahrungen zur Gewohnheit werden, stoßen diese eine tiefgreifende biochemische Umstellung in Ihrem Körper an. Mit dem Ergebnis: Sie werden Ihr eigenes Gegenmittel gegen Superstress geschaffen haben! (Wie finden Sie diese Auslegung von positivem Denken?)

Die Schwelle überschreiten

Wie bei Optimismus und Pessimismus gibt es viele Wege, um von negativem zu positivem Denken überzugehen. Es folgen einige, die ich mit gutem Erfolg beschritten habe:

1. Lachen oder: Die Macht des Ha!

Während meines ersten Aufenthalts in Mikronesien staunte ich darüber, wie oft die Leute Witze ins Gespräch einstreuten, häufig sogar, wenn sie sich über ein Thema unterhielten, bei dem ich alles andere als einen Witz erwartet hätte. Beispielsweise wurde auf Beerdigungen immer gescherzt und gelacht. Nicht dass die Menschen sich über den Verstorbenen lustig hätten machen wollen oder nicht traurig gewesen wären. Vielmehr war das ihre Art und Weise, liebevoll mit ihrem seelischem Schmerz umzugehen. Sie feierten das, was am Leben des oder der Dahingegangenen und auch an seinem oder ihrem Tod gut gewesen war. Diese Erfahrung lehrte mich, dass man etwas Trauriges oder Schmerzliches erleben und dennoch hoffen und frohgemut in die Zukunft blicken kann.

Lachen ist in jeder Gesellschaft ein großartiges Ventil, um Dampf abzulassen. Ich finde jedoch, dass die Menschen in westlichen Industrieländern, was Lachen angeht, gehemmter sind als die meisten Ureinwohnerkulturen. Doch wir werden nicht mit dieser Lachbremse geboren. Nach dem ersten Lächeln mit etwa sechs Lebenswochen lachen Babys auch bald, und dann tun sie es von Tag zu Tag häufiger. Mit sechs Jahren lacht ein Kind durchschnittlich 300-mal am Tag.[6] Leider jedoch erreicht der Lachpegel mit sechs seinen Höchststand. Bereits Siebenjährige zügeln ihren Frohsinn aufgrund verinnerlichter sozialer Normen oder des Drucks der Gleichaltrigengruppe. Sie wissen, was ich meine. Wenn jemand stolpert, lacht ein fünfjähriges Kind, ein zehnjähriges jedoch findet das Missgeschick zwar vielleicht komisch, weiß aber, dass es sich nicht gehört, darüber zu lachen. Und so geht es weiter bis ins Erwachsenenalter, wo der Lachpegel mit 15 bis 100 armseligen Kichern pro Tag seinen Tiefststand erreicht.

Das ist bedauerlich, denn Lachen ist nachweislich gesund. Michael Miller und weitere Forscher der School of Medicine der University of Maryland in Baltimore haben einen unmittelbaren Zusammenhang zwischen Lachen und der ungestörten Funktion der Blutgefäße nachgewiesen.[7] Lachen scheint dafür zu sorgen, dass die innere Gewebeschicht der Blutgefäße sich erweitert und so die Durchblutung verbessert. Miller und seine Mitarbeiter verwendeten gefühlsbetonte Filme, um die Auswirkungen von Emotionen auf die Gesundheit von Herz und Blutgefäßen zu messen. Ihre Versuchspersonen waren Freiwillige mit einem Durchschnittsalter von 33 Jahren. Jeder Teilnehmer sah Ausschnitte aus zwei Filmen, die an entgegengesetzten Enden der emotionalen Skala angesiedelt sind: die Eingangsszenen von *Der Soldat James Ryan* und von *Kingpin*. Zwischen den beiden Sequenzen lag ein Abstand von zwei Tagen. Insgesamt erhöhte sich die Durchblutung während des lustigen Films (*Kingpin*, falls Zweifel bestehen sollten) um 22 Prozent und verringerte sich bei *Der Soldat James Ryan* um 35 Prozent.

2. Stellen Sie das negative innere Selbstgespräch ab.
Wir reden den lieben langen Tag mit uns selbst. Auch wenn unsere Lippen verschlossen bleiben, hören wir unsere eigene Stimme und ihr Urteil über jede unserer Handlungen. Viele von uns leben mit dem unaufhörlichen Geplapper eines unerbittlichen inneren Kritikers, der uns Schuldgefühle wegen unserer Taten oder Worte einflößt und uns ständig zweifeln lässt, ob wir den Ansprüchen genügen. Wenn Sie diesem inneren Kritiker glauben, nehmen Sie die Dinge möglicherweise belastender wahr, als sie eigentlich sind. Wenn Sie sich beispielsweise einreden, eine Aufgabe sei zum Fürchten – etwa einen Vortrag zu halten –, wird der Berg größer, als wenn Sie sich sagen, die Aufgabe, ein paar Worte vor einem Dutzend Kollegen zu sprechen, die ihrem Urteil vertrauen, werden Sie mit Leichtigkeit meistern.

Natürlich sind nicht alle unseren inneren Stimmen negativ. Manchmal bestätigen sie uns und klopfen uns für unsere Leistungen auf die Schulter. Problematisch ist nur, dass wir unserem inneren Jubeltrupp so selten Aufmerksamkeit schenken. Nehmen wir beispielsweise an, Sie wandern an einem herrlichen Sommertag auf einen Berg. Freuen Sie sich über Ihr Glück, dass Ihnen die Gelenke nicht wehtun? Nein. Loben Sie Ihre Füße, dass sie Sie so brav bergan tragen? Natürlich nicht. Aber es braucht sich nur eine winzig kleine Blase zu bilden, und Sie machen sich den Rest des

Tages Vorwürfe. Sie hätten gut eingelaufene Wanderstiefel anziehen sollen. Sie hätten Pflaster mitnehmen sollen. Sie hätten das Steinchen in Ihrem Schuh gleich beim ersten Drücken entfernen sollen. Allem Anschein nach weckt nur das unsere Aufmerksamkeit, was wir falsch machen. Nicht das, was wir richtig machen. Können Sie Ihren inneren Kritiker zum Schweigen bringen? Es ist sicherlich einen Versuch wert. Negativen Gedanken einen Riegel vorzuschieben und positive innere Zwiegespräche einzuüben, kann Stress reduzieren und Sie stärken. Einen ersten Anfang machen Sie, wenn Sie einiges von dem Guten in Ihrem Umfeld würdigen. Wenn Sie sich über sich selbst ärgern, weil Sie sich trotz der »narrensicheren« Beschilderung verlaufen haben, dann schauen Sie sich die Landschaft an und freuen Sie sich über den neuen Anblick. Genießen Sie das Erlebnis. Sie haben dabei wahrscheinlich etwas gelernt (eine Karte mitzunehmen, beispielsweise ...).

Sie können auch auf die Selbstbekräftigungssätze aus Kapitel 3 zurückgreifen. Wofür Sie sich auch entscheiden, Sie sollten wissen, dass Sie Ihr Ziel einer Verhaltensänderung schneller erreichen, wenn Sie aufhören, sich Negatives einzureden, als wenn Sie sich einfach nur Positives vorsagen. Der Wirkmechanismus ist dabei weniger die Macht des positiven Denkens als vielmehr die Macht des nichtnegativen Denkens.

3. Üben Sie sich in Dankbarkeit.
Dankbarkeit ist weitaus mehr als das Wort »Dankeschön« für ein Geschenk oder einen erwiesenen Gefallen. Dankbarkeit heißt, sich die Zeit zu nehmen, um zu spüren, wie Dank für eine Begebenheit oder Person, die in Ihr Leben getreten ist, Sie erfüllt, wie beglückt, sogar geehrt Sie sich fühlen, dass Ihnen dieses Erlebnis zuteil wurde. In unserem Zusammenhang ist Dankbarkeit ein perfektes Gegenmittel gegen negative Emotionen, denn man kann sich nicht dankbar und elend zugleich fühlen. Erinnern Sie sich: Das Gehirn ist außerstande, eine positive und eine negative Empfindung gleichzeitig zu verarbeiten. Man kann nicht glücklich *und* traurig, dreist *und* schüchtern sein. Wenn Sie also supergestresst

sind und wieder ein normales Leben führen wollen, dann üben Sie sich in Dankbarkeit.

Eine der besten Methoden dazu ist das Führen eines Dankbarkeitstagebuchs. Ein solches Tagebuch vereint die Vorteile des Tagebuchschreibens mit der Aneignung einer positiveren Denkweise. Im Vierwochenprogramm werden Sie das lernen. Und am Ende halten Sie eine Sammlung glücklicher Erinnerungen in Händen, die Sie jedes Mal aufschlagen können, wenn Sie sich daran erinnern müssen, wie gut Sie dran sind.

In ihrem Buch *Glücklich sein* empfiehlt die Psychologin Sonja Lyubomirsky von der University of California in Riverside, täglich das, wofür die Sie dankbar sind, in ein Tagebuch einzutragen.[8] Sie sollten dazu eine Tageszeit wählen, zu der Sie einige Minuten erübrigen können, um Abstand vom Alltag zu gewinnen und nachzudenken. Überlegen Sie sich drei bis fünf Dinge, für die Sie dankbar sind, von ganz alltäglichen (Sie haben Ihr verlegtes Handy wiedergefunden, Ihr Mann hat Ihnen Blumen mitgebracht) bis zu ganz außergewöhnlichen (die ersten Schritte Ihres Kindes, die Schönheit des nächtlichen Himmels). Denken Sie auch an die Menschen, denen Sie am Herzen liegen und die Ihr Leben beeinflusst haben. Lyubomirsky hat wissenschaftlich untersucht, was dabei herauskommt, wenn man sich die Zeit nimmt, sechs Wochen lang einmal pro Woche bewusst für alles dankbar zu sein, was man hat. Bei ihren Studienteilnehmern nahm die allgemeine Lebenszufriedenheit signifikant zu, während eine Kontrollgruppe, die kein Tagebuch führte, keinen entsprechenden Nutzen hatte.

Der Psychologe Robert Emmons von der University of California in Davis stellte fest, dass das aktive Praktizieren von Dankbarkeit – das heißt, jemandem, dem man dankbar ist, seine Dankbarkeit *auszusprechen* – die Stimmung hob, die Spannkraft steigerte und bei Studienteilnehmern mit bestimmten Beschwerden Schmerzen und Erschöpfung linderte. Im Vierwochenprogramm werden Sie meinen Vorschlag finden, sich gelegentlich ein paar Minuten zu nehmen, um sich telefonisch bei einem Freund oder einer Freundin zu bedanken – und sei es nur dafür, dass er oder sie mit Ihnen befreundet ist. Sie werden staunen, wie gut Sie sich danach fühlen.

Widerstandskraft

Wer hat noch nie einen Nackenschlag erhalten, von dem er glaubte, sich nie mehr erholen zu können? Irgendwann einmal treffen jeden von uns Beziehungskonflikte, Gesundheitsprobleme, finanzielle Belastungen, berufliche Sorgen und Verluste. So ist das Leben. Doch jetzt kommt die entscheidende Frage: Wenn Sie in eine heikle Situation geraten, wie reagieren Sie? Packen Sie den Stier bei den Hörnern? Oder suchen Sie nach dem nächsten Winkel, in dem Sie sich verkriechen können? Sind Sie im Unglück ein Stehaufmännchen oder landen Sie mit einem lauten *Platsch* auf dem Bauch? Wenn Sie zu den Supergestressten gehören, dann legen Sie vielleicht nicht gerade eine Bruchlandung hin, aber sehr rasch wieder auf die Beine kommen werden Sie vermutlich nicht.

Eine sehr wirksame Methode zur Steigerung Ihrer Widerstandskraft besteht darin, sich die Überzeugungen bewusst zu machen, die Ihrem Streben nach Glück im Wege stehen. Eine weitere ist, Ihre Stärken auszuspielen. Betrachten wir zunächst den Überzeugungsfaktor.

Eisberg-Überzeugungen

In ihrem Buch *The Resilience Factor: 7 Keys to Finding Your Inner Strength and Overcoming Life's Hurdles* untersuchen Karen Reivich und Andrew Shatte, welche Faktoren die Widerstandskraft oder Belastbarkeit schwächen. Eines dieser Hindernisse bezeichnen sie als »*Eisberg-Überzeugungen*«.[10] Ihrer Theorie zufolge besitzt jeder Mensch tief verwurzelte Überzeugungen, die manchmal so weit unter der Oberfläche unseres Bewusstseins liegen, dass wir nicht einmal etwas von ihnen ahnen – oder zumindest nichts von ihnen wissen wollen. Das eben macht es so schwer, sie zu erkennen. Doch obwohl diese Überzeugungen auf einer unbewussten Ebene wirken, besitzen sie die Kraft, unsere Widerstandskraft und unsere Beziehungen zu untergraben.

Die Geschichte von Sam und Jamie

Betrachten wir als Beispiel ein gutsituiertes Ehepaar, das im Speck-
gürtel einer Großstadt wohnt. Dieses Paar ist zwar fiktiv, trägt jedoch viele Züge zahlreicher mir bekannter Paare. Der Mann, Sam,
ist Fernsehproduzent und pendelt zwischen New York und Connecticut. Häufig kommt er erst um zehn Uhr abends nach Hause.
Das Haus verlässt er um sieben Uhr morgens, so dass er nicht viel
zum Schlafen kommt. Wenn der Schlafmangel überhand nimmt,
ist Sam nicht gerade ein Charmebolzen.

Seine Frau, nennen wir sie Jamie, hat eine Vollzeitstelle als Im-
mobilienmaklerin an ihrem Wohnort. Auch sie arbeitet viel, doch
weil sie länger zu Hause ist und sich um das Haus und die Kinder
kümmert, schultert sie den Löwenanteil der Hausarbeit. Als Sam
und Jamie hinaus ins Grüne zogen, trafen sie eine Vereinbarung.
Sie würde sich um den laufenden Haushalt kümmern, während
er nur eine Aufgabe hatte: zweimal wöchentlich die Mülltonnen
für die Müllabfuhr an die Straße zu stellen. Doch wenn er heim-
kommt, ist es oft spät und er müde; er ist gestresst und hat anderes
im Kopf. Aus welchem Grund auch immer, er vergisst es häufig –
oder tut es einfach nicht.

Und so steht Jamie eines schönen Müllabfuhrtages am Küchen-
fenster und nippt an ihrer ersten Tasse Kaffee, als ihr auffällt, dass
das Müllauto an ihrem Haus vorüberfährt, ohne auch nur ab-
zubremsen. Wütend, aber wohl wissend, was sie erwartet, saust sie
in die Garage, um dort die überquellenden, müffelnden Mülltonnen vorzufinden. Sam kommt zum Frühstück herunter, und sofort
beginnt Jamie ihn abzukanzeln. Vor den Augen ihres sechsjährigen
Sohnes geraten sie heftig in Streit. Er hat es nicht zum ersten Mal
vergessen, sondern zum *zehnten* Mal!, schreit sie, und er kontert
mit einem: »Na und? Hab ich's eben nicht gemacht! Kannst du's
nicht einfach gut sein lassen?« In Jamies Augen drückt sein Verhalten Missachtung aus. Obendrein hat er seinen Teil der Abmachung
nicht eingehalten. Also dreht sie die Lautstärke noch etwas auf –
und er stürmt davon zur Arbeit und fühlt sich beschissen.

Streiten sie wegen des Mülls? Natürlich nicht. Der Müll ist nur
die Spitze des Eisbergs – der Eisberg selbst besteht aus den Über-

zeugungen, auf die sie beide unbewusst bauen, und setzt sie infolgedessen beide unter Stress. Jamie ärgert sich unausgesprochen über Sam, und in ihm nagt eine unausgesprochene Angst, mit der er nicht fertig wird.

Sam hätte sich fragen müssen, warum es ihm so schwerfiel, die Abmachung mit seiner Frau einzuhalten. Warum hatte er (zum zehnten Mal) die Mülltonnen nicht an den Rinnstein gestellt? Wenn er gründlich genug nachforschen würde, würde er erkennen, dass er die Pflicht zum Müllrausstellen als letzte einer langen Kette täglicher Pflichten wahrnahm. Er erfüllt täglich in der Arbeit Hunderte von Forderungen, und dann kommt er heim, und es geht gerade so weiter. Und das findet er ätzend. Wenn Jamie der Sache auf den Grund ginge, würde sie merken, dass sie im Grunde das Gefühl hat, Sam achte sie nicht genügend.

In ihrem festgefahrenen und negativen (gestressten) Zustand sind beide automatisch in Verhaltensweisen verfallen, die ihnen keinerlei positive Rückmeldung geben. Da Sam sich nicht eingestand, dass ihm die Sache über den Kopf wuchs, wählte er ein Verhalten, das nicht hilfreich war – er entzog sich. Jamie dagegen zog immer heftiger über ihn her. Beide wählten sie unbewusst Verhaltensweisen, mit denen sie sich immer mehr in die Bredouille brachten. So war dieses Paar in eine schlimme Sackgasse geraten, in der es jetzt hoffnungslos feststeckte. Die beiden hätten aber etwas tun können. Das bringt mich zu der zweiten, geradezu bombensicheren Möglichkeit, Ihre Widerstandskraft zu stärken. Und die besteht darin, auf die eigenen Stärken zu bauen.

Auf die eigenen Stärken bauen

Manche Menschen, die ein Schicksalsschlag trifft oder die mit Beziehungsschwierigkeiten kämpfen, geben sich selbst die Schuld an dem Schlamassel, in dem sie stecken. Wie Martin Seligmans »hilflose« Hunde ergeben sie sich einfach in ihr Schicksal. Andere bemühen sich, das, was sie glauben falsch zu machen, wieder in Ordnung zu bringen. Doch rufen Sie sich ins Gedächtnis, dass die Vertreter der Positiven Psychologie dieses Bemühen als enorme

Zeitverschwendung betrachten. Ihrer Ansicht nach ist es weit besser, auf das zu achten, was man *richtig* macht, und es möglichst noch besser zu machen. Sie sollten also erkennen, was Sie am besten können, und diese Fähigkeiten – die Positive Psychologie bezeichnet sie als »Stärken« – zur Leitschnur Ihres Leben zu machen.

Jeder Mensch besitzt Stärken. Es sind die Fähigkeiten, Vorzüge, Tugenden und Eigenschaften, durch die Sie sich auszeichnen und die Ihnen Freude machen. Stärken sind Dinge wie Hoffnung, spielerische Leichtigkeit, Tapferkeit, Wagemut, Neugier, Lernbegierde, Urteilskraft, Integrität und emotionale Intelligenz.

Ihre persönlichen Stärken können Sie mit einem kostenlosen (englischsprachigen) Test des Psychologieprofessors Christopher Peterson von der University of Michigan ermitteln. Sie finden ihn auf der Website www.authentichappiness.com, und Sie brauchen etwa eine halbe Stunde dafür. Der Test misst 24 charakterliche Stärken, die zu allen Zeiten und in allen Kulturen geschätzt wurden und werden. Sie erhalten damit eine Rangordnung Ihrer starken Seiten von stark bis schwach. Ihre fünf höchstplatzierten Stärken gelten als Ihre »Signaturstärken«. Wenn Sie diese erst einmal kennen, können Sie in schweren Zeiten mehr Widerstandskraft aus ihnen ziehen. Versuchen Sie auch in guten Zeiten, Ihre Signaturstärken täglich zu nutzen.

Nehmen wir an, Sam und Jamie hätten diesen Rat beherzigt. Dann hätte Folgendes passieren können: Als Fernsehproduzent ist Sam, was nicht weiter überraschen dürfte, entscheidungsfreudig, fair und ergebnisorientiert. Unabhängig von seiner Arbeit kennzeichnet ihn zudem eine tiefe Liebe zu seiner Familie. Auf diese Stärken besann er sich. Er setzte sich mit Jamie zusammen und erklärte ihr auf der Stelle und ganz genau, wie es in ihm aussah – von seinem Gefühl, in Arbeit zu ersticken, bis zu seiner Erschöpfung, wenn er nach Hause kam und nichts anderes mehr wollte als essen und ausspannen. Dann schlug er einen Kompromiss vor: Wenn Sie die Sache mit dem Müll übernähme, würde er jedes Wochenende einen Nachmittag allein etwas mit den Kindern unternehmen, damit sie etwas wohlverdiente Zeit für sich selbst bekäme. Jamies Stärken waren ihre künstlerische Ader, ihre Liebe zum Lernen und ihr gewinnendes Wesen. Die Liebe zu ihrer Familie stellte ebenfalls eine ihrer Signaturstärken dar. Sie ging aufs Sams Kompromissvorschlag ein, weil sie fand, ein Nachmittag mit ihrem Vater wäre wunderbar für die Kinder, und weil sie sich in dieser Zeit wieder ihrer Ölmalerei widmen konnte – wovon sie seit der Geburt der Kinder geträumt hatte.

Dass es Sam und Jamie – zwei zutiefst supergestressten Menschen – gelang, sich in einer Lage zu einigen, die beiden zuvor hoffnungslos erschienen war, und dass sich durch diesen Kompromiss ihre Beziehung deutlich verbesserte, besagt viel darüber, wie aus Stärken Widerstandskraft erwächst.

Die Kunst, Stress zu bewältigen

Um eine Tatsache kommen wir nicht herum: Wir wissen, dass wir gestresst sind, selbst wenn wir uns unseren Superstress noch nicht eingestanden haben. Wir wissen auch, dass wir unsere stressträchtige Umwelt nicht ändern können. Was wir aber ändern *können*, ist unsere Reaktionsweise auf diese Umwelt, und das meine ich, wenn ich von »bewältigen« spreche. Ich benutze das Wort *Kunst* aus gutem Grund, denn ich bin überzeugt davon, dass es durchaus etwas von einer Kunst hat, mit Superstress fertig zu werden. An der Art und Weise Ihrer Bewältigung lässt sich ablesen, ob Sie mit einer Situation gut umgehen können oder ob Sie sich überfordert fühlen. Ihre Bewältigungsstrategien zeigen überdies an, ob Sie das richtige Gleichgewicht gefunden haben.

Betäuben und Knebeln
Leider greifen viele supergestresste Menschen auf Bewältigungsformen zurück, die das Problem eher verschlimmern als bessern. Solche Strategien mögen den Stress kurzfristig verringern, doch

auf lange Sicht richten sie mehr Schaden an. Die Betroffenen greifen zu Nikotin, Alkohol, Medikamenten und Drogen, um ihrer Angst Herr zu werden. Unter Menschen mit posttraumatischer Belastungsstörung kommt derartiger Missbrauch viermal häufiger vor als in der Allgemeinbevölkerung, und obwohl es nicht wissenschaftlich nachgewiesen ist, glaube ich aufgrund meiner Praxiserfahrung, dass dieses Muster auch bei vielen Superstress-Opfern verbreitet ist.

Zwar streben alle Konsumenten dasselbe Ergebnis an – sich besser zu fühlen –, doch Nikotin, Alkohol und Freizeitdrogen wirken über unterschiedliche physiologische Mechanismen. Beispielsweise glauben Raucher, sie bräuchten die Zigaretten zur Entspannung, doch eigentlich ist Nikotin ein Aufputschmittel ohne jegliche Beruhigungswirkung. In einer Studie wurde nikotinsüchtigen Rauchern und Nichtrauchern Tabak verabreicht, doch nur die Raucher gaben an, ihre Stimmung hätte sich verbessert. Nichtraucher macht Nikotin in der Regel nervös und reizbar.

Eine normale Zigarette enthält sechs bis elf Milligramm Nikotin, von denen ein bis drei Milligramm unmittelbar ins Blut des Rauchers übergehen. Das Blut transportiert die Substanz ins Gehirn, wo sie die Freisetzung von Dopamin auslöst, eines Neurotransmitters, der mit Lustgefühlen zu tun hat. Mit jedem Lungenzug wird das Belohnungssystem des Gehirns aktiviert, was erklärt, warum Zigaretten so schnell süchtig machen. Der Versuch aufzuhören setzt einen Raucher unter deutlich stärkeren Stress, als ihn ein Nichtraucher üblicherweise erlebt. Die gute Nachricht lautet allerdings: Wenn diese anfängliche Hürde überwunden ist, empfinden Raucher bei der Entwöhnung weniger statt mehr Stress. Noch wichtiger ist, dass sie ihre Chancen, das Rentenalter zu erreichen, beträchtlich steigern.

Alkohol betäubt das Gehirn. Wundert es da, dass so mancher, der seinen Problemen entfliehen will, sich das eine *und* das andere Glas genehmigt? Das Gehirn erkennt eine Alkoholzufuhr binnen Minuten nach dem Konsum und reagiert mit einem veränderten Verhältnis der Botenstoffe Glutamat, Gammaaminobuttersäure (GABA), Dopamin, Serotonin und der Opioide. Alkohol steigert die Freisetzung von Dopamin, Opioiden und Serotonin, dämpft Angst und löst Wohlgefühl aus. Säugetiere, Vögel und sogar Schmetterlinge lassen sich von Rauschmitteln locken. So nimmt es nicht wunder, dass das beim Menschen auch so ist. Für super-gestresste Menschen jedoch kann Alkohol nur allzu verführerisch sein. Er gibt das Versprechen auf rasche Erleichterung – und hält es auch –, doch er kann immer nur eine kurzzeitige Lösung sein.

Die dritte Kategorie in diesem Kleeblatt sind Drogen. Opiate können Schmerzen lindern, ohne bewusstlos zu machen, und sie erzeugen im Konsumenten das Gefühl einer träumerischen, tiefen Entspannung. Alle Menschen benötigen von Natur aus Opioide zur Erhaltung ihrer seelischen Gesundheit. Sowohl Rauschgifte als auch unsere natürlichen, körpereigenen Endorphine wirken, in-dem sie an bestimmte Rezeptoren und Neuronen im Gehirn und entlang des Rückenmarks andocken. Rauschgifte lösen ebenfalls eine Dopaminfreisetzung aus, was wohlige Gefühle zur Folge hat und einer der Gründe für ihr hohes Suchtpotential ist. Natürlich ist mit den körpereigenen Opioiden, den biochemischen Bausteinen der Gelassenheit, keines dieser Probleme verbunden. Super-gestresste Menschen, denen künstliche Opioide gegen körperliche Schmerzen verordnet wurden, sind besonders anfällig für die von jenen ausgehende Suchtgefahr.

Zusätzlich zum Rauchen und zu »Hausmitteln« wie Alkohol oder Drogen greifen manche Menschen zu Schlaftabletten oder Tranquilizern, um ihre Superstress-Symptome erträglich zu ma-chen. Andere essen zu viel, schlafen übermäßig, stürzen sich in se-xuelle Abenteuer oder stopfen sich jede Minute ihres Tages voll, um nicht darüber nachdenken zu müssen, was ihnen wirklich zu-setzt. Sie fürchten sich davor, ihr emotionales Terrain auszuloten, fürchten sich vor dem, was sie dort vielleicht finden mögen.

Erinnern Sie sich an die drei Grundüberzeugungen supergestress-ter Menschen: Sie glauben, nicht gestresst zu sein; sie meinen, un-ter chronischem Zeitmangel zu leiden; sie haben keine Hoffnung auf baldige Besserung. Als meine Patientin Leanne mich erstmals aufsuchte, wusste sie zwar, dass sie gestresst war, doch den beiden anderen Überzeugungen hing sie noch an. Dass sie nie genügend

Zeit hatte, um »alles zu erledigen«, machte sie fertig, und sie sah keinen Ausweg aus dieser Tretmühle. Sie kam in meine Praxis auf der Suche nach Ideen, wie sie ihren Stress bewältigen sollte.

Leannes Geschichte

Leanne war Mutter zweier Zwillingspaare – achtjährige und elfjährige Jungen. Alle vier Kinder betrieben nach der Schule verschiedene Sportarten in verschiedenen Mannschaften und mussten allesamt fast täglich zum Training und zu Spielen chauffiert werden. Problem Nummer eins: Es gab nur einen Fahrer – Leanne. Problem Nummer zwei: Unsere Ehefrau/Mutter/Fahrerin war unsäglich überarbeitet, da sie mehr Verpflichtungen hatte als der Tag Stunden. Problem Nummer drei: Sie glaubte, sie müsste einen Weg finden, alles zu schaffen – und zwar alleine.

Leanne glaubte, eine Supermutter sein zu müssen, weil sie in einer ebensolchen Familie aufgewachsen war. Ihre Mutter war eine höchst fähige selbständige Anwältin gewesen, die zwar keine Zwillinge hatte (nur Leanne und ihren Bruder Patrick), aber als Mutter überaus tüchtig war. Nie stand das Essen zu spät auf dem Tisch, nie versäumten die Kinder einen Kindergeburtstag, und immer hatte sie (oder nahm sie sich) die Zeit, über ein Problem zu reden oder Leanne und Pat bei den Hausaufgaben zu helfen. Da Leanne ihre Mutter so sehr achtete und bewunderte, eiferte sie ihrem Vorbild mit aller Gewalt nach. Und obwohl sie in der Nachbarschaft als die tüchtigste Ehefrau und Mutter weit und breit galt, verringerte diese allgemeine Wertschätzung ihren Stress kein bisschen. In den zurückliegenden sechs Monaten war sie immer um drei Uhr morgens angstschlotternd erwacht, und neuerdings fielen ihr die Haare aus.

Ich fragte sie nach Alternativen, was die Zeiteinteilung betraf. »Ich habe keine Alternativen«, erwiderte sie. »Ich muss das alles erledigen, und ich kann es als Einzige.«

»Aber es scheint nicht so, als kämen Sie auf diese Weise je auf einen grünen Zweig«, wandte ich ein. »Ich habe Ihnen Schlaftabletten verschrieben, aber sie nützen nichts. Ihre Muskeln sind immer noch verspannt, und Ihr Haarausfall hält immer noch an. Finden Sie nicht, dass wir über etwas anderes nachdenken sollten?« Ihr stand nämlich durchaus Unterstützung zur Verfügung. Ihre Mutter wohnte in der Nähe und war willens, mit anzupacken. Und ihr Mann hätte die Jungens nach ihren Spielen liebend gern abgeholt. Doch sie war nicht bereit, eine ihrer Pflichten abzugeben. Damit hätte sie eingestanden, dass sie als Frau und Mutter eben doch nicht perfekt war. Ich erklärte ihr, dass es die vollkommene Frau oder Mutter gar nicht gebe und dass ihr angesichts einer wachsenden Liste körperlicher Beschwerden die Zeit davonliefe: »Je mehr schlaflose Nächte Sie hinter sich bringen, desto mehr bröckelt Ihre Widerstandskraft.« Später erfuhr ich noch, dass sie drei Uhr morgens, ihre übliche Aufwachzeit, für eine sehr geeignete Stunde hielt, um sich um die Wäsche zu kümmern!

Nachdem sie einen weiteren Monat lang zugesehen hatte, wie ihr Harr dünner und die Ringe unter ihren Augen dunkler wurden, kapitulierte Leanne. Gemeinsam erstellten wir einen Plan zur Vereinfachung ihres Leben. Wir einigten uns darauf, dass sie mindestens zwei Fahrgemeinschaften beitrat, sich nicht mehr so viele Spiele der Kinder anschaute, donnerstags ihre Mutter zum Helfen kommen ließ, mittwochabends Pizza bestellte und mehr Unterstützung von ihrem Mann annahm. Dann vereinbarten wir einen neuen Termin in einem Monat. Als es soweit war, wirkte sie zu meiner Bestürzung immer noch erschöpft. In diesem Augenblick erkannte ich, dass der Stress im Begriff war, das Regiment über ihr Leben zu übernehmen. Wenn wir überhaupt noch einen Erfolg erzielen wollten, mussten wir tiefer bohren. Es genügte nicht, ihr einige Hindernisse aus dem Weg zu räumen. Leanne hatte zwar angefangen, sich weniger für ihre Familie aufzureiben, doch sie tat immer noch nichts für sich selbst.

Bei ihrem nächsten Besuch sprachen wir über die Möglichkeiten, sie selbst wieder ins Lot zu bringen. Wir einigten uns auf zwei Dinge: mehr Zeit für sich selbst und ein wöchentlicher »Rendezvous-Abend« mit ihrem Mann. Nicht dass er sie nicht geschätzt hätte. Das tat er sehr wohl. Er wollte helfen, aber sie ließ ihn nicht. Leanne verharrte auch diesbezüglich in einer Eisberg-Situation –

auch Vorstellungen, wie die Welt funktionieren sollte und wie wir in der Welt funktionieren sollten, gehören zu den Eisberg-Überzeugungen.

Die Spitze von Leannes Eisberg bestand in dem Problem, die Kinder zu den Spielen zu bringen. Unter der Oberfläche jedoch verbarg sich ihr Bedürfnis nach Anerkennung und Wertschätzung. Jede Abweichung von ihrem selbstauferlegten Perfektionsmaßstab empfand sie als demütigend. Sie fühlte sich als Versagerin, weil sie ihrem selbstgeschaffenen Idealbild nicht gerecht wurde. Kurzum, sie erkannte selbst nicht, was den eigentlichen Grund ihrer Notlage ausmachte. Ich schickte sie zur Gesprächstherapie, und es gelang ihr, Einsicht in die emotionalen Verstrickungen zu gewinnen, die ihrem Glück im Wege standen. Als sie sich selbst besser verstand, konnte sie ihre selbstgesetzten unerreichbaren Maßstäbe aufgeben und lockerer werden. Je mehr sie ihre Stärken zu schätzen lernte, statt gegen ihre Schwächen anzukämpfen, desto besser konnte sie schlafen. Und nach mehreren Monaten hörte auch der Haarausfall auf.

Einige der besten Bewältigungsstrategien liegen direkt vor unserer Nase, wenn wir nur bereit sind, genau hinzuschauen. Sich selbst und die eigenen Wünsche zu erkennen, ist eine Möglichkeit, mit Superstress fertigzuwerden – vorausgesetzt natürlich, Sie setzen diese Erkenntnisse in die Tat um. Es gibt jedoch noch eine andere Strategie: Statt nach innen, kann man sich auch nach außen wenden.

Jordans Geschichte

Mein Patient Jordan ist ein Paradebeispiel dafür, wie nachhaltig positives Denken und Optimismus schwierige Situationen zum Besseren wenden können. Wäre Jordan nicht so fest entschlossen und zuversichtlich gewesen, würde es ihm heute ganz sicher anders gehen. Jordan ist Scheidungsanwalt und -mediator. Mehrere Jahre, bevor ich ihn kennenlernte, traten bei ihm extreme Rückenschmerzen auf. Ein Hämangiom, eine Blutgefäßwucherung, drückte auf einen Teil seiner Rückenmarksnerven. Er ließ sich operieren, doch der Schmerz hielt an. Er steigerte sich sogar so sehr, dass Jordan nicht einmal zehn Minuten schmerzfrei sitzen konnte – ein schreckliches Schicksal für einen Anwalt und Mediator, der täglich viele Stunden unbeweglich in einem Besprechungszimmer sitzt. Da er das nicht mehr konnte, musste er seinen geliebten Beruf aufgeben.

Jordan wurde an mich überwiesen, nachdem er jede nur denkbare medizinische Behandlung ausprobiert hatte, einschließlich Injektionen in den Epiduralraum und elektrischer Nervenstimulation zur Dämpfung des Schmerzes. Nichts hatte gewirkt. »In den Ruhestand zu gehen, war schlimm genug«, klagte Jordan bei unserem ersten Gespräch in meiner Praxis, »aber ich leide trotzdem immer noch unter Schmerzen!«

Seine Frustration und Hoffnungslosigkeit waren mit Händen zu greifen. Wie er erklärte, war er verzweifelt darüber, dass er so starke Betäubungsmittel einnehmen musste, weil sie in seinen Augen für Abhängigkeit standen und ihm das Gefühl gaben, zu Unrecht bestraft zu werden. Ich bat ihn, mir das genauer zu erklären. Da sagte er, die Medikamente würden ihn seiner größten Freude berauben, der Sportfliegerei. Er sei gezwungen gewesen, seinen Beruf aufzugeben, und jetzt verboten ihm die Nebenwirkungen seiner Schmerzmedikamente auch noch, seiner Berufung zu folgen.

Vor mir saß ein Mann, dem das Leben übel mitgespielt hatte und dessen Niedergeschlagenheit nachvollziehbar war. Doch es saß auch ein Mann vor mir, der bereit schien, jede Chance, und sei sie noch so winzig, beim Schopf zu ergreifen. Ich beschloss, einen neuen Weg einzuschlagen – einen, der uns von seinen körperlichen Beschwerden wegführte: Ich forderte ihn auf, mir genauer darzulegen, was das Fliegen für ihn bedeutete.

»Es ist alles für mich, Dr. Lee«, erwiderte er und fügte hinzu, dass er zu jeder Methode der Schmerzlinderung bereit sei, »wenn sie mich nur zurück in die Luft bringt«.

Wir sprachen sehr offen darüber, was er vielleicht würde auf sich nehmen müssen, um diesen Traum wieder Wirklichkeit werden zu lassen. Ich machte ihm klar, dass es kein leichter Weg werden würde, dass ich jedoch eine reelle Chance für die Verwirklichung seines Wunsches sähe. Ich hatte kaum geendet, als ich zum ersten Mal an jenem Morgen einen kleinen Funken Freude in den Augen des Mannes aufblitzen sah. Also machten wir einen Plan. Ich überwies ihn an einen Psychotherapeuten, der ihm Selbsthypnose beibrachte. Er übte jeden Tag. Und ich nahm Kontakt zu dem Arzt auf, der seine Schmerztherapie durchführte. Dieser entwöhnte ihn von seinen Medikamenten – ganz, ganz langsam.

Beim zweiten Besuch sechs Wochen später gab Jordan an, es ginge ihm etwas besser. Wie er mir erklärte, hatte er gewissenhaft mindestens 20 Minuten täglich auf seine Geist/Körper-Übungen verwandt und keine Sitzung bei dem Psychotherapeuten ausgelassen. Mit Hilfe seines Schmerztherapeuten war es ihm gelungen, die Dosis eines seiner Medikamente zu halbieren – unter Schwierigkeiten, aber das Ziel fest im Blick. Es kam vor, dass er drei gute Tage hatte, allerdings gefolgt von einem schlechten, an dem der Schmerz zurückkehrte. Doch er war voller Optimismus. »Immerhin«, so tröstete er sich, »drei gute Tage! Das nächste Mal werden es vier sein, und dann sind wir auf dem besten Weg.« Mit dieser Einstellung stimmte er auch mich optimistisch.

Es war ein steiniger Weg in diesem ersten Jahr. Jordan erlitt Rückschläge durch wiederaufflammenden Schmerz und Entzugssymptome bei jeder Reduktion der Betäubungsmittel, auch wenn die Dosisverringerungen noch so klein waren. Doch er hielt seine Therapien durch und setzte seine Geist/Körper-Übungen fort. Nach einer gewissen Zeit nahm er eine Tätigkeit als juristischer Mentor auf und merkte bald, wie ihm diese Aufgabe Auftrieb gab. Zudem war er, wie er sagte, auf diese Weise beschäftigt, bis er wieder in der Luft wäre.

Über die beiden folgenden Jahre setzte Jordan seine Schmerzmedikamente unter ärztlicher Aufsicht langsam und systematisch immer weiter ab. Sein Therapeut, ein sehr fähiger Hypnotiseur und Geist/Körper-Spezialist, erfand eine tägliche Übung: Jordan sollte sich selbst in naher Zukunft wieder fliegen »sehen«. Auch wir verbrachten viele Sitzungen mit weiteren Geist/Körper-Übungen, damit sein bildliches Vorstellungsvermögen gestärkt wurde und er sein Ziel nicht aus den Augen verlor. Und wir verwendeten zusätzlich Musik, um ihn von seinen Schmerzen abzulenken. Er liebte symphonische Musik, und diese lässt sich gut zur Entspannung nutzen.

Zu Beginn des dritten Jahres war Jordan endlich von sämtlichen Schmerzmitteln losgekommen und hatte nur noch minimale und oft gar keine Schmerzen mehr. Er schien ganz aus dem Häuschen vor Freude über seine Fortschritte und bat mich darum, eine erneute Begutachtung seiner Verfassung zu beantragen, damit er seine Fluglizenz zurückerhielte. Ich schickte ihn zu gründlichen medizinischen, psychologischen und neurologischen Tests – und er bestand sie alle mit fliegenden (entschuldigen Sie das Wortspiel) Fahnen.

Heute sitzt Jordan wieder im Cockpit. Es war ein langer, schwerer Weg mit zahlreichen Augenblicken, in denen ihn nur seine positive Einstellung bei der Stange hielt: seine Überzeugung, dass er alles unternehmen konnte und würde, um wieder fliegen zu können. Doch damit ist die Geschichte noch nicht zu Ende. Jordan war so dankbar für seinen Erfolg, dass er beschloss, etwas von seinem Glück zurückzugeben. Er nahm Kontakt zu einer Organisation auf, die krebskranken Kindern Herzenswünsche erfüllt, und nimmt die kleinen Patienten, von denen manche noch nie in einem Flugzeug saßen, auf kurze Rundflüge mit.

Jordan bietet ein tolles Beispiel dafür, dass Optimismus, positives Denken und Durchhaltevermögen einem Menschen eines der größten Geschenke des Lebens machen können. Und ich meine damit nicht, wieder ein Flugzeug steuern zu können. Ich spreche vielmehr von einem der schönsten Wege – und meinem Lieblingsweg, wenn ich die Wahl habe –, die eigenen Probleme zu verkleinern: etwas für andere zu tun. Und das macht letztlich den Kern der beiden letzten Werkzeuge in unserem Werkzeugkasten aus.

Kapitel 7
Die Kraft der Gemeinschaft

In seinem berühmten Roman *Wiedersehen in Howard's End*, in dem E. M. Forster über die Klassenunterschiede und die Heuchelei in der britischen Gesellschaft des frühen 20. Jahrhunderts schreibt, analysierte er das tiefverwurzelte psychische Bedürfnis des Menschen nach Gemeinschaft und Bindung. Die anhaltende Popularität dieses 1910 erschienenen Romans zeigt, dass der Autor mit dieser Auffassung keineswegs alleine stand. Ich selbst habe in meinem Leben drei Schlüsselerlebnisse gehabt, in denen sich die Kraft von Beziehungen und Gemeinschaft ausdrückte. Seltsam genug hatte jedes mit einem Todesfall zu tun.

Der erste ereignete sich während eines meiner ersten Mikronesienaufenthalte. Ich behandelte eine Patientin, eine ältere Frau namens Mary, die an Herzmuskelschwäche litt. Ich wusste hinreichend Bescheid über die Krankheit, doch ohne medizinische High-Tech-Geräte, die mir nicht zur Verfügung standen, konnte ich als Ärztin nichts mehr für sie tun. Doch während sich ihr Zustand im Krankenhaus von Tag zu Tag verschlechterte, führte ich intensive Gespräche mit einem stets wachsenden Kreis von Angehörigen und engen Freunden – zerfressen von Schuldgefühlen, weil Trost alles war, was ich zu bieten hatte. Nach langem Krankenhausaufenthalt erlitt sie schließlich einen Herzstillstand und starb. Nun erwartete ich, dass ihre Freunde und Verwandten mir die Schuld an ihrem Tod geben würden. Doch zu meiner Überraschung umarmten sie mich; sie waren dankbar für den Respekt, den ich ihr und der Familie erwiesen hatte, und zeigten Rührung und Dankbarkeit ob meines Mitgefühls für ihren Verlust. In ihren Augen war es höchst ungewöhnlich, dass eine Außenstehende so viel Zeit darauf verwandte, nicht nur die Patientin, sondern auch ihre Angehörigen kennenzulernen. Sie luden mich zur Beerdigung ein. Diese begann mit einem Festmahl, an das sich eine Feier anschloss, die die ganze Nacht dauerte. Zwei Frauengruppen sangen abwechselnd Geschichten über Mary, ihre Kindheitsabenteuer, alte Liebschaften, lustige Begebenheiten und ihre Lieblingsspeisen und -witze. Die Lieder feierten Marys Leben und erzählten den jungen Leuten des Dorfes von ihrer Vergangenheit. Es war ein bemerkenswertes Erlebnis – ein seltenes, aber schönes Beispiel dafür, dass die Pflege eines Patienten den Arzt heilt.

Der zweite Todesfall ereignete sich in meiner unmittelbaren Umgebung: Vergangenes Jahr verlor ich meine Mutter. Solange ich zurückdenken kann, hatte meine Mutter an einer schweren psychischen Krankheit gelitten, und die Beziehung zwischen uns war oft nicht einfach. Als sie einen schweren Schlaganfall erlitt, überwältigte mich Reue über all die Jahre, in denen ich ihr nicht gesagt hatte, dass ich sie liebte. Ich traf nur Stunden, nachdem ich die Nachricht von ihrer schweren Erkrankung erhalten hatte, im Krankenhaus ein. Meine Schwester, die immer die Stärkste in unserer Familie gewesen war und stets die Beziehung zwischen meiner Mutter und mir aufrechterhalten hatte, war bereits da. Beide nahmen wir sie an den Händen und sagten ihr, wie viel sie uns bedeutete. Einige Stunden später schlief sie für immer ein. Im Augenblick ihres Todes sah ich zum ersten Mal Frieden in ihren Augen.

Der dritte Todesfall ist erst wenige Monate her, und er scheint mir auf schmerzliche Weise symptomatisch für das 21. Jahrhundert. Nach einem langen Arbeitstag döste ich auf der Bahnfahrt nach Hause vor mich hin und träumte vom bevorstehenden Wochenende, als ich plötzlich eine Frau rufen hörte: »Ist ein Arzt im Zug? Wir brauchen einen Arzt!« Ich sprang auf und erblickte einen Mann, etwa Ende 50, in sich zusammengesunken auf seinem Sitz hinter mir. Fünf Leute legten ihn behutsam auf den Boden, damit ich mit Wiederbelebungsmaßnahmen beginnen konnte. Jemand rief den Rettungsdienst zur nächsten Haltestelle, und ich schickte jemanden zum Zugführer, um nach einem Defibrillator zu fragen.

Aber es gab keinen im Zug. Ich machte Atemspende und Herzmassage, doch der Mann fiel sehr schnell in einen Schockzustand. Als der Zug hielt, hoben die wartenden Sanitäter den Mann auf eine Trage, auf der er vor meinen Augen starb. Merkwürdigerweise schien ihn keiner der Reisenden zu kennen. Nicht einer. Hatte er eine Frau? Eine Lebensgefährtin? Kinder? Falls ja, wie tragisch und doch in unserer beziehungslosen Gesellschaft so vorhersehbar war es doch, dass jemand sein Leben so einsam und anonym beschließen musste.

Am folgenden Montagmorgen blickte ich mich auf der Fahrt zur Arbeit um und merkte, dass ich *seit acht Jahren* immer denselben Zug von meinem Wohnort nach Manhattan nahm und dennoch selber nur sehr wenige der Leute um mich herum kannte. Ich beschloss, wenigstens zu einigen meiner Mitreisenden näheren Kontakt aufzunehmen. Als ich mich der Frau neben mir zuwandte, konnte ich mich des Gedankens nicht erwehren: Genauso gut hätte es mich an Stelle dieses Mannes treffen können. Und niemand hätte gewusst, wer ich bin.

Menschen brauchen Menschen

Menschen brauchen Menschen. Und supergestresste Menschen brauchen andere am dringendsten. Wenn Sie supergestresst sind, schotten Sie sich viel eher gegen die Welt ab, weil sich Ihr Blickwinkel im Allgemeinen auf ein einziges Ziel verengt hat. Meistens jagen Sie diesem Ziel auf Kosten aller Mittel und Menschen nach, die Sie unterstützen und Ihnen das Gefühl vermitteln könnten, geliebt, verstanden und geschätzt zu werden.

Vor langer Zeit, als ich noch in der Ausbildung war, fiel einer meiner Mitassistenzärzte – nennen wir ihn Mark – glatt in diese Kategorie. Eines schönen Dienstags forderte einer der Stationsärzte des Krankenhauses Mark auf, bei der Klinikkonferenz vorzutragen – eine Ehre für einen Assistenzarzt und eine Gelegenheit, aus der das Beste zu machen Mark fest entschlossen war. Ihm blieb nur eine Woche zur Vorbereitung, also sagte er alles und allen für diesen Zeitraum ab. Jede freie Minute – und Assistenzärzte haben nicht viele – verbrachte er damit, zu seinem Thema zu recherchieren und Diagramme vorzubereiten. Seine Kollegen, ich eingeschlossen, sahen erstaunt zu, wie er völlig in seiner Sonderaufgabe aufging. Er schlief kaum noch, ernährte sich nur noch aus Automaten und hielt sich von allen fern, die ihn auch nur einige Augenblicke hätten ablenken oder ihn zu einem gemeinsamen, gesünderen Happen hätten verleiten können. Dabei hätte er den dringend gebraucht. Als die Klinikkonferenz heranrückte, war er nervös, zappelig und ein triefäugiges Wrack. Der Vortrag ging gut über die Bühne. Mark ging es weniger gut.

Aber nehmen wir einmal an, er hätte sich Zeit für einen netten Plausch mit einem Kollegen auf dem Flur oder für eine zehnminütige Kaffeepause mit einem Freund genommen. Dann hätte die Welt für ihn möglicherweise ganz anders ausgesehen. Warum? Weil der Austausch mit anderen, und sei er noch so kurz, die menschliche Physiologie komplett verändern kann. Zwischenmenschlicher Kontakt entspannt. Das sympathische Nervensystem (Kampf- oder Fluchtmodus) wird heruntergefahren und das parasympathische (Erholungsmodus) herauf. Unter Superstress aber läuft Ihre Cortisolmaschine auf Hochtouren, und so kann man nicht auf Dauer leben. Sie können nicht ewig mit Höchstgeschwindigkeit rennen – Sie würden zusammenbrechen. Sie und Ihre sämtlichen Organsysteme brauchen Verschnaufpausen. Denken Sie an den Steinzeitjäger, der von einem Raubtier gehetzt wird und es schließlich in seine sichere Höhle schafft. Stressreaktion, Erholung. Riesenanstrengung, Seufzer der Erleichterung.

Stieß Mark einen Seufzer der Erleichterung aus, als alles vorüber war? Klar. Doch er hätte mit einem viel besseren Gefühl (und Aussehen) in diese Konferenz hineingehen können, hätte er etwas von seinem Lampenfieber in Unternehmungen mit seinen Kumpels abreagiert. Noch wichtiger ist, dass er sich schneller erholt hätte. Glücklicherweise stand Marks Termin fest, und die Klinikkonferenz kam und ging.

Doch was, wenn sein Leben immer von drängenden Zielen nach

Art dieser Klinikkonferenz beherrscht würde, die seine ganze Zeit beanspruchten und keinen Raum für Familie oder Freunde ließen? Ich kann zwar nicht exakt voraussagen, mit welchen Gesundheitsproblemen sich Mark in 20 Jahren herumschlagen müsste, doch ich weiß genau, dass sein andauernder Superstress jeder Krankheit, für die er ein genetisches und umweltbedingtes Risiko trüge, ein gemachtes Bett böte – der Stress erhöhte die Wahrscheinlichkeit, dass ein Herzanfall oder eine andere schwere Krankheit an seine Tür klopft.

Ein uraltes Bedürfnis

Vor vielen tausend Jahren sorgte die Evolutionsbiologie mit Hilfe unseres limbischen Systems dafür, dass es für Menschen praktisch – und sicherer – war, in Gruppen zu leben. Doch obwohl eben dieses limbische System heute noch genauso arbeitet, scheinen die heutigen Gruppen immer mehr auseinanderzufallen. Vielleicht weil wir keine Raubtiere mehr fürchten müssen. Oder vielleicht haben die Amerikaner, was wahrscheinlicher ist, sich den Auftrag zur Unabhängigkeit, den unsere Väter in die Verfassung geschrieben haben, zu Herzen genommen. Wie auch immer. Die sozialen Beziehungen haben sich in den USA in den letzten Jahrzehnten von Grund auf geändert. Der Stoff, der uns zusammenhält, wird ständig fadenscheiniger. Zur Zeit unserer Urgroßeltern (und für einige von uns unserer Großeltern) boten Großfamilie und Dorf allen Bürgern die Zugehörigkeit zu der Gemeinde, in der sie lebten und arbeiteten. Damals spielte jeder eine Rolle. Die Älteren wurden um ihrer Lebenserfahrung willen geachtet. Die Heranwachsenden halfen bei der Betreuung der kleineren Kinder, und die Kinder wiederum bei der Arbeit im Haus oder auf dem Feld. Autos mochten selten oder gänzlich unbekannt gewesen sein, Freundschaften jedoch nicht. Die Nachbarn kümmerten sich um einen, wenn man krank war, halfen den kaputten Spülstein zu reparieren und passten gegenseitig auf die Kinder auf. Auf der Dorfstraße grüßte der

Polizist den Lehrer, der Arzt erkundigte sich nach der Migräne der Mutter, und fast alle Leute wussten, wer man war und woher man stammte. In solch kleinen Gemeinden fühlten sich die Menschen weitgehend sicher, geborgen und daheim.

Land der Einzelkämpfer

Ich wünschte, ich könnte sagen, wir kehrten zu den Tagen zurück, in denen Freunde und Familie eine zentrale Rolle in unserem Leben spielten. Doch es scheint, als seien wir in den Industrieländern eher Nationen von Einzelgängern geworden, die alle engeren gesellschaftlichen Bindungen abschütteln. Während unsere Vorfahren in stabilen sozialen Gruppen von ungefähr 200 Individuen lebten, hat die moderne globalisierte Wirtschaft unsere soziale Einheit auf sechs Milliarden erweitert. Jetzt, wo die ganze Welt die Bühne ist, wie viele von uns können da noch mit Überzeugung einen Ort als Heimat bezeichnen?

Um unsere Freundschaften ist es auch nicht besser bestellt. Soziologen der Duke University in North Carolina zufolge ist für Amerikaner der Kreis enger Vertrauter in den letzten 20 Jahren beträchtlich geschrumpft, und die Zahl der Menschen, die nach eigenen Angaben *niemanden* haben, mit dem sie wichtige Dinge besprechen könnten, hat sich mehr als verdoppelt.[1] Dieselbe Studie, die Daten aus den Jahren 1985 und 2004 verglich, ergab, dass die Durchschnittszahl der Menschen, mit denen die Amerikaner über für sie wichtige Themen sprechen können, in diesen 14 Jahren um fast ein Drittel gesunken ist.

In seinem Buch *OverSuccess: Healing The American Obsession With Wealth, Fame, Power, and Perfection* zitiert Jim Rubens einige gleichermaßen erschreckende Statistiken. So reden Ehepartner, die beide berufstätig sind und Kinder haben, täglich erstaunlich wenig miteinander: zwölf Minuten! Überdies wendet der erwachsene Amerikaner in der Regel neun Stunden täglich für Medienkonsum in der einen oder anderen Form auf – mehr als für jede andere

Tätigkeit. Zudem ist dies eine so einsame und einsam machende Beschäftigung wie kaum eine andere.[2] Warum ist das so? Was ist schiefgegangen? Das Anknüpfen und die Pflege sozialer Kontakte stellt heutzutage aus vielen Gründen ein Problem dar:

Angst vor Fremden. Viele von uns fürchten sich schlicht und einfach davor, Kontakte anzubahnen. Insbesondere in großstädtischen Ballungsräumen kreuzen sich unsere Pfade täglich mit denen Hunderter Menschen, doch wir haben gelernt, dass Blickkontakt eine Einladung zu Begegnungen darstellt, die man besser vermeidet. Rede nicht mit Fremden, haben uns unsere Eltern eingeschärft. Und wir haben gehorcht. Und so enden wir wie der Mann im Zug, inmitten einer Schar Menschen, ohne einen einzigen davon zu kennen.

Kürzlich kam mir folgende Begebenheit zu Ohren: Eine Frau war auf dem Heimweg von ihrem Arbeitsplatz in Manhattan. An ihrer Haltestelle in Brooklyn stieg sie aus, und auf der Treppe hinunter zur Straße bemerkte sie ein paar Stufen hinter ihr einen Mann. Auf dem drei Blocks langen Fußweg zu ihrem Wohnhaus blieb ihr der Mann dicht auf den Fersen, auch noch, als sie die Haustür aufschloss, den Fahrstuhl betrat und sogar, als sie im sechsten Stock ausstieg. Mit mittlerweile rasendem Puls wandte sie sich nach links und kramte hastig ihren Wohnungsschlüssel aus der Handtasche. Auch er ging nach links. Sie steckte den Schlüssel ins Schloss und begann ihn gerade zu drehen, als der Fremde an ihr vorüberging, seine Schlüssel herausholte und die Tür zur Wohnung nebenan öffnete. Es stellte sich heraus, dass sie seit *neun* Jahren Nachbarn waren und einander noch nie gesehen hatten!

Dass Isolation nicht gut ist, liegt auf der Hand. Aber ich finde, wir müssen über diese Binsenweisheit hinausgehen und erkennen, dass wir uns nicht mit dieser Situation abzufinden brauchen. Die Frau in Brooklyn merkt erst aufgrund dieser Erfahrung, wie sehr sie im Grunde vereinsamt ist, und erhält eine Gelegenheit, sich mit ihrem Nachbarn bekannt zu machen. Ich fragte mich: Hat sie sie genutzt? Wollte sie das überhaupt? Vielleicht hatte sie wie Seligmans Hunde in den Elektroschock-Experimenten eine Art Hilflosigkeit gegenüber ihrer eigenen Isolation gelernt. Leider erfuhr ich nie die Antworten auf diese Fragen.

Angst vor Ablehnung. Man kann nicht losschlagen, wenn man gar nicht erst antritt. Manchen Menschen ist es lieber, Kontakte ganz zu vermeiden, als das Risiko einer Zurückweisung in Kauf zu nehmen. Nichts macht einsamer als selbstgewählte Einsamkeit. Wenn die Vorstellung, sich kopfüber in ein Menschenmeer zu stürzen oder einen Raum zu durchqueren, um eine neue Bekanntschaft zu schließen, für Sie nicht gerade ein Vergnügen ist, bietet Ihnen die japanische Philosophie des *Kaizen*, die Macht der kleinen Schritte, vielleicht eine Hilfe. Schließen Sie sich doch einer Gruppe Gleichgesinnter an – einem Strickkreis Ihres Wollgeschäfts oder einer Lesegruppe Ihrer Stadtbibliothek. So können Sie vorfühlen, ohne große Verpflichtungen einzugehen. Kleine Schritte. Funktioniert immer.

Geographie. Wir sind heutzutage so beschäftigt, dass spontanes Vorbeischauen bei einem Freund oder einer Freundin ungefähr so gebräuchlich ist, wie Telegramme zu schicken. Eine meiner in New York arbeitenden Freundinnen erklärte mir, sie verkehre nur mit Leuten, die GG seien. »GG?«, fragte ich nach, »was ist denn das?« »Geographisch günstig«, erwiderte sie. Ihre Definition von GG lautete: »Wohnen innerhalb eines Radius von zwölf Blocks um meine Wohnung herum.« Bringt heute noch jemand den neuen Nachbarn einen Kuchen? Warum sich die Mühe machen? Glaubt man der Statistik, ziehen sie sowieso innerhalb der nächsten drei Jahre um. Oder Sie.

Technik. Da die halbe amerikanische Bevölkerung mit digitaler Technik vertraut ist, nimmt es wohl nicht wunder, dass die Technik Beziehungen auf der ganzen Linie aussticht. Einer neueren Umfrage zufolge behauptet nahezu einer von vier Amerikanern, das Internet könne für eine gewisse Zeit als Ersatz für einen Partner dienen.[3] Das sind 25 Prozent der Gesamtbevölkerung! Dieselbe Umfrage ergab, dass mehr als jeder vierte Amerikaner sein Profil

auf MySpace oder Facebook hinterlegt hat. Unter den Achtzehn-
bis Vierundzwanzigjährigen schnellt diese Zahl sogar auf 78 Prozent hoch. Wer sagt, es sei schwer, Freunde zu finden? Sie sind nur
einen Klick entfernt.

Und was ist mit dem modernen Gegenstück zum Kaffeehaus? In
den ersten europäischen Kaffeehäusern – im Wien des *fin de siècle* –
trafen sich die Menschen und diskutierten beim Kaffee über die
politischen, kulturellen und sozialen Probleme jener Zeit. Kommt
Ihnen das irgendwie bekannt vor, wenn Sie an Ihren letzten Besuch in einer x-beliebigen Kettenkaffeebar denken? Spricht irgendjemand noch mit einem anderen als der Person hinter der Theke,
die die Bestellung aufnimmt? Natürlich nicht. Sie holen sich ihren
Latte, belegen einen Tisch in der Nähe einer Steckdose und klappen ihren Laptop auf.

Vielleicht gehen Ihnen die allgegenwärtigen Handys auf die Nerven, insbesondere wenn die Leute in aller Öffentlichkeit hinein-
schreien, als funktionierten die Dinger nicht elektrisch. Aber
wenigstens *reden* diese Leute noch mit jemandem. Beim Simsen
dagegen »sprechen« nur die Finger; echten Gesprächen droht damit dasselbe Schicksal wie dem handschriftlichen Brief.

Und dann gibt es da noch diese nervigen Handy- und Nintendo-
spiele. Wenn Mama einstmals ihren Zehnjährigen von der Schule
abholte, stieg er ins Auto, und die beiden unterhielten sich über
den zurückliegenden Schultag. Heute klettert er auf die Rückbank,
schnallt sich an, holt seinen Nintendo aus dem Ranzen und fängt
sofort an, auf den fiependen Bildschirm zu starren. Sie fragt ihn
vielleicht, wie die Schule war, doch wahrscheinlich bekommt sie
nur eine gemurmelte, einsilbige Antwort. Wie soll sie auch mit den
immer realistischeren virtuellen Welten konkurrieren, für die die
Spielekonstrukteure Millionen aufwenden?

Was tun all diese Isolationstendenzen uns persönlich an? Ganz
sicher fordern sie einen schweren Tribut von der körperlichen und
seelischen Gesundheit des Einzelnen. Was tun sie uns als Volk an?
Man multipliziere diesen Tribut mit ein paar hundert Millionen.

Die hohen Kosten der Einsamkeit

Jeder von uns fühlt sich irgendwann einmal in seinem Leben einsam. Doch täuschen Sie sich nicht: Einsamkeit hat nichts mit Alleinsein zu tun. Man kann allein sein und sich ganz und gar nicht einsam fühlen. Einsamkeit ist vielmehr das Gefühl, von anderen abgeschnitten zu sein, sogar inmitten der sprichwörtlichen Menschenmenge. Die Wissenschaftlerin Louise Hawkley von der University of Chicago vermutet, dass Einsamkeit nicht gleich faktische Isolation ist, sondern eng mit der Wahrnehmung zusammenhängt. Ihr zufolge nehmen einsame Menschen belastende Umstände eher als Bedrohung denn als Ansporn wahr. Zudem bitten gestresste, einsame Menschen nicht um Unterstützung und versuchen auch nicht, etwas gegen die Ursachen der belastenden Situation zu unternehmen, sondern ziehen sich stattdessen eher zurück. Was sie noch tiefer in die Isolation treibt. In Hawkleys 2006 veröffentlichter Studie korrelierten Bluthochdruck und Einsamkeit sehr eng, insbesondere bei älteren Erwachsenen.[4] Und wie wir alle wissen, ist Bluthochdruck eine Vorstufe für Herzkrankheiten.

Es ist wissenschaftlich belegt, dass einsame Menschen weniger elastische Blutgefäße und schwächere Herzen haben. Zudem weisen sie ein größeres Ausmaß von Entzündungen und höhere Stresshormonwerte auf. Einsamkeit schädigt darüber hinaus das Immunsystem. Eine Gruppe um den Psychologieprofessor Sheldon Cohen von der Carnegie Mellon University in Pittsburgh ermittelte 2005 bei College-Studenten im ersten Studienjahr mit kleineren sozialen Netzwerken und größerer Einsamkeit eine schlechtere Immunreaktion auf einen Grippeimpfstoff als bei Studenten mit einem ausgedehnteren Freundeskreis.[5]

Eine weitere Studie von Cohens Team ergab, dass diejenigen Menschen mit den meisten sozialen Rollen und Kontaktbereichen – hochintegrierte Menschen im Sprachgebrauch der Studie – unter sozialem Druck mit geringerer Wahrscheinlichkeit rauchen und trinken als solche, die sozial schlechter eingebunden sind.[6]

Eine Untersuchung mit über 4000 Kaliforniern im Alameda County ermittelte einen direkten Zusammenhang zwischen Langlebigkeit und der Größe des Freundes- und Bekanntenkreises. Je mehr Freunde die Probanden hatten, desto länger lebten sie. Wer weniger als sechs regelmäßige Kontakte hatte, wies deutlich mehr verengte Herzkranzgefäße auf. Auch kamen bei diesen Personen mehr Diabetes, Bluthochdruck und Depressionen vor.[7] Einer britischen Studie zufolge trägt ein Witwer im ersten Jahr nach dem Tod der Ehefrau ein Sterberisiko von 40 Prozent. Forschungen in Europa sprechen dafür, dass regelmäßiges Küssen den Körper mit zusätzlichem Sauerstoff versorgt und die Produktion von Antikörpern ankurbelt.[8]

Fazit: Sozialer Kontakt ist unerlässlich für die Gesundheit. Unser Herz weiß das. Und wie Forscher nachgewiesen haben, wissen es auch unser Herz-Kreislauf- und unser Immunsystem. Jetzt müssen wir es nur noch in unseren Kopf reinkriegen!

Wie stehen Sie zu sich selbst?

Supergestresste Menschen müssen besondere Anstrengungen unternehmen, um Anschluss an andere zu finden. Doch von gleicher oder noch größerer Bedeutung ist für Sie ein gutes Verhältnis zu sich selbst. Und den meisten fehlt eben das. Wenn Sie die Ihnen wichtigsten Menschen aufzählen sollten, welche Namen würden Sie dann nennen? Käme Ihr eigener überhaupt auf die Liste? Wenn Sie einen Aufsatz über einen Freund oder Familienangehörigen schreiben sollten, fiele Ihnen das wahrscheinlich leicht. Aber kennen Sie sich selbst so gut, dass Sie Ihren eigenen Charakter beschreiben könnten?

Das Verhältnis zu sich selbst ist vielleicht einer der wichtigsten Gegenstände der Psychologie. Doch wenn ich mit meinen supergestressten Patienten über ihre Träume, Wünsche und Kraftquellen zu sprechen versuche, können die meisten nicht viel dazu sagen. Ich erkläre ihnen dann: Wenn Sie sich selbst nicht kennen, dann können Sie darauf wetten, dass auch niemand sonst Sie kennt. Doch darauf wissen sie immer noch nichts zu sagen.

Dies steht in krassem Gegensatz zu denjenigen meiner Patienten, die den Stress in ihrem Leben im Griff haben. Sie schöpfen

Kraft aus ihren Träumen und nutzen gerne die Gelegenheit, über ihre Wünsche zu sprechen, denn in diesen Wünschen kommt der wahre Kern ihres Wesens zum Ausdruck. Der größte Unterschied zwischen einem sinnerfüllten Leben und einem Leben in Superstress besteht darin, dass das eine immer wieder aus sich selbst schöpft und das andere sich schließlich erschöpft. Supergestresste Menschen sind so darauf fixiert, ein Ziel zu erreichen, den morgigen und alle darauf folgenden Tage zu verplanen, dass ihnen keine Kraft mehr für irgendetwas anderes bleibt. Ab und zu nehmen sie Kontakt zu anderen auf – wenn es sie ihrem Ziel näher bringt. Doch zu sich selbst haben sie kaum eine Verbindung.

Es erfordert nicht viel, eins mit sich selbst zu werden. Sie brauchen sich nur so weit herunterzubremsen, dass Sie Ihre innere Stimme hören können. Sie sagt Ihnen, was Ihnen etwas bedeutet, was Ihnen Sinn vermittelt und wie Sie nach diesen Prinzipien leben können. Es klingt so einfach, doch von allen Dingen, die nötig sind, um den Superstress wirklich aufzulösen, ist das unmittelbare, bewusste Sein im Hier und Jetzt eines der schwierigsten, insbesondere für Menschen, die bereits im Superstress sind.

Wie wichtig es ist, berührt zu werden

Verbundenheit hat nicht nur etwas mit Beziehungen zu tun, sondern auch ganz viel mit echter physischer Intimität, mit menschlichen Berührungen. Alle Lebewesen brauchen und genießen Körperkontakt. Auch Kaninchen.

Es gibt eine berühmte Geschichte von einer Gruppe Arterioskleroseforscher. Sie untersuchten, wie sich Ablagerungen in der Arterien von Kaninchen auswirken, und hofften, mit ihrer Arbeit eines Tages Menschen mit koronarer Herzerkrankung helfen zu können. Die Kaninchen saßen im Labor in aufeinandergestapelten Einzelkäfigen; die Türme reichten fast bis unter die Decke. Jedem

Versuchtier wurde in regelmäßigen Abständen ein bestimmtes Cholesterin verabreicht, das sich mit der Zeit in den Arterien ablagerte und sie verengte. Bei der Untersuchung der Gefäße der Kaninchen stellten die Forscher fest, dass die der Tiere in den unteren Reihen 60 Prozent weniger Ablagerungen aufwiesen als die der weiter oben untergebrachten Tiere. Wie konnte das sein? Alle Kaninchen hatten exakt dieselbe Dosis Cholesterin erhalten. Was also war für das unterschiedliche Ausmaß der Ablagerungen verantwortlich? Die verblüfften Wissenschaftler beschlossen, die Tiere über längere Zeiträume direkt im Labor zu beobachten. Sie mussten nicht lange warten, bis sich des Rätsels Lösung offenbarte. Sie kam in Gestalt einer zierlichen, tierlieben Tierpflegerin daher. Bei der Versorgung der Kaninchen streichelte sie diejenigen, an die sie heranreichte. Diese Berührung bewirkte den Unterschied. Zur Erhärtung dieser These ordneten die Forscher die Kaninchenkäfige um, damit die Tiere weiter oben ebenfalls in den Genuss liebevoller Zuwendung kamen. Und plötzlich besserte sich der Gesundheitszustand der zuvor ungestreichelten Kaninchen als unmittelbares Ergebnis der Zuwendung durch die Tierpflegerin: die Macht der Berührung.

Beim Menschen ist Körperkontakt zuweilen eine Frage von Leben und Tod, insbesondere bei Säuglingen und Alten. Kinder, die angemessen ernährt und gewickelt werden, aber sonst keinerlei menschlichen Kontakt erfahren, entwickeln sich nicht in normalem Tempo. Es gibt sogar eine spezielle Bezeichnung dafür: Gedeihstörung. Ein besonders krasser Fall war ein auf den Stufen eines Krankenhauses in New Jersey ausgesetzter kleiner Junge. Aufgrund seiner Körpergröße schätzten die Ärzte sein Alter auf elf bis 15 Monate. Er war abgemagert, bewegte sich kaum, und aus einer flüchtigen Untersuchung seiner Beinchen schlossen die Ärzte, dass er nie auf den Füßen gestanden hatte oder auch nur gekrabbelt war. Er kam auf die Kinderstation, und da die Ärzte eine Gedeihstörung vermuteten, verordneten sie ihm zärtliche, liebevolle Pflege. Wie die Therapie im Einzelnen aussah? Jede Schwester oder Pflegehilfe, die gerade einen Augenblick Zeit hatte, sollte »Spencer« hochnehmen und ihn mit sich herumtragen. Gefüttert wurde er auf dem Schoß jeder Person, die gerade zur Verfügung stand, einschließlich der Empfangsdame der Station. Binnen Wochen begann Spencer zu wachsen. Nach sechs Monaten hatte er über elf Kilo zugelegt. Ein paar Monate danach ging und sprach er. Die ganze Zeit über korrigierten die Ärzte ihre Schätzung seines chronologischen Alters immer wieder nach oben, bis sie schließlich zu der Feststellung gelangten, er sei zu dem Zeitpunkt, da er mit der Körpergröße eines Einjährigen vor dem Krankenhaus gefunden worden war, in Wirklichkeit bereits zweieinhalb Jahre alt gewesen.

Babys mit Gedeihstörung finden sich häufig in den Waisenhäusern kriegszerrütteter Länder; durch die Überfüllung leben sie in räumlicher Enge, aber in emotionaler und körperlicher Isolation. Viele spüren außer den unumgänglichen Handgriffen nie die Berührung durch einen anderen Menschen. Sie leiden eigentlich unter weit schlimmerem als einer Gedeihstörung; sie haben keinen Lebenswillen mehr. Diese Depression nimmt ihnen den Appetit, so dass sie nicht zunehmen. Ihre kleinen Körper erzeugen Stresshormone, die ihren Pulsschlag beschleunigen und die Produktion von Wachstumshormonen drosseln, so dass sie nicht mehr wachsen. In Heimen sterben viele einfach. Holt man sie jedoch aus dieser Lage heraus und bringt sie wie Spencer rechtzeitig in eine liebevolle Umgebung, können sie sich glücklicherweise rasch erholen.

Wie knüpft man ein persönliches soziales Netz?

Bisher ging es in diesem Kapitel darum, wie wichtig soziale Kontakte sind und inwiefern sie einen Schutzwall gegen die Flut der körperlich belastenden Stresshormone bilden. Doch auf andere zuzugehen, bewahrt nicht nur Ihre Gesundheit, es kann sie auch stärken. Eine Studie wies die segensreichen Wirkungen von wechselseitiger Unterstützung bei Frauen nach: Die Probandinnen neigten weniger dazu, zu viel zu essen, ernährten sich gesünder, waren weniger anfällig für Drogenmissbrauch und trieben häufiger Sport.[9] Eine andere Studie zum Zusammenhang zwischen sozialer

Einbindung und Belastbarkeit ergab, dass Patienten mit größeren sozialen Netzwerken nach einer Operation weniger Schmerzen empfanden, weniger Schmerzmedikamente benötigten und weniger unter postoperativer Angst litten, insbesondere in den ersten fünf Tagen nach dem Eingriff.[10]

Wichtiger noch ist vielleicht, dass Sie Ihr Leben mit neuem Sinn erfüllen, wenn Sie sich anderen öffnen – in vielerlei Hinsicht. Erstens kann ein Netz von Freunden Ihr Selbstwertgefühl steigern. Freunde zu haben bedeutet, dass andere Sie schätzen – Ihre Ideen, Ihren Humor, Ihre Lasagne. Die Freunde freuen sich an Ihrem Wesen, an den gemeinsamen Unternehmungen mit Ihnen. Wären sie sonst mit Ihnen befreundet? Zweitens erwächst aus der Verbindung zu einer Gruppe oder auch nur einem einzelnen Freund oder einer Freundin ein Gefühl von Zugehörigkeit, das Einsamkeit vorbaut. Sollten Sie Gelegenheit haben, an einem beliebigen Vormittag in Quechee in Vermont im örtlichen Feinkostgeschäft vorbeizuschauen, werden Sie dort eine Gruppe Männer beim Morgenkaffee vorfinden. Sie nennen sich die ROMEOs; nach der englischen Abkürzung für »Alte, auswärts essende Rentner«. Diese nicht mehr ganz jungen Männer sind in der Gegend bekannt wie bunte Hunde, weil sie den winterlichen, eis- und schneebedeckten Straßen und dem Frost trotzen, nur um diese Stunde miteinander zu verbringen. Solche Macht hat ein soziales Unterstützungssystem.

Doch wie kann man sich eines aufbauen?

Ein soziales Unterstützungssystem besteht aus Freunden, Familienangehörigen und Altersgenossen. Und es ist leichter aufzubauen, als Sie vielleicht glauben. Eine erprobte Methode besteht darin, einfach Zeit mit den Menschen zu verbringen, deren Gesellschaft Sie wirklich genießen. Wir sprechen hier von Qualität, nicht unbedingt Quantität. Wie der Forscher Meliksah Demir, Psychologiedozent an der Northern Arizona University erklärt, bereitet es Menschen offenbar mehr Freude, eine längere Zeitspanne mit einem guten Freund oder einer Freundin zu verbringen, als mit einem Schwarm Kumpels um die Häuser zu ziehen.[11] Eine der größten Freuden einer engen Freundschaft ist Demir zufolge einfach die Gesellschaft – oder wie er sich ausdrückt, miteinander »einfach herumzuhängen«. Wenn Sie einen Freundeskreis haben, dann pflegen Sie ihn: Halten Sie Kontakt, ergreifen Sie die Initiative (laden Sie von sich aus auf eine Tasse Kaffee ein, warten Sie nicht darauf, eingeladen zu werden, und kleben Sie nicht an den Konventionen, wer wen zuletzt eingeladen hat). Seien Sie ein/e gute/r Zuhörer/in, nehmen Sie sich Zeit für Ihre/n Freund/in und erzählen Sie ihm/r auch von sich.

Weitere Methoden, sich als Freund oder Freundin zu erweisen: Lernen Sie, über sich selbst zu lachen, blicken Sie zuversichtlich in die Welt, suchen Sie sich eine/n Vertraute/n, mit der/m Sie Ihre Träume und Enttäuschungen teilen können und bieten Sie sich selbst als Vertraute/n für jemand anderen an.

Falls Ihr Freundes- und Bekanntenkreis kleiner ist, als Sie möchten, dann sage ich Ihnen kurz und bündig: *Engagieren Sie sich.* Wie immer Sie können. Ob als tatkräftig mithelfende Großmutter (oder als Großvater), als Mitglied im Stadtteilverein oder als Freiwillige/r in einer von Tausenden Gruppen. Wenn es Letzteres sein soll, dann entscheiden Sie sich für eine Sache, die Ihnen wichtig ist. Auf diese Weise lernen Sie andere Menschen mit ähnlichen Wertvorstellungen kennen, und das stärkt die Verbundenheit schon von vornehrein.

Wenn Beziehungen den Bach runtergehen

Halten Sie sich stets vor Augen, dass die Erweiterung Ihres sozialen Netzwerks Ihren Stress verringern und nicht vermehren soll. Sie sollten sich daher unbedingt vor Beziehungen in Acht nehmen, die Sie von Ihrem Ziel wegführen. Damit meine ich Beziehungen, die ich als »toxisch« bezeichne.

Zu jeder Beziehung gehören naturgemäß zwei Menschen, und in dem komplizierten Wechselspiel von Geben und Nehmen kann es geschehen, dass wir etwas von uns selbst aufgeben. Wenn die Beziehung diese Investition wert ist – wenn Sie in etwa so viel be-

kommen, wie Sie geben –, dürfen Sie sich glücklich schätzen. Doch
was, wenn die Beziehung es nicht wert ist? Was, wenn sie nicht aus
Geben und Nehmen besteht, sondern nur aus Geben? Und immer
noch mehr Geben? Und Sie der Geber sind?

Warum erhalten Sie sie dann aufrecht? Warum tut das überhaupt irgendjemand?

Menschen harren in schlimmen Beziehungen aus und erdulden
Misshandlungen aus vielerlei Gründen, nicht zuletzt aus Angst.
Sie harren aus, weil sie Angst haben, allein zu sein oder zu gehen.
Sie glauben irrtümlich, dass das Schlimme, das sie kennen, besser
ist als das Schlimme, das sie nicht kennen. Manche erdulden fortgesetzte Misshandlungen, weil sie glauben, sie zu verdienen. Was
sie vielleicht nicht bedenken, ist die massive Schädigung ihrer Gesundheit und ihres Lebensglücks durch eine derartige Beziehung.
Dazu kommt noch, dass zusätzlich zu der Belastung durch Angst
und Stress ihr Selbstvertrauen ins Bodenlose fällt, was dazu führt,
dass sie sich von wohlmeinenden Freunden und Familienangehörigen zurückziehen.

Ich beobachte so etwas hauptsächlich in Ehen, in denen beide
Partner – oder auch nur einer – unglücklich sind und dennoch zu-
sammenbleiben, etwa wegen der Kinder oder weil sie ein Haus ge-
baut oder Schulden haben. Manche bleiben sogar nur zusammen,
um die Fassade des glücklich verheirateten Paars zu bewahren. Die
Probleme verschärfen sich noch, wenn sie zwar beschließen, als Paar
zusammenzubleiben, aber nichts unternehmen, um ihre Situation
zu verbessern. Sie versuchen nicht einmal, anders miteinander umzugehen. Und aus diesem Grund haben sie kein Gespür mehr für
den Tribut, den ihre unglückliche Beziehung von ihrer Gesundheit
fordert. Da sie abgestumpft sind und den Schmerz nicht mehr spüren, verharren sie in einem Ehegefängnis, machen sich selbst und
allen anderen aber vor, alles sei in Ordnung. Sie sind sogar wirklich
davon überzeugt. Manchmal vergessen die Menschen, dass sie ein
Geburtsrecht auf Freude und Vergnügen haben.

Toxische Beziehungen kommen übrigens nicht nur bei Ehepaaren
vor. Sie finden sich zwischen Arbeitskollegen und sogar sehr engen
Freunden. Vielleicht haben Sie eine liebe Sandkastenfreundin, die

für Sie immer wie eine Schwester war, die jedoch im Lauf der Jahre zunehmend schwieriger geworden ist. Aus Rücksicht auf Ihre gemeinsame Geschichte und weil Sie Streit verabscheuen, geben Sie ihr unentwegt nach. Bei genauerem Nachdenken würden Sie sogar sagen, dass Sie keinen näheren Kontakt mit ihr suchen würden, wenn Sie sie heute erst kennengelernt hätten – so sehr hat sie sich verändert. Trotzdem ist sie immer wieder bei Ihnen. Warum? Vielleicht haben Sie sie wirklich gern. Das ist ja auch gut so. Nicht gut ist allerdings, dass Sie nicht ansprechen, was Sie stört. Das hat mit echter Zuneigung nichts zu tun. Wenn Sie einen Menschen gern haben, aber die Beziehung zu ihm alle freundschaftlichen Gefühle in Ihnen erstickt, dann sollten Sie sich zu einem Gespräch mit der oder dem Betreffenden aufraffen. Das macht eine echte Beziehung aus. Es wird kein leichtes Gespräch werden, aber es muss ehrlich sein.

Die gute Nachricht

Aus diesem Kapitel können Sie eines schwarz auf weiß nach Hause tragen: Kein Mensch kann ein sinnerfülltes oder glückliches Leben führen, ohne in irgendeiner Weise andere Menschen einzubeziehen. Für uns alle und insbesondere für die Supergestressten sind familiäre und freundschaftliche Bindungen lebenswichtig, und wir sollten diese Bindungen ganz bewusst pflegen. Die gute Nachricht lautet: In dieser Hinsicht sind Sie ganz Herr des Verfahrens. Es liegt ganz bei Ihnen. Sie bestimmen, welche Art von Beziehung Sie eingehen möchten und mit wem, und Sie bestimmen, wie viel von sich selbst Sie in den Aufbau sozialer Beziehungen stecken möchten.

Die wichtigste Art und Weise, solche Beziehungen anzuknüpfen, ist meiner Meinung nach, sich für andere zu engagieren. Angesichts meiner Berufswahl dürfte diese Einstellung kaum überraschen. Wenn ich einen für meine Wahl ausschlaggebenden Menschen nennen sollte, dann wäre dies mein Großvater. Nach meinem achten Geburtstag wohnte ich zeitweise bei ihm in seiner von Pflanzen überquellenden Wohnung. Wenn sich jemand der Kraft der Gemeinschaft bewusst war, dann er. Mein Großvater gehörte der ersten Generation chinesischer Einwanderer an und ließ sich in San Francisco nieder, wo er zuerst ein Restaurant und dann eine Wäscherei betrieb und sich somit immer dem Dienst an anderen verpflichtet fühlte. Ich stand ihm zur Seite, wenn er sich für seine Familie und seine Gemeinde einsetzte, was, wie er mir einschärfte, eine Ehre und Auszeichnung sei. Erkrankte jemand aus seiner Bekanntschaft, bereitete mein Großvater seine Spezialsuppe zu (das Rezept steht auf Seite 333), und ich bekam den Auftrag, meine Großmutter zu begleiten, wenn sie sie zur Wohnung des Kranken trug. Das war für uns beide keine geringe Leistung, denn das Viertel erstreckte sich über sehr steile Hügel. Wir gingen von Haustür zu Haustür, verteilten Suppe, tauschten Neuigkeiten aus und überbrachten Genesungswünsche. Vermutlich entging mir damals, wie wichtig das war, denn wie ich mich erinnere, wurde mir die Prozedur nach einer Weile langweilig. Im Nachhinein jedoch bin ich überzeugt, dass diese Gänge eine größere Rolle für meine Zukunft spielten, als ich es ihnen früher zugeschrieben habe. Heute weiß ich dank meines Großvaters um die zentrale Bedeutung von sozialen Beziehungen für ein stressresistentes Leben. Und es kostet oft nicht mehr als ein wenig Zeit und vielleicht einen Topf Suppe.

Was dabei herauskommt, ist jedenfalls unbezahlbar.

Kapitel 8
Lebendiger Geist

Lange bevor ich Medizinerin wurde, brach Bernard Siegel, damals Chirurg an der Medical School der Cornell University, zu einer Selbsterforschungsreise auf. Sein Ziel war die bestmögliche medizinische Versorgung und Heilung von Menschen. Doch trotz vieler Triumphe nagte tief innen in ihm das Gefühl, ein Versager zu sein. Irgendetwas fehlte – insbesondere bei der Behandlung unheilbar Kranker. Er beschloss, die Patienten selbst zu fragen: »Was kann ich noch für Sie tun?« Ihre Antworten überraschten ihn, um es gelinde auszudrücken. Die Todkranken flehte ihn nicht etwa um ein Wunder an, sondern sie baten um etwas jenseits allen medizinischen Fachwissens. Etwas, das nach Siegels Eindruck eher ein Geistlicher zu geben in der Lage war.

Seine Patienten wollten sich getragen und aufgehoben wissen; sie wünschten sich einen Weg, auch außerhalb der Grenzen der Schulmedizin, um zu Selbstheilung und Selbstliebe zu finden. Siegel bekam dies von Menschen mit allen möglichen Krankheiten und aus allen Gesellschaftsschichten immer wieder zu hören, bis er schließlich erkannte, an was es seinen Diensten mangelte: an einem spirituellen Element. Natürlich glaubte keiner dieser Patienten, ein »Geistheiler« könnte ihre Krankheit heilen, wo andere versagten. Es war eher so, dass diese Menschen *weiter leben* und nicht nur weiterleben wollten. Sie wollten Erfahrungen sammeln und sich entwickeln, trotz der krankheitsbedingten Einschränkungen. Und sie wünschten sich ihre Ärzte als Partner auf dieser Suche. Diesen Wunsch hegen die meisten Menschen, doch leider hat sich der moderne Medizinbetrieb gegen seine Verwirklichung verschworen.

Mit den Reformen im Gesundheitswesen geht es in der Medizin

zunehmend vor allem darum, was unter dem Strich herauskommt. Heutzutage nehmen viele Ärzte ihre Rolle als Heiler kaum noch wahr. Nicht dass wir die Hoffnungen und Bedürfnisse unserer Patienten nicht ernst nähmen. Das tun wir sehr wohl. Doch aufgrund der wirtschaftlichen Zwänge, die sich in die Medizin eingeschlichen haben, ist unsere Zeit für den einzelnen Patienten so knapp bemessen, dass Gespräche über spirituelle Fragen auf unserer Prioritätenliste ganz unten rangieren, weit nach der Erhebung der Vorgeschichte, klinischen Untersuchungen, Laborberichten, Testergebnissen, Rezepten und Formularen über Formularen.

Ich wünschte, dass diejenigen, die über die Rahmenbedingungen unserer Arbeit entscheiden, wüssten, wie bedeutsam ein erfülltes geistig-spirituelles Leben ist. Ein Laborbericht kann keinem Kranken die Hand halten, ein MRI beantwortet bei all der wichtigen Information, die es liefert, niemals die Frage: *Warum stößt das gerade mir zu?* Solche Handreichungen erfordern reale Menschen mit realen Stimmen. Ärzte sind solche Menschen. Wir haben gelobt, den Menschen zu behandeln, nicht eine Krankheit. Und doch bleibt uns angesichts der zahllosen Patienten pro Tag und der knapp bemessenen Zeit für jeden einzelnen nicht einmal die Chance, uns ihre Namen zu merken. Die Vorstellung, auch auf die spirituellen Bedürfnisse eines Patienten eingehen zu können, ist nichts als ein Traum.

Aus diesem Grund ist dieses Kapitel so wichtig. Wenn Sie Ihre Spiritualität finden oder wiederfinden möchten, wird dieses Kapitel hoffentlich einige Ihrer Fragen beantworten oder Ihnen wenigstens einen Einstieg in Ihre spirituelle Reise bieten. Es wird Ihnen bei der Vorarbeit für Gespräche mit Ihrem Arzt helfen, mit Ihrem Pfarrer, Priester, Rabbi, Ihren Eltern, Großeltern oder anderen Personen Ihres Vertrauens und Ihrer Liebe. Der Zugang zu Ihrer Spiritualität kann Ihnen helfen, mit den Belastungen in Ihrem Leben und dem damit einhergehenden Superstress besser fertig zu werden.

Spiritualität ist nicht gleich Religion. Religionen sind Institutionen mit Regeln und Vorschriften. Sie umfassen öffentlich praktizierte Rituale und formalisierte Lehrgebäude, während Spiritualität eher persönlichen, privaten Charakter hat. Im Grunde verleiht

Spiritualität unserem Leben Zusammenhang. Sie dient uns als innerer Kompass, der uns in der Welt jenseits unseres eigenen Ich die Richtung weist. Spiritualität erwächst aus der Verbindung zu sich selbst und zu anderen sowie aus Ihrem persönlichen Wertesystem und Ihrer Suche nach Sinn. Für manche drückt sich dies in Gebet, Meditation oder dem Glauben an ein höheres Wesen aus. Für andere manifestiert es sich in Auszeiten von den täglichen Pflichten, in Augenblicken, in denen wir uns Musik oder Kunst widmen oder Zeit für einen Waldspaziergang finden. Spiritualität vermittelt uns das Gefühl, Teil eines größeren Ganzen zu sein.

Ein Gegenmittel gegen Superstress

Supergestresste Menschen befinden sich häufig in einem derartigen spirituellen Krisenzustand, dass sie das Empfinden ihrer Einzigartigkeit verloren haben. Weil sie so sehr damit beschäftigt sind, den Tag zu überstehen, fällt es ihnen schwer – wenn es ihnen nicht sogar völlig fremd ist –, die Dinge im richtigen Verhältnis zu sehen. Wenn ich meine supergestressten Patienten danach frage, was ihnen etwas bedeutet, schauen mich viele an, als hätte ich den Verstand verloren. Sie sind so überlastet und ausgelaugt, dass sie ein Gespräch über »bedeutsame Dinge« als völlig nebensächlich betrachten. Sie halten mir ihre lange Liste anderer Aufgaben vor – sie müssen noch vor dem nächsten Morgen einen Bericht fertigstellen, das richtige Hochzeitskleid für ihre Tochter auftreiben oder ihren verlegten Zündschlüssel rechtzeitig wiederfinden, um die Kinder von der Schule abholen zu können. Keiner dieser Stressoren wirkt langfristig, doch zusammengenommen können sie chronisch werden. Das Leben sollte nicht darin bestehen, eine To-do-Liste zu erstellen und zwei neue Posten draufzuschreiben, wenn man einen abgehakt hat.

Es ist wissenschaftlich erwiesen, dass religiösen oder spirituellen Menschen ihre Spiritualität bei der Lebensbewältigung hilft. Sie werden besser mit Stress fertig, sie erholen sich rascher von Krankheiten, sie erfreuen sich einer besseren Gesundheit und fühlen sich allgemein wohler.

Die Forschung ergab zudem, dass spirituelle Menschen weitaus weniger unter Stress leiden als andere. Das leuchtet mir vollkommen ein, denn spirituelle Menschen wissen, wie wichtig es ist, Dinge loszulassen. Um meinen Patienten diese einfache, aber bedeutende Einsicht zu vermitteln, lasse ich sie häufig die folgende Übung machen: Ich gebe ihnen einen etwa golfballgroßen Stein nebst folgender Anweisung: »Stehen Sie auf und strecken Sie Ihren Arm nach vorne aus, Handfläche nach unten. Halten Sie den Stein in Ihrer ausgestreckten Hand und drücken Sie ihn mit aller Kraft, als ob Sie ihn zerquetschen wollten.« Je fester sie drücken, desto weniger wird ihre Hand durchblutet. Bald wird es unangenehm. Nach etwa einer weiteren Minute sage ich: »Öffnen Sie jetzt Ihre Hand und lassen Sie den Stein zu Boden fallen. Was fühlen Sie?« Was sie fühlen, was sie *immer* fühlen, ist Erleichterung. »So«, erkläre ich dann, »fühlt sich Loslassen an.«

Doch Spiritualität ist nicht nur ein Gegenmittel gegen Ihre Bedrängnis. Sie bewirkt viel, viel mehr. Auf geistiger Ebene verbindet Spiritualität Sie mit der Welt, was Ihnen wiederum erlaubt loszulassen – und zwar das Bemühen, alles ganz alleine zu steuern. Wenn Sie sich als Teil eines größeren Ganzen fühlen, ist leicht zu verstehen, dass Sie nicht für alles verantwortlich sind, was im Leben geschieht.

- Eine Studie mit fast 126 000 ihre Religion aktiv praktizierenden Menschen (eine Metaanalyse der Ergebnisse von 42 Einzelstudien) ergab, dass häufige Gottesdienstbesucher mit einer 29 Prozent höheren Wahrscheinlichkeit ein höheres Alter erreichten.[1] Den Forschern zufolge war der Zusammenhang so stark, dass 141 weitere Studien keinen Zusammenhang zwischen Religiosität und Lebensverlängerung nachweisen müssten, um die Signifikanz dieses Ergebnisses zu widerlegen.
- Einer Studie des National Institute for Health Research (NIHR) zufolge suchten kanadische Collegestudenten, die sich in irgendeiner Weise in den Campusgemeinden betätigten, seltener

einen Arzt auf und standen in schwierigen Phasen weniger unter Stress. Religiös stark eingebundene Studenten äußerten zudem ein höheres Maß an positiven Gefühlen, waren seltener depressiv und wurden besser mit Stress fertig.[2]

• Eine andere Studie berichtete, dass Personen mit einer intrinsischen religiösen Orientierung, das heißt Menschen, die von sich aus ihr Leben Gott oder einer »höheren Macht« weihen, physiologisch weniger heftig auf Stress ansprechen als solche mit extrinsischer religiöser Orientierung (Menschen, die Religion als Mittel zum Zweck benutzen, etwa um Freunde zu gewinnen oder um ihr soziales Ansehen in der Gemeinde zu steigern).[3]

Der Sinn des Lebens

Nicht einmal zwei Menschen – geschweige denn eine ganze Gesellschaft – werden je den Sinn des Lebens gleich definieren. In meinen Augen jedoch ist diese Definition ganz einfach. Sie lässt sich in zwei Worten zusammenfassen: Viktor Frankl.

Viktor Emil Frankl, ein in Österreich geborener jüdischer Psychologe, war 37 Jahre alt, als er 1942 mit seiner Frau und seinen Eltern nach Theresienstadt deportiert wurde. Nach ihrer Ankunft wurde die Familie auseinandergerissen. Zwei Jahre später kam Frankl zuerst nach Auschwitz, dann nach Dachau. Nach seiner Befreiung erfuhr er, dass die Nazis seine gesamte Familie ermordet hatten. Lediglich seine Schwester hatte rechtzeitig nach Australien auswandern können. Frankl schrieb das Buch *Der Mensch auf der Suche nach Sinn* über seine Konzentrationslagerhaft. Darin schildert er, welchen Ausweg er fand, wenn die Realität seines Lagerdaseins unerträglich wurde: Er suchte Zuflucht in der Spiritualität.

Jeden Tag, so Frankl, stand er an dem Stacheldrahtzaun, der die hungernden Häftlinge gefangen hielt, und starrte hindurch auf eine wenige Zentimeter entfernte Stelle, wo er im Staub eine kleine, gelbe Blume wachsen sehen konnte. In dieser Blume fand Frankl Sinn. Diese eine Blüte half ihm, sich an einem Ort entsetzlicher, unbegreiflicher Verbrechen an etwas Schönes zu klammern. Frankl bewahrte sich anders als viele andere Häftlinge die Fähigkeit, über den Zaun, über die Gegenwart hinaus in eine möglicherweise bessere Zukunft zu blicken. Diese Zukunft gab ihm einen Grund weiterzuleben. Er gelangte zu dem Schluss, dass das Leben selbst unter den absurdesten, leidvollsten und entmenschlichendsten Umständen einen Sinn hat – weil die Hoffnung besteht, diese Situation zu überwinden. 1945 wurde Frankl in Dachau befreit und später ein weltberühmter Psychologe. Mehr als 50 Jahre danach entschlief er in hohem Alter in Wien friedlich in seinem Bett.

Die Moral von der Geschichte? Alles birgt einen Sinn. Eine Blume, ein Kinderlachen, sogar ein Autounfall. Überall umgibt uns der Sinn des Lebens. Wir brauchen nur nach ihm zu suchen.

Der Sinn von Werten

Mein Vater sagte immer: »Beurteile nie einen Menschen nach seinen Worten. Achte auf seine Taten.« Damals ging mir das zum einen Ohr rein und zum anderen raus, aber jetzt verstehe ich, was er meinte. Er bezog sich auf die Werte eines Menschen und wie sie dessen Handlungen im Alltag bestimmen. Aus Werten erwachsen Charakter und Gesinnung und daraus wiederum Demut und eine realistische Einschätzung des eigenen Ortes in der Welt. Jeder Mensch ist schließlich Teil des unermesslich vielschichtig miteinander verwobenen Netzes der Menschheit. Auch wenn Sie reich und berühmt und großartig und begabt sind, sind Sie doch immer noch ein Mensch. Und eine ihrer Pflichten als Mensch besteht darin, anderen das Leben zu erleichtern. Diese Überzeugung ist ein Wert.

Sich selbst anzunehmen ist ebenfalls ein Wert. Selbstannahme heißt, in den Spiegel zu schauen und stolz auf sich zu sein. Warum fällt das vielen so schwer? Weil heutzutage die Werbung keinesfalls bestätigen oder auch nur anerkennen darf, dass Sie in irgendeiner bedeutsamen Weise toll sein könnten. Denn dann hätten die Werbeagenturen keine vermarktbaren Verbesserungen mehr anzupreisen und wären mitsamt ihren Kunden flugs aus dem Geschäft. Stattdessen fördert die Werbung die Nachfrage nach Millionen Produkten, die uns angeblich besser, flinker, schlanker, hübscher, aufregender und ja, sogar glücklicher machen. In Wahrheit aber tut uns die Werbung keinerlei Gefallen. Vielmehr laufen ihre Bemühungen allesamt darauf hinaus, dass Sie Ihren Selbstwert in Frage stellen. Wenn mir jemand erklärt, er habe ein geringes Selbstwertgefühl, schießen mir sofort diese Gedanken durch den Kopf: *Was ist dir wichtig? Wofür stehst du? Woran glaubst du? Was ist dir heilig? Wofür würdest du Opfer bringen?* Lautet Ihre Antwort darauf: für meine Kinder und meine allerbesten Freunde, dann bedeutet das, dass Ihnen Ihre Familie und Freunde wichtig sind. Supergestresste Menschen jedoch wissen darüber hinaus oft gar nicht, was sie wertschätzen oder ob sie selbst Wertschätzung genießen. Häufig schätzen *sie* sich selbst kein bisschen. Infolgedessen werden sie zu Mitläufern, tun, was alle tun, um dazuzugehören.

Tun Sie dies nicht.

Sie geben auch das letzte Jota Kontrolle über Ihr Leben auf, wenn Sie glauben, dass Ihnen Hinterhertrotten ein besseres Selbstwertgefühl einbringt. Mitläufern sitzt eine angeborene Angst im Nacken, die bis auf die Zeit unserer haarigen Urahnen zurückreicht: die Angst, aus der Gruppe ausgestoßen zu werden. Sie kennen das. Verbringen Sie ein paar Minuten auf irgendeinem Schulhof irgendwo im Land und beobachten Sie die Siebt- und Achtklässler. Sie erkennen auf den ersten Blick die umschwärmte »Königin« und ihre »Hofdamen«.[4] Die Königin stolziert mit wissender, majestätischer Selbstsicherheit über den Hof. Die Hofdamen ahmen sklavisch das Outfit der Königin nach und folgen ergeben ihren Schritten. Sind sie glücklich, wenn sie in solch erniedrigender Weise hinterhertrotten dürfen? Ganz bestimmt glauben sie das! Schließlich gehören sie zur »angesagten« Clique. Hofdamen bilden eine von mehreren Sorten angehender supergestresster Frauen. Für Männer gilt Analoges. Denn wie nur allzu viele Erwachsene nur allzu gut wissen, fürchten nicht nur Teenager sich davor, nicht dazuzugehören.

Diese Angst vor dem Verstoßensein belastet nicht nur, sondern treibt Menschen auch zu für sie ziemlich untypischen Verhaltensweisen. Diese Angst erblickte ich in den Augen von Karen, einer jungen Frau, die das College mühelos bewältigte und dann ohne ersichtlichen Grund den Boden unter den Füßen verlor.

Karens Geschichte

Die Ratenzahlungen für ihren Studienkredit fraßen einen derart großen Teil von Karens bescheidenem Verdienst auf, dass sie gezwungen war, kurz nach dem College-Abschluss wieder bei ihren Eltern einzuziehen. Sie hatte mehrere Arbeitsstellen, hielt es aber nirgends lange aus. Zwischenzeitlich hing sie daheim herum, weinerlich und deprimiert, und betäubte ihren Kummer regelmäßig mit Nudeln. Sie nahm zu, brachte es schließlich auf 90 Kilo und verließ ab da das Haus überhaupt nicht mehr. Sie war gefangen in einer Abwärtsspirale der Scham. Je mehr sie aß, desto mehr hasste sie sich und desto mehr klammerte sie sich an ihre selbstauferlegte Isolation. Und was soll man so allein schon machen außer essen? Diese Frau litt unter massivem Superstress, doch anders als die meisten Betroffenen wusste sie das. Sie wusste nur nicht, wie sie ihr Verhaltensmuster durchbrechen sollte. Ihre Mutter, seit Jahren meine Patientin, schickte ihre Tochter zu mir.

»Alle meine Freundinnen heiraten oder machen Karriere«, klagte Karen schluchzend. »Nur ich trete auf der Stelle – wie Alice im Wunderland. Ich kriege einfach keinen guten Job, und ich bin so dick geworden, dass mir nichts mehr passt. Und welcher Typ würde schon mit mir ausgehen?«

Ich setzte sie sofort auf Diät. Das war der einfache Teil. Ich empfahl ihr eine Gesprächstherapie, damit sie ihr Leben gründlich in Augenschein nehmen konnte. Doch mein Versuch, ein Gespräch über das, was sie sich wirklich vom Leben wünschte, in Gang zu bringen, lief ins Leere. Und zwar weil sie selbst nicht die blasseste Ahnung hatte. Bei unserem zweiten Termin probierte ich es anders. »Sagen Sie mir, Karen«, forderte ich sie auf, »was macht Ihnen Vergnügen? Wenn Sie einen Menschen, Ort oder Gegenstand nennen müssten, der sie begeistert oder Ihnen ein gutes Gefühl gibt, wer oder was wäre das?«

Sie zögerte keine Sekunde.

»Essen«, sagte sie halb lachend und halb weinend.

»Essen?« Das hatte ich nicht erwartet. »Essen?«, fragte ich nochmals. Das würde weit schwieriger werden, als ich gedacht hatte.

»Ja«, nickte sie. Dann fügte sie hastig hinzu: »Nicht so sehr das Aufessen – obwohl man ja nie weiß –, sondern der Umgang mit dem Essen. Ich koche sehr gerne für andere. Und ich koche gut! Meine Freundinnen sind begeistert, wenn ich koche. Ich kann mich darauf verlassen, dass ich die Leute mit meinem Essen glücklich mache. Aber ich habe schon seit Urzeiten nicht mehr gekocht.« Ihre Stimme versagte. »Ich treffe mich jetzt nicht mehr allzu oft mit meinen Freundinnen. Sie haben alle Arbeit oder Familie und nicht viel Zeit für mich …«

Ich überlegte eine Weile, wohl wissend, dass sie mich erwartungsvoll ansah.

Karen liebte also Essen, wie sie sagte. Und doch schien es auf den ersten Blick, als sei Essen gerade das, wovon wir sie abbringen mussten. Doch dann ging es mir plötzlich auf. Statt sie von der Versuchung abzulenken, so dachte ich mir, warum nicht die Versuchung für sie arbeiten lassen?

»Okay«, sagte ich, »Sie kochen also gerne? Wie wär's dann mit einer Kochausbildung?«

Sie lachte über die Absurdität meines Vorschlags. Doch dann versiegten ihre Tränen. Ich konnte fast sehen, wie die Idee in ihr arbeitete. Sie schwieg eine oder zwei Minuten, sah mich dann mit großen Augen an und meinte: »Das ist perfekt! So kann ich zwei Fliegen mit einer Klappe schlagen: Ich tue was, das ich gern tue, und ich tue etwas für andere Menschen.«

Ich treffe nicht immer ins Schwarze, aber an jenem Tag schon. Als Karen meine Praxis verließ, leuchteten ihre Augen. Die Begeisterung stand ihr ins Gesicht geschrieben. In den Folgemonaten, während wir an ihrem Abnehmprogramm arbeiteten, schrieb sie sich an einer bekannten Kochschule in Vermont ein. Dort machte sie sich hervorragend. Sie blühte so auf, dass sie mich nicht mehr brauchte. Ein Jahr später berichtete mir Karens Mutter stolz vom Leben ihrer Tochter. Nach der Kochschule bekam sie eine Stelle in einem Restaurant in Vermont, das sich auf regionale und saisonale

Küche spezialisiert hatte. Als der Chefkoch kündigte, übernahm Karen die Küchenleitung und machte aus dem Restaurant ein beliebtes Ziel der Einheimischen und Touristen. An dem Wochenende, als ich dorthin fuhr, um mir selbst ein Bild zu verschaffen, war der Laden gerammelt voll.

Schlank und hübsch kam Karen aus der Küche, um ihre Gäste zu begrüßen und mir ihren Verlobten vorzustellen, einen überzeugten Biobauern. Welch ein Beweis für die Kraft, die aus Sinnfindung und Liebe zu sich selbst erwächst!

Wie viele supergestresste Menschen musste Karen erst Selbstliebe entwickeln, um Zugang zu ihren wahren Bedürfnissen zu finden und sie zu verwirklichen. Zuvor hatte Karen sich nach den Maßstäben anderer Leute beurteilt. Dadurch fühlte sie sich dem Leben nicht gewachsen und hing in der Luft. Ihre Geschichte verdeutlicht eines: Wenn wir keine klare Vorstellung von unseren eigenen Werten haben, fühlen wir uns wie in freiem Fall, ohne Macht über unser Leben oder Kraft zum Kampf gegen Superstress. Ihre Geschichte beweist auch, wie wirksam es ist, ein besseres Verhältnis zu sich selbst aufzubauen. Als Karen herausfand, was ihr wichtig war, konnte sie sich am eigenen Schopf aus dem Sumpf ziehen, konnte sie den freien Fall ein für alle Mal aufhalten.

Neue Werte für ein neues Jahrhundert

Im letzten Jahrhundert hingen viele von uns materialistischen Werten an, und in der amerikanisch-westlichen Kultur galten scharfer Wettbewerb und Machtkampf weithin als Tugenden. Doch wollen wir die Anforderungen des 21. Jahrhunderts erfolgreich bewältigen, müssen wir uns ethisch weiterentwickeln und Ideen in den Mittelpunkt rücken, die nur allzu leicht übersehen werden. So sollten wir unsere Spiritualität mehr pflegen und mehr für andere tun.

Die folgende Tabelle zeigt Ihnen den Unterschied zwischen den Wertesystemen meiner supergestressten Patienten und denen der Menschen, die ihren Stress gut bewältigen. Die Unterschiede gehen zum Großteil auf eine allmähliche Veränderung zurück, die dann einsetzte, als wir uns näher damit befassten, was ihnen wirklich wichtig war. Orientiert man sich an einem oder mehreren Super-stress-Werten (linke Spalte), so führt das oft in ein unzufriedenes Leben. Doch sobald Sie sich zu den Werten in der rechten Spalte hin orientierten, werden Sie feststellen, dass Sie es nicht nur in Ihrem ganzen Tun und Streben leichter haben, sondern dass bei dieser Lebensweise auch Ihre Ziele – sogar Ihr ganzes Dasein – sowohl einfacher als auch ausgewogener werden.

Superstress-Werte	Anti-Superstress-Werte
Ansehen, Beliebtheit	Selbstannahme
Reichtum	Auskommen
Ruhm und Macht	Bescheidenheit
Prachtvilla	gemütliche Zuflucht
Mustergatte/in und -kinder	liebevolle Beziehungen
strebsam, übermäßig ehrgeizig	seine Arbeit lieben
Unabhängigkeit, Selbst-bestimmung	Gemeinschaft

Einen spirituellen Weg einschlagen

Können wir Spiritualität entwickeln? Ganz gewiss. Gibt es dafür ein Patentrezept? Eigentlich nicht. Aber das ist nur gut, bedeutet es doch, dass jeder Tempo und Gangart selbst bestimmen kann. Im Folgenden finden Sie Möglichkeiten, wie Sie Ihre Spiritualität pflegen können. Manche mögen Ihnen eher entgegenkommen als andere – schließlich sind wir alle verschieden. Alle Vorschläge jedoch können uns auf dem Weg zu einem sinnerfüllten Leben voranleuchten.

Altruismus

In Fjodor Dostojewskijs großem Roman *Die Brüder Karamasow* predigt Vater Sosima bedingungslose, tätige Liebe zu allen Mitmenschen und Geschöpfen um des eigenen Seelenheils willen: »Brüder, … liebet den Menschen auch in seiner Sünde; denn das gleicht der göttlichen Liebe und ist das Höchstmaß der Liebe auf Erden … Liebt die gesamte Schöpfung … Wenn du jedes Ding liebst, wirst du auch das Geheimnis Gottes in jedem Ding erfassen.«[5]

Der Arzt Albert Schweitzer hatte eine ähnliche Botschaft zu verkünden, als er sagte: »Eines ist sicher: Diejenigen, die wirklich glücklich sind, das sind jene, deren Streben und Lebensinhalt es war, andern zu dienen.« Heute stehen uns zahlreiche Wege offen, diese beiden hochherzigen Botschaften in die Tat umzusetzen. Unter Altruismus versteht man ein Geben aus sich selbst heraus, aus echter Sorge um andere. Geben verschafft uns nicht nur ein gutes Gefühl, sondern gehört auch zu dem Gesündesten, was wir für uns selbst tun können. Mutter hatte nicht unrecht, als sie sagte: »Geben ist seliger denn Nehmen.« Allerdings weiß ich nicht, ob sie sich über den gesundheitlichen Nutzen im Klaren war.

Der Mediziner Allan Luks, Autor zahlreicher Studien über die positiven Wirkungen von Altruismus auf die menschliche Gesundheit, wies an über 3000 Freiwilligen nach, dass Menschen nach einer menschenfreundlichen Tat zuerst eine Woge von Hochstimmung empfinden und anschließend ein lang anhaltendes Gefühl von innerer Ruhe und Wohlbefinden. Während dieser stressreduzierten Phase verbessern sich die Immunreaktionen. Unglaubliche 95 Prozent von Luks' altruistischen Freiwilligen erfreuten sich einer besseren Gesundheit als andere Gleichaltrige. Studien anderer Wissenschaftler bestätigten die folgenden Ergebnisse, die Luks mit seinen Untersuchungen als Erster verzeichnete:

- Anderen zu helfen, trägt zur Aufrechterhaltung der eigenen Gesundheit bei und kann die Folgen sowohl von leichten als auch schweren Krankheiten und Störungen, psychischen wie physischen, abmildern.

- Altruistisches Verhalten kann das Selbstwertgefühl steigern und zugleich Glücksgefühle erzeugen.
- Helfen kann Freude machen, die emotionale Belastbarkeit und Kraft stärken und ungesunde Einsamkeitsgefühle abbauen.
- Jedes Mal wenn sich eine Person daran erinnert, dass sie einer anderen geholfen hat, stellen sich gesundheitlicher Nutzen und Wohlbefinden erneut ein und halten Stunden oder sogar Tage an.[6]

Versöhnungsbereitschaft

Die Bereitschaft zu vergeben ist wesentlich für unsere Spiritualität, denn sie erlaubt uns, vergangene Verletzungen und Enttäuschungen geistig loszulassen. Laut Joan Borysenko, Psychologin, Autorin und Leiterin eines spirituellen Mentorenprogramms, heißt Vergebung, »zu erkennen, dass jeder Menschen seinem innersten Wesen nach derselbe ist wie man selbst, und ihm das Geschenk zu machen, kein Urteil über ihn zu fällen«.[7] Im Grunde dreht sich Vergebung weniger darum, den anderen, als vielmehr sich selbst davonkommen zu lassen. Wenn Sie verzeihen, bleiben Sie nicht länger Opfer Ihrer eigenen Wahrnehmungen. Sie können diese Wahrnehmungen ändern: *Diese Wahl haben Sie.* Wenn Sie verzeihen, können Sie Groll, Wut, Feindschaft und Schuld loslassen, alles Einstellungen, die Superstress direkt in die Hände arbeiten. Wenn Sie verzeihen, schützen Sie Ihren eigenen Körper vor der Woge schädlicher, mit der Stressreaktion einhergehender Substanzen wie Adrenalin, Noradrenalin und Cortisol.

Doch es ist nicht nur wichtig, anderen zu vergeben. Manchmal müssen wir uns selbst verzeihen, und das ist oft weit schwieriger. Nehmen wir an, Sie haben einen Fehler gemacht, für den Sie teuer bezahlt haben. Vielleicht haben Sie in Aktien investiert, einen Tag bevor der Markt um 500 Punkte eingebrochen ist, oder Sie haben über Ihre beste Freundin getratscht und sie hat es erfahren. Kommt Ihnen eines dieser Beispiele irgendwie bekannt vor? Natürlich. Wer von uns hat nicht schon mal unbesonnen gehandelt oder eine schlechte Entscheidung getroffen?

Wie lange wollen Sie sich Schwächen und Fehler vorwerfen? Und was nützt es Ihnen letztlich, die Schuldzuschreibungen nicht loszulassen? Selbstvorwürfe machen den Schmerz nur schlimmer, nicht nur, weil Sie mit dem Selbsthass Zeit und Kraft vergeuden, sondern auch, weil Sie über die misslichen Gefühle hinaus obendrein noch eine Kaskade schädlicher Stresshormone lostreten.

Wenn Sie also gerade einen ganz dicken Hals auf sich selbst oder jemand anderen schieben, dann möchte ich Ihnen nur drei Worte sagen: *Lassen Sie los.* Wie die Steine, die meine Patienten umklammern sollen – lassen Sie einfach los. Folgen Sie der Natur, denn im Grunde geht es in der Natur immer um Heilen und Vergeben. Dan Custer schreibt in seinem Buch *The Miracle of Mind Power:* »Wenn Sie sich an einem scharfen Messer schneiden, machen sich die Kräfte der Natur sofort daran, den Schaden zu reparieren. Es war eine Fehlleistung, sich in den Finger zu schneiden, doch die Natur weigert sich deshalb nicht, die Welt wiederherzustellen. Die Natur verzeiht sofort und macht sich umgehend an die Instandsetzung.«[8]

Wenn die Natur so versöhnlich sein kann, warum dann nicht auch Sie?

Beten

Beten ist ein ausgezeichnetes Mittel gegen Superstress. Da es die Verbindung zu einer höheren Macht herstellt, bewirkt es eine Entspannungsreaktion, die Stress lindert, den Körper zur Ruhe bringt und Heilungsprozesse fördert. Beten vermittelt zudem das Gefühl von Ruhe, Geborgenheit und Erdung. Der meditative Aspekt des Betens führt psychische Zustände herbei, die wiederum die Entspannungsreaktion fördern. Infolgedessen sinken Puls und Blutdruck, und das Immunsystem wird gestärkt. Religiöse Menschen geben und empfangen etwa durch Bibelkreise und Gemeindefeste die Unterstützung einer Gemeinschaft, so dass der Faktor soziale Einbindung zum Tragen kommt. Allerdings brauchen Sie nicht zur Kirche zu gehen oder in einer organisierten oder sonstwie erkennbaren Weise zu beten, um von diesen Vorteilen zu profitieren.

Wenn Sie zu Ihrem ganz persönlichen »Gott« beten oder einfach nur über Ihre Gottesvorstellung meditieren, kann das diese Reaktionen genauso in Gang setzen.

Andrew Newberg, der an der University of Pennsylvania lehrt und forscht, untersucht insbesondere die neurophysiologischen Zusammenhänge von Meditation, Gebet und Hirnfunktion. In einem Interview erklärte er, dass »spezielle Praktiken, die üblicherweise mit religiösen und spirituellen Kontexten verknüpft werden, auch über diese Zusammenhänge hinaus und unter einem alltagsbezogenen, profanen, gesundheitsorientierten Gesichtspunkt sehr nützlich sein könnten«.[9] In Newbergs Institut wurde eine Studie durchgeführt, bei der 15 ältere Erwachsene mit Gedächtnisproblemen acht Wochen lang Kirtan-Kriya-Meditation übten. Erste, vorläufige Resultate, was den Einfluss auf die Hirnfunktion anbelangt, sind sehr vielversprechend.

In den vergangenen 30 Jahren hat sich der Harvard-Wissenschaftler Herbert Benson – bekannt als Vater der Entspannungsreaktion – wissenschaftlich mit dem Beten befasst. Er erforscht hauptsächlich die Meditation, interessiert sich jedoch für alle Formen des Gebets, da es Stress mindert und Heilungsprozesse fördert. Benson hat mit Hilfe der Magnetresonanztomographie bei Buddhisten gezeigt, wie Meditation des Gehirn beeinflusst. Versenkt sich eine Person tief in Meditation, werden die Schaltkreise im Scheitellappen des Gehirns, die für die Unterscheidung zwischen Ich und Außenwelt zuständig sind, aktiviert und die Gehirnaktivität verlangsamt sich. Zugleich fahren die für das Zeitempfinden und das Ichbewusstsein zuständigen Areale im Stirn- und Schläfenlappen ihre Aktivität herunter und das limbische System die seine herauf. Das Ergebnis ist ein Gefühl von Ehrfurcht und Stillsein. Der Körper entspannt sich, und die physiologische Aktivität – Herzfrequenz, Atmung, Puls – wird gleichmäßiger. Die Person wird ruhiger.[10]

Doch laut Harold Koenig, Dozent für Medizin und Psychiatrie an der Duke University, geht es beim Beten nicht nur darum, Ruhe und Frieden zu finden. Beten bewirkt weit mehr. In seinem *Handbook of Religion and Health* analysiert er fast 1200 Studien zu gesundheitlichen Wirkungen des Betens.[11] Diesen Studien zufolge leben religiöse Menschen gesünder, zum Teil weil sie seltener rauchen, trinken oder betrunken Auto fahren. Laut Koenig werden Menschen, die regelmäßig beten, generell seltener krank, wie verschiedene Studien an den Universitäten Duke, Dartmouth und Harvard unabhängig voneinander belegen. Koenig hebt zudem Folgendes heraus:

- Krankenhauspatienten, die nie einen Gottesdienst besuchen, bleiben im Durchschnitt dreimal so lange stationär wie regelmäßige Kirchgänger.
- Herzpatienten hatten ein vierzehnfach höheres Risiko, nach der Operation zu sterben, wenn sie nicht religiös waren.
- Die Rate der Schlaganfälle unter älteren Menschen, die selten oder nie in die Kirche gingen, war doppelt so hoch wie unter regelmäßigen Gottesdienstbesuchern.
- Religiöse Menschen sind weniger anfällig für Depressionen. Und erkranken sie doch, genesen sie schneller.

Kontakt mit der Natur

Die Natur ist von Natur aus etwas Spirituelles. Die Natur weckt die Lebensgeister und beruhigt jeden unserer Sinne. Wir reagieren unbewusst auf die Farben der Natur. Wir wissen durch Forschungen, dass Grün- und Blautöne uns enorm friedfertig stimmen. Auch Naturgeräusche beruhigen uns. Denken Sie nur an das Murmeln eines Bachs, das Rauschen eines Wasserfalls oder das Zwitschern der Vögel in den Bäumen. Denken Sie an die Stille der Natur, die friedliche Stille fallenden Schnees, eine Stille, die wie Balsam für unsere Nerven ist. Machen sie nach einem Regenguss einen Waldspaziergang und atmen Sie die unverfälschten Gerüche der Natur ein: die erdige Feuchte der Blätter und den frischen Duft von Kiefernnadeln unter den Füßen. Selbst wenn Sie in der Stadt wohnen oder arbeiten, werden Sie selten weit gehen müssen, um auf das Werk der Natur zu stoßen. Sie finden es in den Blumenrabatten im Stadtpark oder in den Blumentöpfen auf den Veranden und Balkonen der Gebäude. Selbst auf dem Bürgersteig einer vielbefahrenen Straße im Zentrum können Sie stehenbleiben und hinauf zu den Wolken schauen. Manchmal braucht es nicht mehr als diese kleinen Inseln der Schönheit, um uns an die Erhabenheit der Natur zu erinnern.

Die Natur ist größer als wir. Sie gibt uns einen Maßstab und führt uns vor Augen, dass uns vielleicht manchmal Termindruck, Wäscheberge oder Haufen ungeöffneter Post über den Kopf wachsen mögen, dass aber die Alltagsscherereien im Vergleich zum Meer und zum Himmel doch recht klein sind. Was immer auch mit uns geschieht, die Berge werden immer noch aufragen und die Flüsse werden immer noch fließen.

Poesie erleben

Supergestresste Menschen eilen immer sich selbst voraus. Sie mögen in der Carnegie Hall sitzen und einem überwältigenden Cellokonzert von Yo Yo Ma lauschen, und dennoch denken sie in der Hälfte der Zeit an das, was sie noch nicht erledigt haben oder eigentlich erledigen sollten. Oder malen Sie sich aus, was im Kopf einer supergestressten Frau auf Kreuzfahrt vorgehen mag: Sie sitzt in einem Liegestuhl auf dem Balkon ihrer Luxuskabine mit einem Teller Canapées und einer Kanne Tee auf dem Beistelltisch neben sich. Während sie hinaus auf die See starrt, passen sich ihre Augen an die Sonne an, die gerade hinter den Horizont sinkt. Das *sieht* sie. Aber sie *denkt* an etwas ganz anderes: *Hab ich meinen Zahnarzttermin abgesagt, bevor ich abgereist bin? Ich hoffe, der Hundesitter stopft Rex nicht so voll. Was soll ich heute zum Abendessen anziehen?* Ich nenne das »Gedankengeschwätz«. Es ist der unaufhörliche Lärm, der Ihrer Angst entspringt, dies oder das nicht erledigt zu haben oder schlimmer, dies oder das erledigt zu haben, aber nicht perfekt.

Was hat das mit Poesie zu tun? Lyrik kann einen Zugang zum inneren Dialog eröffnen. Irgendwann einmal in unserem Leben brauchen wir Zeit, um einfach nur nachzudenken und zu träumen – um unsere Gedanken wie Blasen aufsteigen zu lassen und uns tiefere Einsichten in uns selbst und das Leben im allgemeinen zu erschließen. Gedichte führen zu dieser Art des Nachsinnens, weil sie so viel Raum für Interpretationen lassen. Fast jede Naturreligion stellt ihren Anhängern als Teil eines Selbsterforschungsprozesses Denkrätsel. In manchen Richtungen des Zen-Buddhismus heißen diese Rätsel Koans, und sie haben fast immer die Form eines kurzen Gedichts. Koans sollen – und können eigentlich – nicht gelöst werden. Eine schöne Übung könnte folgende sein: Suchen Sie sich zwei Gedichte aus, die Sie dazu auffordern, über die Geheimnisse des Lebens nachzudenken. Entlassen Sie beim Lesen Ihre Phantasie aus dem Superstress in eine Welt des Friedens; lassen Sie Ihrer Neugier die Zügel schießen und schauen Sie einfach zu, wohin Sie Ihr umherschweifender Geist führt.

Eine Übung zur Selbsterkenntnis

Die folgenden vier Fragen sollen Ihnen als Leitfaden dienen, um tiefer in Ihr Selbst einzudringen, damit Sie einen engeren Bezug zu den Dingen finden, die Ihnen persönlich am meisten bedeuten. Holen Sie sich, bevor Sie beginnen, Papier und Bleistift, damit Sie Ihre Antworten notieren können. Führen Sie die Übung jetzt durch und dann in einer Woche noch einmal. So können Sie feststellen, ob sich Ihre Antworten verändert haben. Danach sollten Sie sie in einem Monat wiederholen.

- Nehmen Sie an, Sie wären 99 Jahre alt und blickten auf Ihr Leben zurück. Inwiefern wären Sie mit dem Verlauf Ihres Lebens zufrieden (und unzufrieden)?
- Welche nichtmateriellen Geschenke sind Ihnen zuteil geworden, die Sie glücklich gemacht haben? Welche nichtmateriellen Geschenke haben Sie gegeben, die andere glücklich gemacht haben?
- Was schenkt Ihnen Freude?
- Was von Ihnen oder Ihrem Leben sollte zurückbleiben, um der Welt Kunde von Ihnen zu geben?

Freundlichkeit – unverhofft kommt oft

Gelegentlich, wenn sie großes Glück hat, kennt eine Autorin eine Geschichte, die den Inhalt des gerade entstehenden Kapitels auf den Punkt bringt. So fügt sich die folgende Begebenheit nahtlos in dieses Kapitel über Spiritualität ein, denn sie verdeutlicht, dass ein kleines bisschen Glauben uns durch die schwierigsten Zeiten zu tragen vermag, dass Vertrauen unserem Herz den Weg weist und uns erfüllende Erfahrungen schenkt, die sich unser bewusster Verstand nicht einmal ansatzweise vorstellen kann.

Diese Geschichte handelt von Sinn und Werten, Vertrauen und Zuversicht, Dankbarkeit, Freude und Glück. Sie ereignete sich, weil ich loslassen und sie geschehen lassen konnte.

Eine Geschichte über Freundlichkeit

1999 reiste ich eine Woche vor dem Abschluss meiner Zusatzausbildung in Integrativer Medizin in Tucson in Arizona nach Rhinebeck im Staat New York zum Omega Institute. Dort wollte ich an einem einwöchigen Workshop über Stressreduktion durch Achtsamkeit mit Jon Kabat-Zinn und Saki Santorelli teilnehmen. Während meines Aufenthalts fiel mir bei einem Stadtbummel ein Musikinstrumentengeschäft auf. Ich liebe Musik (ich spiele Geige), also betrat ich es, um mich umzusehen. Einige Minuten später verliebte ich mich in eine ziemlich große Trommel, eine nette und lustige Ergänzung meiner Instrumentensammlung, wie ich meinte. Ohne einen Gedanken daran zu verschwenden, wie ich sie nach Hause bringen sollte, kaufte ich sie und nahm sie in mein Zimmer im Institut mit.

Sprung zum folgenden Freitagabend: ich auf der Rückreise nach Tucson. Ich hatte geplant, mit der Bahn von Rhinebeck zur Pennsylvania Station in New York zu fahren, mir ein Taxi zum JFK-Flughafen und dort die Maschine zurück zu nehmen. Am nächsten Vormittag sollte meine Abschlussfeier stattfinden. Mittlerweile hatte ich glücklich die Penn Station erreicht und es irgendwie geschafft, mein Gepäck *und* die Trommel aus dem Zug an eine Straßenecke außerhalb des Bahnhofs zu schleifen, wo ich verzweifelt winkte, während millionenweise Taxis vorübersausten. Habe ich erwähnt, dass es 17 Uhr war? Und dass ich, um am folgenden Tag an meiner Abschlussfeier teilnehmen zu können, den Flug um 18:45 Uhr vom JFK erwischen musste?

Da stand ich also an dieser Ecke und winkte (wenn ich nicht gerade auf meine Uhr sah), in wachsender Angst, mein Flugzeug zu verpassen. Ein etwa vierzigjähriger Mann erbarmte sich meiner und fragte, ob er mir helfen könne. »Wissen Sie, Sie werden nie ein Taxi kriegen«, meinte er. Auf meine Frage nach dem Grund erwiderte er: »Weil es fünf Uhr nachmittags ist und kein Taxifahrer raus zum JFK fahren will. Der Verkehr ist grauenhaft, deswegen würde er nichts verdienen.« Dann fuhr er fort: »Sie müssen die U-Bahn zum Flughafen nehmen. Die Linie A geht direkt hinaus zum JFK.« Ich kannte mich überhaupt nicht aus und sagte ihm das auch. Da meinte er: »Folgen Sie mir einfach.« Er ergriff meine Trommel, ging mit mir zurück durch den Bahnhof hinunter zur U-Bahn, steckte zwei Fahrkarten in das Drehkreuz und ging mit mir zum Bahnsteig. Als der Zug einfuhr, half er mir, mein Gepäck und meine Trommel zu verstauen und entschuldigte sich dann, dass er mich nicht weiter begleiten könne. Vermutlich guckte ich ziemlich verzagt aus der Wäsche, denn er meinte: »Keine Sorge. Es hilft Ihnen bestimmt immer jemand weiter.«

Ich fing gerade an, mir Gedanken über mein weiteres Fortkommen zu machen, als mich ein junges Paar fragte, wohin ich wolle. Ich erklärte, dass ich zum JFK wolle, aber den Weg nicht kenne und dass mir nur noch eine Stunde dafür bliebe. Es sah nicht gut aus. Der Mann sagte: »Kein Problem, wir sagen Ihnen, wann Sie aussteigen müssen.« Als wir in den Bahnhof einfuhren, halfen sie mir, meinen Krempel auf den Bahnsteig zu stellen, und jemand, der mit mir ausgestiegen war, fragte mich, ob ich Hilfe bräuchte. Er nahm meine Trommel und brachte mich zum Bus direkt zum JFK-Terminal. Und so ging es weiter. Ein anderer half mir aus dem Bus und trug mir sogar mein Gepäck bis zum Schalter. Ich checkte ein, stieg ins Flugzeug und war am nächsten Morgen bei der Abschlussfeier.

Abgesehen von dem Wunder, dass ich es rechtzeitig zu meinem Flug schaffte, denke ich immer noch ehrfürchtig an die prophetischen Worte des ersten Mannes, der sagte: »Kein Problem. Es hilft Ihnen bestimmt immer jemand weiter.« Diese einzigartige, geradezu poetische Erfahrung ist ein Sinnbild für meinen gesamten Weg zur integrativen Ärztin, denn jedes Mal, wenn ich etwas Neues lernte oder eine neue Einsicht gewann, geschah dies, weil mir jemand geholfen hatte. Dieses Erlebnis steht zudem im Einklang mit den damaligen Entwicklungen in der integrativen Medizin, denn damals mussten wir uns oft ins Unbekannte vorwagen, gestützt nur auf Vertrauen und Glauben. Und dabei reichte uns dann in den entscheidenden Momenten das Leben selbst die Hand.

Ich sollte vielleicht noch erwähnen, dass meine Kollegen und ich am Morgen vor der Feier erfuhren, dass jeder von uns einen kleinen Vortrag halten sollte. Ich hatte natürlich nichts vorbereitet. Keiner von uns war vorbereitet. Also trat ich ans Pult und berichtete von meiner Trommel und wie ich sie heimgebracht hatte. Danach sagten mir alle, meine kurze Geschichte sei der Hit der Veranstaltung gewesen. Mir tat es nur leid, dass der Mann an der Straßenecke sie nicht hatte hören können. Ich glaube, sie hätte ihm gefallen.

**Teil III
Ihre persönliche Strategie gegen Superstress**

Jetzt kommt der angenehme Teil: Theorien und Vorsätze in die Tat umzusetzen.

Sie wissen jetzt, was ein Stressor ist und dass den lieben langen Tag aus allen Richtungen unzählige Stressoren auf uns einstürmen. Sie wissen, welche subtilen – oder auch weniger subtilen – Treffer ein Stressor landet und wie bereitwillig – oder auch weniger bereitwillig – wir diese Treffer einstecken. Sie wissen, dass sich die Auswirkungen dieser Schläge nach und nach anhäufen, bis uns schließlich ein ausgewachsener Fall von Superstress das Leben vergällt.

Sie wissen sogar schon, wie sich Superstress äußert: Anfangs litten Sie unter Rückenschmerzen und glaubten, es käme vom zu langen Herumtragen Ihres Kleinkindes. Zugleich hatten Sie das Gefühl, alles wüchse Ihnen über den Kopf, was Sie einer unhaltbaren Situation am Arbeitsplatz zuschrieben.

Aber jetzt haben Sie den großen Überblick. Sie sehen die Einheit von Geist und Körper; Sie wissen, dass Ihre Rückenschmerzen sehr wahrscheinlich auf den Stress am Arbeitsplatz zurückgehen. Und dass Sie, um Ihren Beschwerden abzuhelfen, zuerst die Stressursachen ausfindig machen und dann Geeignetes dagegen unternehmen müssen.

Ich habe dieses Buch geschrieben, weil ich anderen Menschen den Weg zu einem Leben ohne Superstress weisen möchte. Darum geht es in diesem Teil des Buches. Er fasst alle bisherigen Informationen zusammen und setzt sie praktisch um, damit Sie hinaus in die Welt gehen und ein besseres Leben führen können.

In diesem Abschnitt finden Sie zwei Programme, mit deren Hilfe Sie selbst aktiv werden können.

Das erste Programm wird in Kapitel 9 erläutert. Es handelt sich um das Vierwochen-Anti-Superstress-Programm, das ich in diesem Buch schon mehrmals angekündigt habe. Dieses umfassende Programm soll die Symptome von Superstress in Angriff nehmen und beseitigen, und es eignet sich für jeden. Vereinfachte Versionen finden Sie in Kapitel 10, »Anti-Superstress-Strategien für Ihren Typ«. Dabei handelt es sich um Programme, die persönlicher, gezielter und für speziellere Symptome von Superstress gedacht sind.

Betrachten wir zunächst jedes dieser Programme einmal etwas genauer.

Das Vierwochen-Anti-Superstress-Programm

Diese vierwöchige »Kur« hat zum Ziel, Sie auf den Weg zu Wohlbefinden zu bringen und Sie noch lange auf Kurs zu halten, wenn diese 28 Tage hinter Ihnen liegen. Das Programm stellt jede Woche ein bestimmtes Thema in den Vordergrund, wobei jedes auf dem vorhergehenden aufbaut.

* Erste Woche: Weil supergestressten Menschen oft ihr eigenes Leben über den Kopf gewachsen ist, dreht sich die erste Woche um das Thema: *Ruhe in Ihr Leben bringen.* Sie werden darauf hinarbeiten, Ihre Gewohnheiten mit einem vernünftigeren Tempo in Einklang zu bringen. Beispielsweise werden Sie sich darum bemühen, Ihre Schlafgewohnheiten und Ihre Ernährung in den Griff zu kriegen.
* Zweite Woche: *Entgiftung von Geist, Körper und Seele – und Umfeld.* Hier geht es darum, mehr Ruhe zu finden, indem Sie Dinge, die Sie als belastend empfinden, aus Ihrem Leben schaffen. Sie beginnen damit, den Konsum von aufputschenden Genussmitteln einzuschränken und der Macht der technischen Geräte über Ihr Leben Grenzen zu setzen.

- In der dritten Woche, *Wiederherstellung und Neuaufbau,* werden Sie daran gehen, Ihre körperlichen Reserven wiederaufzufüllen. Dazu reduzieren Sie die Zufuhr entzündungsfördernder Stoffe und stärken Ihr Immunsystem.
- Die vierte Woche, *Gemeinschaft und Spiritualität pflegen,* ist Beziehungen gewidmet: auf andere zugehen und zur eigenen Spiritualität finden.

In jeder Woche sollen Sie eine ganze Batterie entstressender Techniken anwenden: Tagebuchführen, Selbstbekräftigungen, Lebensstiländerungen, körperliche Aktivität, Ernährung, Nahrungsergänzungsmittel, eine Geist/Körper-Übung und ein Sonderprojekt. Müssen Sie all diese Verfahren jede Woche einsetzen? Nicht, wenn Ihnen das zu viel vorkommt. Wie Sie wissen, ist das Letzte, was ich will, dass Sie sich bei der Stressreduktion stressen. Doch halten Sie sich vor Augen: Je mehr von diesen Hilfsmitteln Sie anwenden, desto besser werden Sie sich fühlen. Anders ausgedrückt, Sie werden größeren Erfolg erzielen, wenn Sie sich körperlich betätigen und Auszeiten nutzen, während Sie sich an den Diätplan halten, als wenn Sie sich nur an den Ernährungsplan halten. Jeder meiner Patienten hat das Programm auf eine andere Weise absolviert, doch bislang hat jeder Erfolg gehabt.

Anti-Superstress-Strategien für Ihren Typ

Hier biete ich Ihnen Möglichkeiten für ein weniger breit angelegtes, gezielteres Vorgehen gegen Superstress an. Sollten Sie sich, aus welchen Gründen auch immer, gegen das Vierwochenprogramm entscheiden, haben Sie in Kapitel 10 die Wahl zwischen zwei Alternativprogrammen gegen Ihre Superstress-Syptome. Das erste davon ist ein umfassendes, auf fünf verschiedene Superstress-Typen zugeschnittenes Maßnahmenpaket. Supergestresste Menschen lassen sich in der Regel einem von fünf Typen zuordnen. In diesen Typen spiegelt sich eine Mischung von Bewältigungsformen und Dauer des unbehandelt bestehenden Superstress'. Mit Hilfe der Fragebögen in Teil II haben Sie wahrscheinlich Ihren Typus schon dingfest gemacht. Pfeifen Sie vor lauter Stress schon auf dem letzten Loch, oder sind Sie nur ein wenig angeschlagen? Machen Ihre Bewältigungsversuche Sie schweigsam, nervös, zerstreut oder eher beherrschter? Wenn Sie herausbekommen, welcher Typ Ihren Symptomen am ehesten entspricht, werden Sie rasch die wirksamste Lösung finden. Diese Typen beruhen auf bestimmten Verhaltensweisen, wie sie bei supergestressten Menschen vorkommen. Die zweite Alternative bietet aber ebenfalls hilfreiche symptombezogene Vorgehensweisen.

In einer vollkommenen Welt wäre nichts von all dem nötig. Doch wir leben nicht in einer vollkommenen Welt. Wir benötigen alle zuweilen ein wenig Hilfe, um die Dinge ins Lot zu bringen. Wenn Sie das Gefühl haben, dieses Gleichgewicht zu verlieren, dann ist Umfallen nicht die einzige Lösung. Eigentlich liegt im Erkennen des Problems sogar eine besondere Art Chance: die Chance, das Leben neu zu beginnen, hellwach und mittendrin. Wenn Sie den Superstress abschütteln, wird Ihr Leben so werden, wie es sein soll: sinnerfüllt, wertvoll, voller Möglichkeiten – und Frieden.

Fangen wir an …

Kapitel 9
Das Vierwochenprogramm gegen Superstress

Bevor Sie loslegen, möchte ich Ihnen einen kurzen Überblick darüber geben, was Sie in den nächsten 28 Tagen erwartet. Wie Sie schon gelesen haben, gliedert sich dieses Programm in vier Wochenthemen:

Erste Woche: *Ruhe in Ihr Leben bringen* soll Ihnen Entspannung und mehr Kontrolle über sich selbst und Ihr Umfeld verschaffen.

Zweite Woche: *Entgiftung von Geist, Körper und Seele – und Umfeld* soll Ihr Leben von belastenden äußeren Einflüssen befreien und den Weg frei machen für eine gesündere und weniger stressige Lebensweise.

Dritte Woche: *Wiederherstellung und Neuaufbau* ermutigen Sie, fortan die Dinge, die Ihnen nicht gutgetan haben, durch gesunde, nützliche zu ersetzen.

Vierte Woche: *Gemeinschaft und Spiritualität pflegen* ist Beziehungen gewidmet. Nun, da Sie Ihr Gleichgewicht wiedergefunden haben und daran arbeiten, Ihr Leben an dem auszurichten, was für Sie wirklich zählt, ist es Zeit, auf andere zuzugehen und sich der Welt zu öffnen.

Zwar kreist jede Woche um ihr jeweiliges zentrales Thema, doch bestimmte Elemente sind allen gemein: Tagebuchführen, Selbstbekräftigungen, Lebensgewohnheiten, Ernährung, Nahrungsergänzung, Bewegung, Geist/Körper-Übungen und Sonderprojekte.

Im Folgenden beschreibe ich kurz, was jedes Element zu Ihrem Sieg über den Superstress beiträgt.

Tagebuchführen

Tägliche schriftliche Aufzeichnungen sind ein ausgezeichnetes Hilfsmittel zur Selbstreflexion. Es ist verblüffend, wie viel Sie über sich selbst erfahren können, wenn Sie einfach nur Ihre auf Papier gebannten Gedanken und Gewohnheiten nachverfolgen. Wenn Sie bestimmte Muster erkennen, können Sie zudem diejenigen vermeiden, die Ihnen nicht guttun.

Ihre Tagebuchübung untergliedert sich in zwei Teile: strukturierter Dialog und freie Form. Der *strukturierte Dialog* erfolgt anhand einer Reihe von Fragen, die Ihnen zu mehr Selbsterkenntnis verhelfen sollen. Nehmen Sie sich täglich eine oder zwei davon vor. Zudem finden Sie drei »Kernfragen« in Bezug auf Ihren täglichen Stress, und diese drei sollten Sie *jeden Tag* beantworten. Das Tagebuch in *freier Form* ist eine für Träumereien reservierte Zeit, die meiner Ansicht nach zur Kreativität gehört, uns anspornt und den Zusammenhalt stärkt. In dieser Zeit sollten Sie Ihre Träume aus der vorangegangenen Nacht, Ihre Gedanken zum vorausliegenden (oder gerade zu Ende gegangenen) Tag oder was Ihnen sonst noch in den Sinn kommt, aufzeichnen. Sie entscheiden, worüber Sie schreiben wollen, und tun es einfach.

Meine Patienten berichten mir überwiegend, dass ihnen das Tagebuchschreiben entweder morgens nach dem Aufwachen oder abends vor dem Schlafengehen am leichtesten fällt. Wo und wann Sie schreiben, ist nicht so wichtig; viel wichtiger ist, dass Sie täglich etwa 20 Minuten lang nur schreiben, ohne dass Fernseher oder Radio laufen.

Selbstbekräftigungen

Diese täglichen, den Geist beflügelnden »Mantras« sind ein mächtiges Werkzeug der Veränderung, denn sie bewirken eine Art Neueinstellung Ihres Unterbewussten zu positiverem Denken. Eine positive Einstellung zu entwickeln, ist eine der wirksamsten Lebensstrategien überhaupt. Auf persönlicher Ebene verändert sie Ihr Leben; sie fördert Ihre Gesundheit und erneuert Ihre Fähigkeit zu Lust und Leidenschaft. Für jede Woche finden Sie mehrere selbstbekräftigende Sätze zur Auswahl, oder erfinden Sie Ihre eigenen (weitere Alternativen in Kapitel 3). Eine Selbstbekräftigung ist die Bekundung, dass etwas wahr ist oder dass Sie es wahr machen können. Es gibt keine Grenzen für das, was Sie erreichen können, *wenn* Sie sich immer wieder sagen, dass Sie es können.

Lebensgewohnheiten

Es ist menschlich, Dinge aus Gewohnheit zu tun, und häufig ist das auch gut so, denn müssten wir alles und jedes bewusst entscheiden, bliebe uns keine Zeit mehr zum Ausruhen, Träumen, für Wunschvorstellungen oder schöpferisches Tun. Manchmal jedoch tun wir etwas ziemlich gedankenlos, und *das* wird uns dann zur Gewohnheit. Häufig sind die so entstandenen Gewohnheiten nicht die gesündesten! Wenn Sie Ihren Superstress verringern oder loswerden möchten, müssen Sie Ihre Entscheidungen bewusster fällen, damit für Körper und Geist gesündere Gewohnheiten Wurzeln schlagen können. Uns allen steht es frei, über unsere Lebensweise selbst zu bestimmen, doch unter Superstress schalten die meisten automatisch in den Überlebensmodus. Dann sind wir schon froh, den Tag zu überstehen, gefangen in einer endlosen Aufholjagd, statt ein besseres Leben zu wählen. In den kommenden vier Wochen packen wir die Probleme Schlaf, Organisation, Bewegung, Entspannung und Ernährung an, und in jedem Bereich werden Sie lernen, Ihr Leben selbst in die Hand zu nehmen.

Essen: Nahrung für Körper und Seele

In Kapitel 4 habe ich meine Philosophie des guten Essens erläutert. Jetzt befassen wir uns ganz konkret mit dem Essen. Im Anhang finden Sie die Anti-Superstress-Diät. Sie besteht aus insgesamt 21 vollständigen Tagesplänen mit Normalkostmahlzeiten zur Auswahl. Dabei kommen die oben besprochenen stressbekämpfenden Nahrungsmittel zum Einsatz. Es gibt aber auch genügend Auswahl für die einwöchige Entgiftungsdiät. So sieht der Ernährungsplan für das Vierwochenprogramm im Überblick aus:

Erste Woche: Wählen Sie jeden Tag einen Vorschlag aus den Normalkostplänen aus.

Zweite Woche: Sie machen jetzt die Entgiftungswoche, aber Sie haben trotzdem noch eine Auswahl: Sie können sich an die Entgiftungskostpläne halten, doch wenn Ihnen die zu eingeschränkt sind, dann wählen Sie Normalkost oder wechseln Sie ab.

Dritte und vierte Woche: Suchen Sie sich täglich einen der Normalkostpläne aus, oder mischen Sie die Mahlzeiten nach Belieben.

Unabhängig von Ihrem gewählten Tagesplan sollten Sie täglich Folgendes machen:

- Trinken Sie möglichst acht Gläser Wasser.
- Trinken Sie morgens nicht mehr als ein bis zwei Tassen Kaffee oder Tee, wenn Sie einen Muntermacher brauchen (ich rate Ihnen allerdings zu Tee).
- Trinken Sie nach dem Mittagessen eine Tasse Grün- oder Kräutertee.
- Verbannen Sie sämtliche verarbeiteten Nahrungsmittel einschließlich Diätlimonaden aus Ihrer Ernährung.
- Wenn Sie einen Imbiss möchten, essen Sie nur frisches Obst, eine Handvoll Nüsse oder 30 Gramm dunkle Schokolade.
- Essen Sie vor 19 Uhr zu Abend.

Nahrungsergänzungsmittel

Sie werden in den kommenden vier Wochen eine Reihe verschiedener Nahrungsergänzungsmittel einnehmen. Diese Präparate gehören rechtlich zu den Lebensmitteln. In Deutschland fallen sie daher unter die Regelungen des Lebensmittel- und Futtergesetzbuches (LFGB). In der Nahrungsergänzungsmittelverordnung (NemV) von 2004 sind die zugelassenen Vitamine, Mineralstoffe, Pflanzenauszüge und so weiter aufgeführt. Ein Nahrungsergänzungsmittel ist definiert als »ein Lebensmittel, das dazu bestimmt ist, die allgemeine Ernährung zu ergänzen«, und das »ein Konzentrat von Nährstoffen oder sonstigen Stoffen mit ernährungsspezifischer oder physiologischer Wirkung allein oder in Zusammensetzung darstellt« sowie »in dosierter Form, insbesondere in Form von Kapseln, Pastillen, Tabletten, Pillen, Brausetabletten und anderen ähnlichen Darreichungsformen, Pulverbeuteln, Flüssigampullen, Flaschen mit Tropfeinsätzen und ähnlichen Darreichungsformen von Flüssigkeiten und Pulvern zur Aufnahme in abgemessenen kleinen Mengen in Verkehr gebracht wird«. Werbeaussagen zu Heilwirkungen und medizinischen Indikationen sind nicht zulässig. Die US-amerikanischen Regelungen finden sich auf der Website des Food and Nutrition Information Center des US-amerikanischen Landwirtschaftsministeriums: http://fnic.nal.usda.gov.

Bewegung

Ab jetzt wird körperliche Bewegung zu einem Element Ihres Lebensstils. Bewegung baut nicht nur Stress ab, sondern eignet sich auch hervorragend dazu, unerwünschte Stresshormone loszuwerden. Jede der vier Wochen sieht ein bestimmtes Gehpensum sowie ein ergänzendes Trainingsprogramm vor.

Das Gehpensum: Ihr Ziel am Ende der vier Wochen sind 8000 Schritte pro Tag. Dazu zählen sowohl Ihre Schritte auf alltäglichen Wegen – zum Bäcker, zur Schule, mit den Kollegen zur Kantine, Wege im Büro – als auch Ihre Schritte im Rahmen des Trainingsprogramms.

Sie beginnen mit 6500 Schritten pro Tag in der ersten Woche und steigern diese Zahl pro Woche um 500 Schritte, so dass Sie gegen Ende der vierten Woche bei 8000 Schritten angelangt sind. Falls Sie jetzt denken, Sie müssten den ganzen Tag Schritte zählen – keine Bange! Erinnern Sie sich, dass ich Ihnen einen Schrittzähler empfohlen habe? Das ist ein handliches Gerät, das Sie an den Gürtel klipsen können und das Ihnen die Zählerei ganz unauffällig abnimmt. Legen Sie es morgens als Erstes an und nehmen Sie es abends vor dem Schlafengehen wieder ab. Einen Schrittzähler können Sie für wenig Geld in Sportartikelgeschäften und großen Supermärkten kaufen. Es macht sogar Spaß, die eigene Schrittzahl zu kontrollieren. Wenn Sie an einem Tag zu wenig gehen, legen Sie am nächsten eine Zusatzrunde um den Block ein. Oder parken Sie etwas weiter entfernt vom S-Bahnhof, nehmen sich in der Mittagspause fünf Minuten zum Gehen (das sind ungefähr 300 bis 500 Schritte), oder steigen Sie die Treppe hoch, statt den Fahrstuhl zu nehmen. Sie verstehen, was ich meine. Ich liefere Ihnen ein Raster für jede Woche, in das Sie Ihre Schrittzahlen eintragen können. Sie können es auch in Ihr Tagebuch übertragen.

Das Trainingsprogramm: Versuchen Sie, täglich 20 bis 30 Minuten Training (in anderer Form als Gehen) einzubauen. Was genau Sie machen, liegt bei Ihren, doch falls Ihnen die Ideen ausgehen, so habe ich in Kapitel 5 Verschiedenes vorgeschlagen. Denken Sie daran, dass Sie Ihre Trainingszeit wenn nötig in Fünf-, Zehn- oder Zwanzig-Minuten-Abschnitte aufteilen können. Es ist empirisch belegt, dass Sie von mehreren kleinen Trainingseinheiten genauso profitieren wie von einer großen. Deshalb habe ich für Sie ein Programm entworfen, das sich aus nach Zeit bemessenen Aktivitäten zusammensetzt.

Dehnübungen vor und nach einem Training sind sowohl entspannend als auch wohltuend für Ihre Muskeln. Ein Stretching-Programm finden Sie in Kapitel 5.

Körper/Geist/Seele-Übungen

Jede Woche werden Sie mindestens zwei der Übungen aus Kapitel 3, Wege zu innerem Frieden, durchführen. Diese Übungen leiten einen »Neustart« Ihres Nervensystems im Entspannungsmodus ein und stärken Ihre Widerstandskraft. Sie sind genauso wichtig wie alle anderen, da Körper und Geist aufs engste miteinander verzahnt sind. Einfluss auf den Körper zu nehmen, indem man am Geist ansetzt, ist eines der Grundprinzipien der integrativen Medizin und zudem eine der wichtigsten Methoden zur Bewältigung von Superstress.

Ihr Sonderprojekt

Jede Woche bekommen Sie eine Spezialaufgabe. Diese können Sie an einem Tag, einem Wochenende oder wann immer Sie Zeit und Lust dazu haben, in Angriff nehmen. Ich habe alle so gewählt, dass sie gut zum Thema der Woche passen und alles Vorherige quasi krönen. Es kommt vor allem darauf an, dass Sie Spaß dabei haben, hinterher entspannter sind und wieder wissen, wo es langgeht, und dass Sie sich selbst besser leiden mögen. Probieren Sie sie aus. Ich glaube, Sie werden anschließend froh darüber sein.

Gut! Sind Sie bereit für das Vierwochenprogramm?

Prima! Legen wir los!

Erste Woche: Ruhe in Ihr Leben bringen

In der ersten Woche soll Sie eine systematische Strategie aus dem Superstress-Zustand heraus und in einen Zustand der Gelassenheit hineinführen. Kurz gesagt: Ich werde Ihnen beibringen, sich zu entspannen und inmitten von all dem Wahnsinn um Sie herum (heutzutage eigentlich um uns alle herum) zur Ruhe zu finden. Das Thema dieser Woche ist die Neueinstellung Ihrer inneren Rhythmen. Dazu werden auch die kleinsten Elemente Ihrer Lebensweise umgestaltet. Beispielsweise werden Sie gemäß den »Verordnungen« dieser Woche immer zu einer bestimmten Zeit schlafen gehen und aufstehen, damit sich Ihre innere Uhr wieder richtig stellt. Sie werden ungesunde Nahrungsmittel weglassen, um Ihr Verdauungssystem zu beruhigen, und Sie werden Körper/Geist-Übungen zur Förderung der Entspannungsreaktion durchführen.

Beginnen Sie das Programm, indem Sie Ihren festen Willen zur Veränderung mit Ihrer Unterschrift unter den folgenden Vertrag bekräftigen:

Der Anti-Superstress-Vertrag

Ich, _____ , gelobe hiermit Folgendes:
Ich bin willens und entschlossen, meine Lebensqualität zu verbessern.
Ich gestehe mir zu, nicht perfekt sein zu müssen.
Mit dem heutigen Tag gelobe ich, a) etwas zu tun, b) etwas zu denken, c) mich an etwas zu halten, das meinen Superstress auflöst und mir eine innere Zuflucht verschafft.
Ich werde das Vierwochenprogramm absolvieren.

Datum _____   Unterschrift _____

Tagebuchführen

Es folgen die strukturierten Fragen, die Sie diese Woche beantworten sollten. Denken Sie daran, dass diese Fragen der Selbsterforschung dienen. Beantworten Sie eine pro Tag oder auch mehrere, wenn Ihnen das lieber ist. Und beantworten Sie jeden Tag die drei Kernfragen.

- Welche Bereiche meines Lebens scheinen mir aus den Fugen?
- Wie versuche ich damit fertig zu werden, dass mir alles über den Kopf wächst?
- Was hilft mir, mich zu entspannen?
- Was mache ich am liebsten, und wann habe ich es zuletzt gemacht?

- Welche Ziele habe ich?
- Wofür bin ich dankbar?

Beantworten Sie täglich jede dieser Kernfragen:

- Was hat mich heute gestresst?
- Wie bin ich mit dem Stressor umgegangen, und woran habe ich gemerkt, dass ich gestresst war?
- Was habe ich für mich getan, als ich mich gestresst fühlte?

Vergessen Sie auch nicht Ihre tägliche Tagebuchaufzeichnung in freier Form. Jetzt ist Ihre für Träume reservierte Zeit. Jetzt ist die Zeit, Ihre Gedanken über alles, was Ihnen in den Sinn kommt, niederzuschreiben. Schreiben Sie, wie Sie möchten: Es gibt nur Sie und Ihr Tagebuch.

Selbstbekräftigungen

Selbstbekräftigungen fördern die Entwicklung einer positiven Einstellung, sogar dann, wenn Sie vielleicht alles andere als positiv gestimmt sind. Vergessen Sie nicht, Ihre für den Tag gewählte(n) Selbstbekräftigung(en) auf ein Kärtchen zu schreiben und dieses in Ihre Geldbörse zu stecken, an den Badezimmerspiegel zu kleben oder auf Ihrem Schreibtisch aufzustellen, damit es Ihnen mehrmals am Tag ins Auge fällt. Sprechen Sie die Suggestivsätze häufig laut oder in Gedanken vor sich hin.

Die Selbstbekräftigungen dieser Woche:

- Meine Bestimmung ist ein erfülltes Leben, und das wünsche ich auch anderen.
- Unendlich viel Gutes widerfährt mir ohne Mühe.
- Jeden Tag meines Lebens gebe und empfange ich Liebe.
- Ich bin eine unerschöpfliche Quelle von Freundlichkeit und Frieden und lasse meinen Ärger los.
- Ich bin im Reinen mit mir selbst und der Welt.
- Ich bin ruhig und denke klar.

Lebensgewohnheiten

Diese Woche werden Sie eine möglicherweise ungesunde Gewohnheit ins Visier nehmen: wie viel – oder wie wenig – Schlaf Sie sich zugestehen. Guter Schlaf ist für die Gesundheit unerlässlich und genauso bedeutsam wie gute Ernährung. Versuchen Sie in dieser Woche, sich regelmäßige Schlafenszeiten anzugewöhnen: Gehen Sie jeden Abend zur selben Zeit zu Bett, und stehen Sie zur selben Zeit auf. Der optimale Schlaf-Wach-Rhythmus stellt sich ein, wenn Sie etwa um 7 Uhr aufstehen und um 23 Uhr schlafen gehen. Einigen Schriften der chinesischen Medizin zufolge bleibt man in Harmonie mit den Zyklen der Natur, wenn man sich an diese Uhrzeiten hält. Stehen Ihre Arbeitszeiten diesem Ziel entgegen, dann entwickeln Sie möglichst einen auf Ihre Situation zugeschnittenen Rhythmus.

Wenn Sie sich nur fünf Stunden Schlaf oder weniger gönnen, sollten Sie unbedingt prüfen, wie Sie diese Zeitspanne verlängern können, denn im Schlaf kann sich Ihr Körper regenerieren. Wenn Sie nun aber von Natur aus nicht gut schlafen, wie es so viele meiner Patienten von sich behaupten, dann schlagen Sie mein »Rezept für gesunden Schlaf« nach, und probieren Sie einige der dort aufgeführten Vorschläge aus (siehe Seite 140). Dort lesen Sie auch, dass eine zu helle Umgebung den für erholsamen Schlaf wichtigen Melatoninzyklus stört, weshalb es in Ihrem Schlafbereich möglichst dunkel sein sollte. Schlaffördernd ist zudem ein Zubettgehritual. Einige Ideen meiner Patienten: unmittelbar vor dem Schlafengehen ein Gute-Laune-Buch lesen, Tagebuch schreiben, der Lieblingsmusik oder Naturgeräuschen lauschen. Meditation eignet sich ebenfalls sehr gut dazu, den Tag ausklingen zu lassen.

Für mich ist das beste Entspannungsinstrument ein Lavendelölbad. In der Wanne fällt der Tag buchstäblich von mir ab, und ich komme richtig zu Hause an. Doch wofür Sie sich auch entscheiden, es soll Sie aus dem aktiven (und stressigen) Abschnitt des Tages in eine entspannte und ruhige Phase hinüberführen. Damit programmieren Sie Ihren Körper so um, dass er sich auf eine Ruhezeit als Vorstufe zum Schlaf einstellt.

Rezept für ein Entspannungsbad
Lassen Sie sehr heißes Wasser einlaufen und geben Sie dann einige Tropfen eines der folgenden ätherischen Öle hinzu:
Lavendel
Majoran
Römische Kamille
Hopfen
Baldrian

Essen: Nahrung für Körper und Seele

Sie befinden sich in der ersten Woche Ihrer Anti-Superstress-Diät. Wählen Sie täglich einen Tagesplan aus der Liste im Anhang. Halten Sie sich immer so eng wie möglich daran; neue Rezepte auszuprobieren, macht die Sache spannend, und vielleicht entdecken Sie neue Leibgerichte. Am besten erstellen Sie eine Einkaufsliste der benötigten Zutaten und kaufen gleich für die ganze Woche ein. Tun Sie alles, was Ihnen das Leben vereinfacht.

In dieser und allen folgenden Wochen sollten Sie zudem Folgendes machen:

- Trinken Sie möglichst acht Gläser Wasser täglich.
- Trinken Sie morgens nicht mehr als ein bis zwei Tassen Kaffee oder Tee, wenn Sie einen Muntermacher brauchen.
- Trinken Sie nach dem Mittagessen eine Tasse Grün- oder Kräutertee.
- Verbannen Sie sämtliche verarbeiteten Nahrungsmittel einschließlich Diätlimonaden aus Ihrer Ernährung.
- Wenn Sie einen Imbiss möchten, essen Sie nur frisches Obst, eine Handvoll Nüsse oder 30 Gramm dunkle Schokolade.
- Essen Sie vor 19 Uhr zu Abend.

Nahrungsergänzungsmittel

In dieser Woche beginnen Sie mit der Einnahme einiger Vitamine und Mineralstoffe. Diese Nahrungsergänzungsmittel tragen dazu bei, Sie aus der Superstress-Zone herauszubringen. Sie brauchen sie aber nicht bis in alle Ewigkeit zu schlucken, denn wenn Ihr Superstress nachlässt, lässt auch Ihr Bedarf daran nach. Meiner Erfahrung nach dauert es mindestens zwei Monate, meist aber vier, bis die durch den Superstress erschöpften Vitalstoffdepots in Ihrem Körper wieder aufgefüllt sind. Darüber hinaus sollten Sie beobachten, wie es Ihnen geht. Wenn Sie das Gefühl haben, dass Sie die Ergänzungsmittel noch benötigen, dann können Sie sie gefahrlos unbegrenzt weiter nehmen.

Sämtliche Nahrungsergänzungsmittel, die Sie in dieser (und in den folgenden Wochen) einnehmen werden, können Sie in Kapsel- oder Tablettenform kaufen, sofern der Plan nicht einen Tee oder eine Tinktur vorsieht.

Es folgt die Verordnung für diese Woche und eigentlich den gesamten Vierwochenplan. Damit fangen Sie an und bauen in den folgenden Wochen darauf auf.

Fischöl. Nehmen Sie 1000 bis 3000 mg täglich. Ich empfehle Weichkapseln, die meist je 1000 mg enthalten. Nehmen Sie mit jeder Mahlzeit eine ein. Wirkt gegen Entzündungen, die durch Stress verschlimmert werden.

Magnesium. Nehmen Sie 200 mg täglich. Fördert Entspannung, kann aber zu ungeformtem Stuhl führen. Falls dieses Problem bei Ihnen auftritt, verringern Sie die Dosis durch Halbieren der Tablette.

Vitamin-B-Komplex. Thiamin, Pantothensäure und Folsäure unterstützen den Stoffwechsel und hellen die Stimmung auf. Beachten Sie den Unterschied zwischen mg (Milligramm, Tausendstel Gramm) und μg (Mikrogramm, Tausendstel Milligramm).

B_6. Nehmen Sie 50 bis 100 mg täglich.

B_{12}. Lassen Sie 100 bis 500 µg täglich unter der Zunge zergehen.

Thiamin. Nehmen Sie 10 mg täglich.

Pantothensäure. Nehmen Sie 10 mg täglich.

Folsäure. Nehmen Sie 400 µg täglich.

Vitamin D_3. Nehmen Sie 25 bis 50 µg täglich. Das stärkt das Immunsystem, verbessert die Stimmungsregulation und erhält die Knochen gesund.

Probiotische Kulturen. Nehmen Sie 10 000 CFU pro Tag in Kapselform (CFU, engl. für koloniebildende Einheiten, ist ein Maß für die Zahl der Organismen in der Kapsel). Stress zerstört die nützliche Darmflora. Durch Zuführen probiotischer Kulturen ergänzen und stärken Sie diese für die Aufnahmefähigkeit Ihres Darms so wichtigen Mikroorganismen.

Bewegung

Setzen Sie sich diese Woche das Ziel von 6500 Schritten täglich bis zum Wochenende und mindestens 20 Minuten täglicher Bewegung zusätzlich zum Gehen. Suchen Sie sich in dieser Woche aus Kapitel 5 beliebige Übungen für 20 bis 30 Minuten aus, oder tun Sie sonst etwas, das Ihnen Spaß macht. Denken Sie daran, dass Sie alles in Fünf- oder Zehnminutenabschnitte unterteilen können und trotzdem davon profitieren.

Tragen Sie abends die Zahl der gegangenen Schritte in die folgende Tabelle ein.

	So	Mo	Di	Mi	Do	Fr	Sa
1. Woche							
2. Woche							
3. Woche							
4. Woche							

Körper/Geist/Seele-Übungen

Beginnen Sie diese Woche mit der für die Entspannung so grundlegenden Atemarbeit. Wenn Sie entspannter werden möchten, ist Atemarbeit der Königsweg. Atemübungen sind die einfachsten und unkompliziertesten aller Körper/Geist/Seele-Übungen, denn sie lassen sich überall, wo Sie auch sind, durchführen. Probieren Sie alle in Kapitel 3 beschriebenen Übungen einmal aus. Sorgen Sie für Abwechslung. Bei Zeitknappheit können Sie sie in Fünfminutenabschnitten machen, so oft Sie möchten.

Nehmen Sie als Nächstes Meditation dazu. Supergestresste Menschen haben es häufig verlernt, sich zu entspannen. Sie können einfach nicht los- und das Leben geschehen lassen. Ich merke das, wenn Patienten mir sagen, dass ihnen das »Stillsitzen« bei der Meditation einfach unmöglich sei. Ist dies bei Ihnen in der ersten Woche der Fall, können Sie etwas anderes ausprobieren, das innere Stille fördert und dennoch mit Bewegung verbunden ist, beispielsweise Tai Chi oder Yoga. Oder spielen Sie einfach mit einem Kind.

Sonderprojekt für die erste Woche: Buddhistische Herzmeditation

Das ist eine meiner liebsten Entspannungsmethoden, und obendrein wirkt sie Wunder, was die eigene Verbundenheit mit der Welt betrifft.

Herzmeditationsübung

Setzen Sie sich mit entspanntem Körper und ruhigem Geist auf einen bequemen Stuhl. Versuchen Sie Ihr Denken nur von dem erfüllen zu lassen, was Sie jetzt gerade umgibt. Sprechen Sie nun die folgenden Sätze aus. Sie wünschen sich selbst alles Gute, denn wenn Sie jemals andere lieben wollen, müssen Sie zunächst sich selbst lieben.

- Möge ich von Liebe und Mitgefühl erfüllt sein.
- Möge ich mich wohl befinden.
- Möge ich Ruhe und Frieden empfinden.
- Möge ich glücklich sein.

Wiederholen Sie diese Sätze dreimal. Hilfreich ist es, währenddessen vor Ihrem geistigen Auge ein Bild Ihrer selbst erstehen zu lassen. Stellen Sie sich vor, dieses Bild gäbe Ihnen Liebe und gute Wünsche zurück. Wenn Sie dann dazu bereit sind, lassen Sie dieses Bild verblassen und stellen Sie sich einen lebenden oder verstorbenen Menschen vor, der Sie wirklich gern (gehabt) hat. Sprechen Sie die obigen Sätze dreimal aus und schicken Sie der/m Betreffenden dabei Liebe: *Möge er/sie erfüllt sein von Liebe und Mitgefühl. Möge er/sie sich wohl befinden. Möge er/sie Ruhe und Frieden empfinden. Möge er/sie glücklich sein.* Stellen Sie sich dabei vor, Sie empfingen im Gegenzug ebenfalls Liebe. Lassen Sie dann dieses Bild verblassen und denken Sie an jemanden, mit dem Sie große Schwierigkeiten haben oder hatten. Schicken Sie dieser Person dieselbe Herzlichkeit und Zuneigung wie eben dem lieben Menschen. Stellen Sie sich dann vor, dass die problematische Person Liebe und gute Wünsche erwidert. Wiederholen Sie die Sätze dreimal. Wenn Sie bereit sind, lassen Sie dieses Bild verschwinden und schließen Sie Personen in Ihrer unmittelbaren Umgebung in Ihr Wohlwollen ein. Wiederholen Sie die Sätze mit den guten Wünschen und senden und empfangen Sie dabei selbst Zuneigung und Wohlwollen. Schließen Sie dann Ihre Freunde und Kollegen in die Übung ein. Als Nächstes Ihre Nachbarn. Dann nach und nach die Menschen in Ihrem Wohnort, Ihrer Region, Ihrem Land und auf der ganzen Erde. Binnen

einer Viertelstunde haben Sie aller Welt Ihre Liebe und Ihr Mitgefühl zugewandt. Gönnen Sie sich während dieser stillen Übung
die Empfindung, mit allen, denen Sie in Gedanken begegnen, verbunden zu sein. Dieses Gewahrsein erlaubt es Ihnen, sich über all
die Menschen, die direkt und indirekt mit Ihnen verbunden sind,
zu freuen. Sie werden schließlich ein tiefes, umfassendes Gefühl
von Wohlwollen und Güte gegenüber der Menschheit, unserem
Planeten und darüber hinaus empfinden. Garantiert.

**Zweite Woche: Entgiftung von Geist,
Körper und Seele – und Umfeld**
In der zweiten Woche soll all das aus Ihrem Leben verschwinden,
was Geist, Körper und Seele daran hindert, Ruhe zu finden. Da jetzt
die Entgiftungswoche beginnt, werden Sie Dinge hinter sich lassen,
die Ihnen nicht guttun. So werden Sie ab jetzt tagsüber immer
wieder kurze Pausen einlegen. Selbst wenn Sie gar nicht merken,
dass Sie unter Stress stehen, werden Sie ihn auf diese Weise dennoch herunterfahren, weil Sie innehalten und auf Ihre Gedanken
lauschen. In der zweiten Woche ernähren Sie sich zudem gemäß
der Entgiftungsdiät. Sie soll Schadstoffe aus Ihrem Körper hinaus-
befördern und Ihnen zugleich ausreichend Nährstoffe zuführen.
Überdies stelle ich Ihnen für diese Woche verschiedene alternative
oder indigene Heilverfahren vor, die es Ihrem angespannten Nervensystem erleichtern, locker- und loszulassen.

Tagebuchführen
Es folgen einige neue Fragen, die Sie sich stellen sollten. Beantworten Sie eine oder mehrere davon täglich:

• Was hat mir heute Auftrieb gegeben?
• Was habe ich mir heute Gutes getan?
• Wofür bin ich dankbar?
• Welche Erkenntnis habe ich heute gewonnen?
• Wie habe ich mich entspannt?

Beantworten Sie *täglich* jede der folgenden Kernfragen:

- Was hat mich heute gestresst?
- Wie bin ich mit dem Stressor umgegangen, und woran habe ich gemerkt, dass ich gestresst war?
- Was habe ich für mich getan, als ich mich gestresst fühlte?

Und vergessen Sie nicht Ihren täglichen Tagebucheintrag in freier Form.

Selbstbekräftigungen

Unten finden Sie einige neue Alternativen, die Sie sowohl in Ihr Tagebuch als auch auf das Kärtchen für die Geldbörse, den Spiegel oder den Schreibtisch übertragen können. Noch wirksamer werden die Selbstbekräftigungen, wenn Sie sie sich in Gedanken oder laut vorsagen.

- Ich habe die Kraft, mein Leben selbst in die Hand zu nehmen.
- Ich habe unbegrenzt viele Möglichkeiten, die mir Schritt für Schritt zu Gelassenheit verhelfen.
- In mir ist Friede, und er erfüllt mein Herz mit jedem Atemzug.
- Es gibt einen göttlichen Plan für mich, und ich bin offen dafür, ihn sich entfalten zu sehen.
- Ich spüre die Stille in mir.
- Ich erlaube mir selbst, meine Träume zu verwirklichen.
- Ich habe viel zu geben, und ich gebe gern.

Lebensgewohnheiten

In der Entgiftungswoche werden Sie der negativen Energie und den negativen Gedanken aus der täglichen Flut der regionalen und überregionalen Nachrichten Grenzen setzen. Zu diesem Zweck sollten Sie:

- nicht länger als 30 Minuten Nachrichtensendungen sehen.
- die Benutzung Ihres PDA und Ihres Handys einschränken. Schalten Sie beide während der Mahlzeiten aus, und schaffen Sie eine mindestens dreißigminütige E-Mail- und handyfreie Lücke in Ihrem Tag – und zwar täglich!
- sich so weit wie möglich von unerfreulichen Menschen fernhalten. Meines Erachtens können negative Menschen in unserer Umgebung uns genauso viel Schaden zufügen, wie wenn wir eine Woche lang nur schlechte Nachrichten aus aller Welt hörten.

Beginnen Sie, Ruhepunkte in jeden Tag einzubauen. Diese Woche sieht zwei unantastbare, je zehnminütige Arbeitspausen vor. Sie lassen jede Tätigkeit ruhen und machen stattdessen Folgendes:

- Setzen Sie sich zu einer einfachen Atemübung hin (siehe Kapitel 3), und pusten Sie die Schadstoffe aus Ihrem Organismus.
- Bereiten Sie sich eine Tasse Tee zu, und versetzen Sie sich dabei in Gedanken an einen schönen Ort, wo Sie inneren Frieden empfinden.
- Verlassen Sie das Büro, und gehen Sie einmal um den Block, um »gute« Luft ein- und »schlechte« auszuatmen.
- Ziehen Sie sich zurück, und hören Sie etwas beruhigende Musik oder, noch besser, machen Sie einen Spaziergang und lauschen Sie den Geräuschen der Natur.

Essen: Nahrung für Körper und Seele

Hunderte Studien belegen, dass Stress zu übermäßigem Essen verleitet, und zwar vorwiegend von Ungesundem. Infolgedessen haben sich im Körper zahlreicher Menschen chemische Substanzen angesammelt, die man besser loswerden sollte. Für diese Woche habe ich eine siebentägige Entgiftungsdiät zusammengestellt, wahlweise in vorwiegend flüssiger Form oder als vereinfachte makrobiotische Version. Sie können sich für die eine oder die andere entscheiden oder tageweise hin- und herwechseln. Falls Ihnen die Entgiftungsdiät zu streng erscheint oder Sie aus sonst einem Grund keinen Gebrauch davon machen möchten, dann wiederholen Sie den Speiseplan der ersten Woche, verkleinern aber die Portionen. Je weniger Sie essen, desto leichter machen Sie es Ihrer Leber.

Machen Sie in dieser Woche und allen anderen auf Diät zudem Folgendes:

- Trinken Sie täglich möglichst acht Gläser Wasser.
- Trinken Sie morgens nicht mehr als ein bis zwei Tassen Kaffee oder Tee, wenn Sie einen Muntermacher brauchen.
- Trinken Sie nach dem Mittagessen eine Tasse Grün- oder Kräutertee.
- Verbannen Sie sämtliche verarbeiteten Nahrungsmittel einschließlich Diätlimonaden aus Ihrer Ernährung.
- Wenn Sie einen Imbiss möchten, essen Sie frisches Obst, eine Handvoll Nüsse oder 30 Gramm dunkle Schokolade.
- Essen Sie vor 19 Uhr zu Abend.

Nahrungsergänzungsmittel

Die Leber ist das Entsorgungszentrum des Körpers. Tagein, tagaus »sichtet« sie alle Nährstoffe und chemischen Substanzen im Blutstrom, baut sie um, verwertet oder entsorgt sie. Daher verordne ich Ihnen in der Entgiftungswoche vier neue Nahrungsergänzungsmittel, die allesamt Ihre Leber unterstützen sollen, denn jetzt bekommt sie möglicherweise sehr viel zu tun. Schadstoffe lassen sich auch ausspülen, indem Sie viel Wasser trinken.

Nehmen Sie die Ergänzungsmittel der ersten Woche weiter und zusätzlich die unten aufgeführten Tabletten oder Kapseln zur Unterstützung der Leber. Auch wenn Sie die Entgiftungsdiät nicht machen, helfen Sie Ihrer Leber damit:

- Mariendistel (*Silybum marianum*), 240 mg dreimal täglich.
- Gelbwurz (Kurkuma), 1000 mg viermal täglich.
- Liponsäure, 600 mg täglich.
- Coenzym Q 10, 100 mg täglich.

Bewegung

Wenn Sie sich der Entgiftungsdiät unterziehen, sollten Sie sich über Ihr Gehpensum hinaus körperlich nicht allzu viel anstrengen. Doch Sie können sich trotzdem auf vielfältige Weise Bewegung verschaffen. Ob Sie nun Diät halten oder nicht, bleiben Sie beim Gehen. Versuchen Sie, sich diese Woche auf 7000 Schritte zu steigern. (Ihre Fortschritte können Sie in das Raster auf Seite 252 eintragen.) Falls Sie die Entgiftungsdiät nicht machen, halten Sie das Gehpensum ein und reservieren Sie 20 bis 30 Minuten täglich für eine der in Kapitel 5 aufgeführten Übungen. Oder probieren Sie es mit aerobem Training, etwa Step Aerobic, Fahrradfahren oder einem Pilateskurs. Dadurch kommen Sie aus dem Haus und in Kontakt mit anderen; zugleich trainieren Sie Ihre Lungenkapazität und Ihren Herzmuskel. Ein dreifacher Gewinn!

Körper/Geist/Seele-Übungen

Es geht jetzt um innere Ruhe und Gelassenheit. Schaffen Sie mindestens zweimal in Ihrem Tag einen »Ruhepunkt«: Setzen Sie sich an einen ruhigen Ort, schließen Sie die Augen und widmen Sie sich mindestens zehn Minuten lang einer oder mehreren der folgenden Übungen, um den Kopf frei zu bekommen und zu größerer Gelassenheit zu finden. Machen Sie einmal täglich eine dieser Meditationsübungen, und wenn Sie Zeit genug haben, zweimal.

- Visualisierung: Stellen Sie sich vor, Sie befänden sich an einem schönen, friedlichen Ort.
- Gegenstandsbezogene Meditation: Richten Sie Ihre volle Konzentration auf einen angenehmen Gegenstand, und blenden Sie alle anderen Gedanken aus.
- Klangmeditation: Konzentrieren Sie sich ganz auf ein angenehmes Geräusch wie Meeresbrandung oder das Plätschern eines Brunnens.
- Atemmeditation: Setzen Sie sich in Meditationshaltung hin und denken Sie mit jedem Einatmen ein positives Wort wie *Frieden*, *Liebe* oder *Ruhe* und mit jedem Ausatmen ein anderes.

Sonderprojekt: Schlafen wie ein Murmeltier

Parallel zur Entgiftung Ihres Körpers werden Sie auch Ihre Umgebung entgiften. Letzte Woche haben Sie an der Änderung Ihrer Schlafgewohnheiten gearbeitet. Die Spezialaufgabe dieser Woche lautet, Ihr Schlafzimmer in einen Zen-artigen Hort der Gelassenheit zu verwandeln. Das Schlafzimmer ist ein zentraler Ort der Regeneration und des Friedens. Falls Ihres nicht so ruhig ist, wie Sie es gerne hätten, dann nehmen Sie sich die Zeit und bringen das in Ordnung.

Nehmen Sie Arbeit mit in Ihren Schlafraum? Diese Woche nicht. In dieser Woche entfernen Sie alles aus Ihrem Schlafzimmer, das zu hell oder zu laut ist oder das Sie ablenkt. Gibt es dort Dinge, die Sie nicht gerne sehen und schon lange wegräumen wollten – etwa ein Foto eines/r Verflossenen? Was ist mit dem zerschlissenen Bademantel, der da am Türhaken hängt? Verbannen Sie ihn aus Ihrem Blickfeld. Stopfen Sie diese Störenfriede in einen Schrank. Verschenken Sie sie. Schaffen Sie sie sich vom Hals. Und kuscheln Sie sich dann zum besten Schlaf seit Jahren unter die Decke.

Mehr als nur hübsch anzusehen ...

Bekanntlich können Pflanzen die Luft in gewissem Maße reinigen und Schadstoffe herausfiltern. Die NASA hat Pflanzen mit dieser Eigenschaft untersucht und fand fünf, bei denen sie am ausgeprägtesten ist. Sie empfehlen sich daher als Zimmerpflanzen für Ihr Zuhause:

Drachenbaum (*Dracaena massangeana*)
Chrysantheme (*Chrysanthemum morifolium*)
Topfgerbera (*Gerbera jamesonii*)
Warneckii (*Dracaena deremensis* »Warneckii«)
Ficus (*Ficus benjamini*)

Dritte Woche: Wiederherstellung und Neuaufbau

Durcheinander ist sowohl eine häufige Nebenwirkung als auch eine Ursache von Superstress. Wie die Forschung gezeigt hat, wird das

Stresshormon Cortisol ausgeschüttet, wenn wir von Chaos umgeben sind. Daher werden Sie diese Woche bewusst daran arbeiten, in Ihrem Umfeld und in anderen entscheidenden Lebensbereichen wieder das Heft in die Hand zu bekommen. In der zweiten Woche haben Sie ablenkendes Gerümpel aus Ihrem Schlafzimmer entfernt und so für eine ruhigere und friedlichere Atmosphäre gesorgt. In dieser Woche dehnen Sie dieses Ordnungsschaffen auf Ihre gesamte Umgebung aus. Sind Durcheinander und Unordnung beseitigt, können Sie daran gehen, Ihr Umfeld im Sinne eines einfacheren Lebens neu zu gestalten.

Tagebuchführen

Es folgen einige neue Fragen für die Tagebuchübung dieser Woche.

- Was belastet mein Leben mit sinnlosem Kram?
- Warum habe ich das nicht geändert?
- Welche Lebensbereiche sind aus den Fugen?
- Was war mir in den letzten beiden Wochen am wichtigsten?
- Was habe ich gelernt, das mir auf dem weiteren Weg von Nutzen sein wird?

Beantworten Sie zudem *täglich* folgende Fragen:

- Was hat mich heute gestresst?
- Woran habe ich erkannt, dass ich gestresst war, und wie habe ich den Stress gespürt?
- Was habe ich für mich getan, als ich mich gestresst fühlte?

Weil wir jetzt den Neuaufbau Ihres Lebens ins Auge fassen, arbeiten Sie vielleicht lieber an Ihren Zielen, als in freier Form Tagebuch zu führen. Achten Sie besonders auf Lebensbereiche, die Ihnen offenbar entglitten sind. Schmieden Sie mit Hilfe des untenstehenden Schemas »Übergänge und Ziele« einen Plan, um das wieder zurechtzurücken. Setzen Sie sich kleine, erreichbare Ziele, die Sie nicht überfordern, und verwirklichen Sie bis zum Ende der Woche mindestens drei davon. Sie werden staunen, was kleine Erfolgserlebnisse ausmachen, wenn es darum geht, Ihr Leben wieder selbst in die Hand zu nehmen. Beachten Sie meine Empfehlung, Ihre Ziele in Schritte auf kurze Sicht (ein Tag), in naher Zukunft (diese Woche), in fernerer Zukunft (dieser Monat) und auf lange Frist (dieses Jahr) zu unterteilen. Das hilft Ihnen Ansatzpunkte zu finden, um Ihre Ziele Wirklichkeit werden zu lassen.

Übergänge und Ziele
Was ich ändern will:

| in einem Tag | diese Woche | diesen Monat | dieses Jahr |

Umfeld

_____

_____

_____

_____

Arbeitsplatz

_____

_____

_____

_____

Beziehungen

_____

_____

_____

_____

Gesundheit und Gewohnheiten

_____

_____

_____

Träume und Kreativität

_____

_____

_____

_____

Selbstbekräftigungen

Denken Sie daran, diese Woche eine neue Selbstbekräftigung in Ihr Tagebuch einzutragen und sie an bevorzugten Orten zu befestigen oder aufzubewahren, wo Sie sie regelmäßig zu Gesicht bekommen (Schreibtisch, Spiegel, Geldbörse). Es folgen einige neue Selbstbekräftigungen, die Sie vielleicht anspornend finden.

- Ich kann mir meine Zeit gut einteilen.
- Ich kann stillsitzen, ohne herumzuzappeln oder zu grübeln.
- Ich verwerfe meine Sorgen zugunsten eines höheren Ganzen und sehe neue Chancen in ungewöhnlichen Situationen.
- Ich schöpfe Kraft aus den Menschen, die ich liebe, und ich gebe sie zurück.
- Ich besitze alle nötigen Mittel, um meine Angelegenheiten zu meistern.
- Ich verdiene Frieden und Erfüllung.
- Ich verdiene Zeit für mein Privatleben.

Lebensgewohnheiten

Jetzt ist es an der Zeit, unnötige Dinge loszuwerden, sich das Leben zu vereinfachen und Klarheit darüber zu gewinnen, was uns wirklich wichtig ist und welche Beweggründe hinter unserem Tun stecken. Supergestresste Menschen, die unter chronischem Zeitmangel leiden – also praktisch alle –, müssen dahinterkommen, wofür all die Zeit draufgeht. Warum tun wir, was wir tun? Manchmal lautet die Antwort: weil uns danach ist. Das ist ein ganz und gar nachvollziehbarer Grund, vorausgesetzt, Sie sind sich darüber

im Klaren, dass Sie darüber entscheiden, womit Sie Ihre Zeit verbringen.

Damit Sie sehen, dass Sie tatsächlich über Ihre Zeit verfügen
können, nehmen Sie sich ein Blatt Papier und notieren Sie Ihre
täglichen Aufgaben in dieser Woche – Arbeiten, Wäsche waschen,
Kinder abholen, Mittagessen mit einer Freundin, Einkaufen, Fitnessstudio und so weiter. Fügen Sie untertags die Dinge hinzu, die
Sie nicht geplant hatten, etwa ein halbstündiges Telefongespräch
mit einem flüchtigen Bekannten oder Herumstöbern in einem
Buchladen, nur weil Sie zufällig auf dem Weg zum Supermarkt
daran vorbeigekommen sind. (Das sind Dinge, die Ihnen Zeit für
Ihre eigentlichen Vorhaben rauben mögen, doch sie sind möglicherweise auch Entlastungsventile – und als solche hilfreich!) Weisen Sie dann am Ende des Tages jeder erledigten Aufgabe und allen
unerwarteten Tätigkeiten eine Rangstufe zu.

- wichtig
- wichtig, aber delegierbar
- unwichtig, aber getan aus Angst vor möglicher Kritik oder Ver-
  pflichtungsgefühl
- unwichtig, aber dennoch ausgeführt (nennen Sie die Gründe,
  auch solche wie Spaß, Neugier, schien zu diesem Zeitpunkt eine
  gute Idee, mir war danach …)

So dürften Sie eine ziemlich genaue Vorstellung davon gewinnen,
womit Sie Ihre Zeit verbringen und warum. Auch wird es Ihnen
helfen, künftig Prioritäten zu setzen.

Essen: Nahrung für Körper und Seele

In dieser dritten Woche wählen Sie erneut Ihre täglichen Mahlzeiten aus dem Normkostplan aus. Da Sie jetzt die »Wiederherstel-
lungs- und Neuaufbau-Woche« durchlaufen, ist es an der Zeit, Ihre
Beziehung zu sich selbst zu erneuern. Bestimmen Sie zu diesem
Zweck einen Tag dieser Woche, an dem Sie eine besondere Mahlzeit nur für sich allein zubereiten. Decken Sie den Tisch mit Blu-

men und Ihrem besten Porzellan. Lassen Sie entspannende Musik laufen. Dämpfen Sie das Licht, oder stellen Sie Kerzen auf den Tisch. Zelebrieren Sie dann mindestens eine Stunde lang Ihr Essen. Richten Sie dabei Ihr Augenmerk auf jeden Bissen, kauen Sie langsam, und achten Sie auf Mundgefühl und Geschmack. Nehmen Sie sich Zeit für das Essen, und registrieren Sie bewusst Ihre Gedanken und jeden einzelnen Bissen. Rufen Sie sich künftig jedes Mal dieses Essen in Erinnerung, wenn Sie glauben, Ihre Mahlzeit hastig hinunterschlingen zu müssen, weil die nächste Aufgabe drängt.

In dieser und in jeder anderen Woche sollten Sie täglich Folgendes machen:

- Versuchen Sie mindestens acht Gläser Wasser zu trinken.
- Trinken Sie morgens nicht mehr als ein bis zwei Tassen Kaffee oder Tee, wenn Sie einen Muntermacher brauchen.
- Trinken Sie nach dem Mittagessen eine Tasse Grün- oder Kräutertee.
- Verbannen Sie sämtliche verarbeiteten Nahrungsmittel einschließlich Diätlimonaden aus Ihrer Ernährung.
- Wenn Sie einen Imbiss möchten, essen Sie frisches Obst, eine Handvoll Nüsse oder 30 Gramm dunkle Schokolade.
- Essen Sie vor 19 Uhr zu Abend.

Nahrungsergänzungsmittel
In der dritten Woche ändert sich einiges. Es folgt Ihre Verordnung für diese Woche:

Setzen Sie die Einnahme der Ergänzungsmittel aus der ersten Woche fort. Da Sie jedoch keine Entgiftungsdiät mehr machen, können Sie Mariendistel, Gelbwurz, Liponsäure und CoQ10 weglassen.

Nehmen Sie in den beiden nächsten Wochen zusätzlich: *Astralagus* (Tragantwurzel), 4 bis 7 g täglich in Kapselform.

Astralagus membranaceus wird in der chinesischen Medizin seit Jahrhunderten verwendet. Die Wurzel steckte auch in der Suppe meines Großvaters, die ich als kleines Mädchen immer unseren

Nachbarn vorbeibrachte. *Astralagus* stärkt das Immunsystem; tatsächlich scheint es einigen kleinen Studien zufolge das Erkältungsrisiko zu senken. Im Zusammenhang mit unserer Neuaufbauwoche ist hervorzuheben, dass *Astralagus* auch zur Stärkung zweier Organsysteme beiträgt, die besonders anfällig für Stresshormone sind: das Immunsystem und der Darm.

Host Defense: Nehmen Sie zwei Kapseln täglich. Host Defense ist eine Mischung verschiedener Heilpilze. Hersteller ist Fungi Perfecti, LLC, ein Produzent von Nahrungsergänzungsmitteln (Produkte erhältlich auf: www.fungi.com). Dieses Präparat besteht aus einer Zusammenstellung von Reishi (Glänzender Lackporling), Maitake (Klapperschwamm), *Cordyceps* (Raupenpilz), Shiitake (Eichenpilz) und Zhu Ling (Eichhase). Jede dieser Pilzarten stärkt für sich genommen nachweislich das Immunsystem; die Mischung ist besonders heilkräftig. Es sind auch andere Zubereitungen aus Heilpilzen auf dem Markt, beispielsweise reine Maitake- oder Reishi-Zubereitungen – wenn Sie möchten, können Sie auch diese nehmen.

Wie lange Sie *Astralagus* oder Host Defense einnehmen sollten, hängt davon ab, wie weit Ihr Immunsystem heruntergewirtschaftet ist. Wenn Sie zum ersten Mal aus Erschöpfung krank werden oder sich krankheitsanfällig fühlen, dann ist eine Einnahmedauer von zwei Wochen angebracht. Wenn Sie sich eine Virusinfektion nach der anderen holen, empfehle ich Ihnen, beide Pflanzenpräparate mindestens zwei bis drei Monate lang einzunehmen. Aber setzen Sie unbedingt Ihren Arzt oder Therapeuten davon in Kenntnis. Die Präparate beeinflussen das Immunsystem, und wenn Sie ein Mittel über einen längeren Zeitraum einnehmen und irgendwelche Probleme mit der Immunabwehr haben, sollte Ihr Arzt das wissen.

Bewegung

Ihr Gehpensum sollte diese Woche 7500 Schritte pro Tag erreichen. Im Rahmen Ihres sonstigen Bewegungsprogramms sollten Sie in dieser Woche an drei Tagen das Ganzkörpertraining (Seite 160) absolvieren. An den anderen vier Tagen nehmen Sie den ganzen

Tag lang die Treppe statt des Fahrstuhls. Sollten Sie zufällig überhaupt keine Treppen steigen müssen, dann suchen Sie sich ein Gebäude mit Treppenhaus und gehen Sie dort täglich eine halbe Stunde hinauf und hinunter. Das füllt nicht nur Ihr Schrittekonto, sondern Sie bekommen auf diese Weise auch noch ein ausgewachsenes Aerobic-Training.

Körper/Geist/Seele-Übungen

Probieren Sie diese Woche etwas Neues aus. Schlagen Sie zurück zu Kapitel 3 und gehen Sie die Liste der Geist/Körper-Übungen durch. Experimentieren Sie jeden Tag mit einer anderen. Versuchen Sie sich einmal an Tai Chi oder gönnen Sie sich eine Massage. Oder widmen Sie sich der Kirtan-Kriya-Meditation mit ihrer fünf- bis zehnminütigen Rezitation. Progressive Muskelentspannung macht vielleicht auch Spaß. Probieren Sie herum. Und viel Vergnügen dabei.

Sonderprojekt: Schaffen Sie Raum für ein stressfreies Leben

Verwenden Sie in dieser Woche einen halben Tag auf ein Putz- oder Aufräumvorhaben, das Sie sich schon lange vorgenommen haben, *aber nur, wenn danach weniger Wirrwarr um Sie herrscht als vorher.* Denken Sie daran, dies ist die Woche des Neuaufbaus. Im Folgenden schlage ich Ihnen einige Aufgaben vor, nach deren Abschluss Sie sich einfach toll fühlen werden: Machen Sie Ihre Schränke sauber, räumen Sie den Keller auf oder ordnen Sie Ihre Fotos, Ihre Rezepte und Ihren Papierkram. Wenn Sie fertig sind, feiern Sie mit einem Smoothie Ihrer Wahl (siehe Anhang).

Vierte Woche: Gemeinschaft und Spiritualität pflegen

Eines der Symptome, aber auch eine Ursache von Superstress besteht darin, dass Sie von Ihnen nahestehenden Menschen, der Welt und Ihrer Kreativität abgeschnitten sind. Daher werden Sie in dieser letzten Woche wieder die Bindungen knüpfen, die uns das Gefühl geben, unser Leben aktiv zu gestalten. Jetzt ist es an der Zeit, die großen Fragen zu stellen: *Wofür lebe ich? Sind das meine Lebensziele? Was zählt wirklich? Bewege ich etwas?* Es ist an der Zeit, einem Mitmenschen eine Gefälligkeit zu erweisen – einfach so.

Verabreden Sie sich mit einem Freund, einer Freundin oder Ihrem Ehepartner zum Mittagessen oder, noch wichtiger, mit Ihnen nahestehenden Menschen, die Ihnen am Herzen liegen, für die Sie sich aber nie Zeit nehmen, weil Sie wissen, *dass sie ohnehin immer da sind.* Doch wird das so bleiben? Wer weiß? Warten Sie nicht eine Sekunde länger. Rufen Sie diese Menschen heute noch an und klopfen diesen wichtigen Termin fest. Diese Woche werden Sie sich auch Fremden zuwenden. Erweisen Sie x-beliebigen Leuten, die Sie gar nicht kennen, eine Gefälligkeit. Wenn Sie glauben, dass Ihnen der Umgang mit einem Ihnen nahestehenden Menschen guttut – und das tut er ganz gewiss –, dann warten Sie erst mal ab, wie toll Sie sich fühlen werden, wenn Sie einem Unbekannten spontan einen Gefallen getan haben.

Tagebuchführen

Als Spezialaufgabe für diese Woche sollen Sie anderen einfach so Gefälligkeiten erweisen. Notieren Sie sich, was genau Sie getan und wie Sie sich danach gefühlt haben. Schreiben Sie am sechsten und siebten Tag der Woche auf, wie Sie sich nach dem Abschluss dieser Aufgabe gefühlt haben.

Beantworten Sie zu Beginn der Woche einige der folgenden Fragen:

* Wo sehe ich mich selbst in einem Jahr?
* Wo sehe ich mich selbst in drei Jahren?
* Wann habe ich zum letzten Mal einem lieben Menschen gesagt, wie viel er mir bedeutet?

Jetzt, da Sie die vierte Woche durchlaufen, gehe ich davon aus, dass Ihr Stress deutlich nachgelassen hat. Deshalb sollten Sie anstelle

Ihrer täglichen »Stress-Buchführung« jeden Tag Folgendes festhalten:

- einen Augenblick der Sinnerfülltheit
- einen Augenblick der Dankbarkeit
- einen Augenblick der Selbstlosigkeit

Halten Sie sich vor Augen, dass diese Momente winzig sein können und dass sich kleine Veränderungen zu großen summieren.

Selbstbekräftigungen

Sie haben sich in der zurückliegenden Woche sehr angestrengt und den Überlebensmodus nunmehr hinter sich gelassen. Jetzt blühen Sie auf! Ich hoffe sehr, dass Sie nach diesen vier Wochen von den folgenden Selbstbekräftigungen überzeugt sind:

- Ich bin es wert, glücklich zu sein.
- Ich kann den inneren Frieden erreichen, den ich mir so wünsche.
- Ich kann das Leben und die Liebe bekommen, die ich mir wünsche.
- Ich kann die Stille in mir spüren.
- Ich kann mein Leben ehrlich einschätzen und es zum Positiven verändern.

Lebensgewohnheiten

Diese Woche konzentrieren Sie sich auf Gewohnheiten im Zusammenhang mit Ihrer Gesundheit. Haben Sie im zurückliegenden Jahr Ihren Hausarzt aufgesucht? Falls nicht, sollten Sie einen Termin für eine gründliche Allgemeinuntersuchung vereinbaren. Und wenn Sie schon dabei sind, sollten Sie vielleicht noch einige weitere Termine für sich ausmachen. Wie wäre es mit einem Anruf pro Tag, um eventuell erforderliche Untersuchungen anzugehen, etwa so:

- Montag: Vereinbaren Sie als Frau über 18 Jahre einen Termin zur Gebärmutterkrebsfrüherkennung und als Mann über 40 zur Prostatakrebsfrüherkennung.
- Dienstag: Vereinbaren Sie einen Mammographietermin, wenn Sie weiblich und über 40 sind.
- Mittwoch: Vereinbaren Sie einen Termin für eine Darmspiegelung, wenn Sie über 50 sind und noch keine haben durchführen lassen.
- Donnerstag: Erwägen Sie eine Knochendichtemessung, wenn Sie eine Frau über 50 sind und noch keine haben durchführen lassen oder wenn seit der letzten fünf Jahre verstrichen sind.
- Freitag: Überprüfen Sie, ob Sie Impfungen auffrischen lassen müssen.

Fühlt sich gut an, nicht wahr?

Essen: Nahrung für Körper und Seele

Wählen Sie diese Woche Ihre Mahlzeiten aus den Normalkostplänen aus. Gestalten Sie den letzten Abend dieser Woche als Feier. Wählen Sie das Festmenü aus, und laden Sie Angehörige oder Freunde dazu ein. Feiern Sie, dass Sie zusammengehören, und fassen Sie sich vor dem Essen an den Händen zum Zeichen Ihrer Dankbarkeit dafür, dass Sie einander haben.

In dieser Woche und in allen Diätwochen sollten Sie Folgendes machen:

- Trinken Sie täglich möglichst acht Gläser Wasser.
- Trinken Sie morgens nicht mehr als ein bis zwei Tassen Kaffee oder Tee, wenn Sie einen Muntermacher brauchen.
- Trinken Sie nach dem Mittagessen eine Tasse Grün- oder Kräutertee.
- Verbannen Sie sämtliche verarbeiteten Nahrungsmittel einschließlich Diätlimonaden aus Ihrer Ernährung.
- Wenn Sie einen Imbiss möchten, essen Sie nur frisches Obst, eine Handvoll Nüsse oder 30 Gramm dunkle Schokolade.
- Essen Sie vor 19 Uhr zu Abend.

Nahrungsergänzungsmittel

Sie durchlaufen jetzt die letzte Woche, doch Sie können weiterhin Ergänzungsmittel nehmen, solange Sie das Gefühl haben, dass sie Ihnen nützen.

Es folgt Ihre Verordnung für diese Woche:

Wiederholen Sie Ihr Ergänzungsprogramm aus der dritten Woche und nehmen Sie weiterhin *Astralagus* (vier bis sieben Gramm pro Tag), sowie Host Defense (zwei Kapseln täglich).

Bewegung

Diese Woche erreichen Sie Ihr Ziel von 8000 Schritten täglich. Sie möchten mehr tun? Nur zu! Ihr Schrittzähler hilft Ihnen dabei. Steigen Sie weiterhin die Treppen in Ihr Büro hinauf oder unternehmen Sie in der Mittagspause einen langen, flotten Spaziergang. Versuchen Sie zusätzlich, täglich 30 Minuten Training einzuschieben. Denken Sie immer daran, dass Sie bestimmen können, wie und wann Sie trainieren: sechs Fünfminuteneinheiten, drei Zehnminuteneinheiten. 30 Minuten, egal wie Sie sie aufteilen!

Weil diese Woche dem sozialen Kontakt gewidmet ist, empfehle ich Ihnen als eine der Übungen das Tanzen. Nehmen Sie einen Freund oder Ihren Schatz mit, und suchen Sie sich einen Laden, wo Sie das Tanzbein schwingen und sich austoben können. (Oder nehmen Sie zumindest einen Freund auf einen Ihrer Spaziergänge mit.) Sie können auch an ein paar Kursen im Fitnessstudio teilnehmen; es macht mehr Spaß, gemeinsam mit anderen zu trainieren. Falls Sie nicht Mitglied in einem Studio sind, fragen Sie einen Freund oder eine Freundin, ob Sie als Gast mitkommen dürfen. Manche Studios bieten Interessierten einen kostenlosen Probetag an; auch so finden Sie Leute zum gemeinsamen Trainieren.

Weil diese Woche zudem der Spiritualität gewidmet ist, sollten Sie im Stadtpark spazieren gehen. Hören Sie keine Musik. Lauschen Sie den Geräuschen und Lauten der Natur. Fahren Sie allein an den Strand und lauschen Sie der Brandung. Die Natur steht uns allen zur Verfügung. Sie kostet nichts. Und sie ist schön. Und sie wird Ihre Stimmung heben.

Körper/Geist/Seele-Übungen

Machen Sie diese Woche Ihre Körper/Geist-Seele-Übungen so oft wie möglich gemeinsam mit einem lieben Menschen. Singen Sie miteinander. Trommeln Sie miteinander. In vielen Kulturen dient Trommeln der Stärkung der Gemeinschaft. Machen Sie mit Ihren Geschwistern oder Ihren Kindern einen Yoga-Kurs. Noch besser, spielen Sie *mit* Kindern: Spielen Sie Himmel und Hölle mit der Nachbarstochter, oder springen Sie Trampolin mit Ihrem Sohn. Oder tollen Sie mit Ihrem Hund herum. Seien Sie ausgelassen! Das erfrischt Geist und Seele.

Vielleicht möchten Sie auch ein paar Freunden Kirtan Kriya (siehe Kapitel 3) beibringen. Gönnen Sie sich eine Massage. Gönnen Sie sich zwei! Nichts entspannt so wie die kundigen Griffe eines/r professionellen Masseurs/in. Wenn Sie einen Partner haben, gehen Sie gemeinsam zur Massage; auch wenn Sie dabei nicht miteinander reden, so findet doch ein Austausch mit einem anderen Menschen statt.

Sonderprojekt: Sich gut fühlen durch Gutes tun

Das Projekt der vierten Woche befasst sich mit Ihrer Spiritualität. In Kapitel 8, dem letzten »Mittel und Wege«-Kapitel, haben Sie Spiritualität mit Werten, Sinn und in manchen Fällen dem Gebet in Zusammenhang gebracht. Es liegt daher nahe, das Vierwochenprogramm, das Ihnen so viel Gutes gebracht hat, damit abzuschließen, dass Sie anderen etwas davon zurückgeben. Dadurch werden Sie persönlich gewinnen, denn schon allein der Austausch mit anderen ist auf seine Weise ein wirksames Heilmittel gegen Superstress.

Nehmen Sie sich für die sieben Tage dieser Woche die unten aufgeführten Gefälligkeiten vor. Tun Sie einmal pro Tag oder siebenmal an einem Tag Gutes. Je öfter Sie so etwas tun, desto besser werden Sie sich fühlen und desto besser spüren Sie sich selbst und das Band zu den Ihnen wertvollsten Menschen. Ich bin sicher, dass Ihnen selbst noch viele weitere gute Taten einfallen. Gehen Sie mit offenen Augen durch den Tag, und wenn sich die Gelegenheit ergibt – ergreifen Sie sie und tun Sie etwas Gutes. Es wird sich für Sie doppelt und dreifach auszahlen.

Es folgen einige Vorschläge, doch ich glaube, wenn Sie erst mal angefangen haben, fallen Ihnen selbst viele weitere ein:

- Spenden Sie etwas an eine Hilfsorganisation Ihrer Wahl.
- Schreiben Sie jemandem einen richtigen, altmodischen, handschriftlichen Brief, um Kontakt zu halten.
- Springen Sie über Ihren Schatten und grüßen Sie einen Nachbarn, oder helfen Sie ihm.
- Lesen Sie Ihrem oder einem anderen Kind eine Geschichte vor.
- Warten Sie und halten Sie jemandem, an dem Sie normalerweise vorübereilen würden, die Tür auf.
- Schenken Sie einem Fremden ein Lächeln.
- Bieten Sie einem Unbekannten Ihre Hilfe an, wenn es so aussieht, als könne er sie brauchen.

Situationsbewertung nach Programmabschluss

An dieser Stelle – nach vier Wochen, in denen Sie auf Ihre körperlichen, emotionalen und spirituellen Bedürfnisse eingegangen sind – bietet es sich an, die vier Selbstdiagnose-Fragebögen (Kapitel 2, Seiten 71–79) erneut auszufüllen. So können Sie ermessen, wie sich Ihr Leben verändert hat. Tun Sie das jetzt und dann nochmals in einem Monat sowie erneut in einem Jahr. Dann sehen Sie, ob Sie einen Auffrischungskurs in Gelassenheit benötigen. Falls dem so ist, können Sie nach Wunsch das gesamte Programm wiederholen oder auch nur die Woche, die Ihnen am besten gefallen hat.

Kapitel 10
Anti-Superstress-Strategien für Ihren Typ

Sollten Sie das oben dargestellte Vierwochenprogramm nicht absolvieren wollen – und ich räume ein, dass ein Plan niemals allen Bedürfnissen gerecht werden kann –, können Sie trotzdem von den darin enthaltenen Stressabbautechniken profitieren. Nutzen Sie die im Anschluss erläuterte, vereinfachte Version. Es handelt sich um einen »Werkzeugkasten« von eigenständigen, auf Ihren Superstress-Typ zugeschnittenen Strategien sowie eine Liste von Hilfsmitteln gegen Ihre speziellen Symptome.

Ihren Superstress-Typ haben Sie bereits ermittelt, wenn Sie die Fragebögen in Kapitel 2 ausgefüllt haben. Sollten Sie es noch nicht getan haben, dann blättern Sie bitte zurück und holen Sie es jetzt nach. Wenn Sie Ihren »Typ« ermittelt haben, wenden Sie die jeweiligen typspezifischen Werkzeuge an, die bei Ihren Problemen am besten helfen. Falls Sie sich in keinem dieser Typen so recht wiederfinden, können Sie vielleicht stattdessen ein besonders belastendes, körperliches oder gefühlsmäßiges Einzelsymptom dingfest machen. In diesem Fall blättern Sie bitte vor zu Seite 286, wo ich einzelne Anti-Superstress-Werkzeuge gegen die häufigsten Einzelsymptome aufführe. Doch betrachten wir zunächst die fünf Superstress-Typen.

Typ I: Ausgebrannt, erschöpft, abgestumpft, depressiv

Profil: Fühlen Sie sich schon morgens nach dem Aufwachen zerschlagen und todmüde und den restlichen Tag über sowieso? Vielleicht geht es Ihnen wie der Fußballmutter mit fünf kleinen

Kindern, die sich im Kampf mit den Sportterminen, Französisch-stunden, Zahnarztbesuchen und Hausaufgaben ihrer Sprösslinge auf verlorenem Posten glaubt. Oder wie dem Rechtsanwalt, der in der Kanzleibesprechung hockt und sich einen interessierten An-schein zu geben versucht, während er sich krampfhaft bemüht, seine Gedanken am Abschweifen zu hindern. Wenn Sie, statt das Zusammensein mit Ihrer Familie zu genießen, nur noch das Ende des Tages und ein paar Minuten für sich selbst herbeisehnen oder wenn eine der obigen Schilderungen Ihnen vertraut vorkommt, dann dürfen Sie sich als klassischen Typ I betrachten. Sie haben einen Punkt erreicht, an dem der Stress schon so lange anhält, dass Sie kaum noch eine Reaktion auf irgendwelche Stressoren zustan-de bringen. Doch noch ist nicht alles verloren. Sie werden unter den unten aufgeführten Verordnungen mit Sicherheit etwas gegen Ihre Symptome finden.

Ernährung: Die richtige Ernährung hilft ein gutes Stück weit, die Folgen der ständigen Stresshormonflut im Körper von Menschen mit Typ-I-Superstress einzudämmen. (Das gilt ebenso für die an-deren vier Typen.) Das liegt daran, dass eine der gefährlichsten körperlichen Folgen von Superstress Entzündungen sind und dass bestimmte Nahrungsmittel den Körper im Kampf gegen diese un-willkommene Nebenwirkung nachweislich unterstützen. Für Typ I eignet sich im allgemeinen eine stark vegetarisch ausgerichtete Er-nährung, auch wenn Fisch erlaubt ist. Gedünstetes dunkelgrünes Blattgemüse scheint besonders wirksam zu sein. Wenn Sie sich ausgebrannt fühlen oder Ihr Tank leer ist, sollten Sie zum Früh-stück einen Shake auf Molkebasis mit hohem Antioxidantien-gehalt sowie zwei Teelöffeln Kokosöl, einem Esslöffel Weizenkei-men und zwei Teelöffeln Nussmus zu sich nehmen. Oder wenn Sie etwas Substantielleres möchten, dann probieren Sie warmen Ge-treidebrei mit je einem Esslöffel Weizenkeimen und Leinsamen-schrot. Sie können sich Ihren eigenen Speiseplan zusammenstellen oder aus den im Anhang abgedruckten auswählen. Das liegt ganz bei Ihnen. Ach, und noch eine gute Nachricht: Sie dürfen täglich 30 Gramm dunkle Schokolade essen, wenn Sie mögen – ohne Gewissensbisse. Dunkle Schokolade ist ein wunderbares Hilfsmittel, nicht nur um sich rasch Energie zuzuführen, sondern auch um Entzündungen zurückzudrängen. Essen Sie sie einfach so, oder trinken Sie sie aufgelöst als heiße Schokolode. Nur übertreiben Sie es nicht damit.

Ich bin ein starker Befürworter von grünem Tee. Drei bis fünf Tassen über den Tag verteilt beruhigen Sie und stärken Ihre Konzentrationsfähigkeit. Warum sich also nicht ein paar Minuten nehmen und sowohl den Tee als auch die Zeit für sich genießen, während Sie ihn schlürfen? Und wenn der Tag geht, legen Sie die Füße hoch, entspannen Sie sich und genießen Sie Ihre letzte Tasse grünen Tee. So mache ich es, wann immer es geht.

Nahrungsergänzung: Ich nenne gleich eine auf den ersten Blick lange Liste von Ergänzungsmitteln. Doch Sie sollten wissen, dass Sie so viele oder so wenige davon nehmen können, wie Sie wollen, und auch so lange, wie es Ihnen sinnvoll erscheint. Es ist völlig unproblematisch, sie beliebig miteinander zu kombinieren. Oder mit einigen wenigen anzufangen und im weiteren Verlauf weitere hinzuzunehmen.

Alle Nahrungsergänzungsmittel gibt es als Tabletten oder Kapseln, wenn nicht anders angegeben, andere kommen in Tee oder Tinkturen zum Einsatz.

- Zur allgemeinen Unterstützung der Entzündungsabwehr nehmen Sie täglich 1 g Omega-3-Lachsöl und 1 g Gelbwurz.
- Zur Steigerung der Energie versuchen Sie es mit niedrig dosierter *Rhodiola rosea* (Rosenwurz) oder niedrig dosiertem *Eleutherococcus* (sibirischer Ginseng). Beide Heilpflanzen verhelfen Ihnen zu mehr Spannkraft, Ausdauer und besserer Stimmung. Die Einstiegsdosis von *Rhodiola* beträgt 100 bis 300 mg täglich und die von sibirischem Ginseng 1 bis 2 g pro Tag.
- Zur Stabilisierung der Immunabwehr nehmen Sie *Astralagus*, 10 bis 20 g täglich, *und* Reishi in Kapselform, 1 bis 1,5 g täglich. Sie können beides zusammen oder getrennt einnehmen.
- Für tieferen und ruhigeren Schlaf nehmen Sie 1 mg Melatonin

und/oder 100 mg L-Theanin. Die Einnahme sollte eine Stunde vor dem Zubettgehen erfolgen.

- Bei einer leichten Depression nehmen Sie dreimal täglich je 300 mg Johanniskraut.
- Als allgemeinen Vitaminschub gegen Stress nehmen Sie jeden Morgen:
  · Vitamin B$_{12}$, 1000 µg unter der Zunge zergehen lassen
  · Folsäure, 800 µg
  · Biotin, 500 bis 1000 µg
  · Für Ihren abendlichen Entspannungstee kochen Sie etwas Wasser auf und geben Sie 10 bis 15 Tropfen Baldrian-, Hopfen- oder Passionsblumentinktur hinein.

Bewegung: Hier kommt ein toller Tipp für frischen Schwung. Legen Sie Ihren Schrittzähler an und gehen Sie mindestens 6000 Schritte am Tag. Besuchen Sie zusätzlich mindestens einmal pro Woche einen Yoga- oder Pilates-Kurs. Noch mehr Spaß macht ein Tanz- oder Aerobic-Kurs, der 45 Minuten dauern sollte; das bringt Sie so richtig auf Touren. Manchmal genügt es schon, Teil einer Gruppe zu sein, um Ihre Stimmung zu heben, und wer weiß, vielleicht schließen Sie eine oder zwei neue Bekanntschaften, die neue Interessen in Ihr Leben bringen.

Besondere Strategien: Als Typ I werden Sie, selbst wenn Sie sich ausgebrannt fühlen, in hohem Maße von Entspannungsübungen profitieren. Auch eine gute Massage kann Ihnen sowohl zu neuer Energie als auch zu innerer Ruhe verhelfen. Ich selbst bevorzuge Massage mit heißen Steinen oder Thai-Massage, doch im Grunde wirkt jede Form. (Achten Sie nur darauf, dass es sich um eine/n ausgebildete/n und zugelassene/n Masseur/in handelt.) Sollten Sie leicht depressiv sein, hilft Ihnen möglicherweise Akupunktur oder Reiki. Befindet sich eine Sauna in Ihrer Nähe, empfehle ich Ihnen dringend mindestens einen Besuch pro Woche.

Typ II: Ruhelos, vom Leben überfordert

Profil: Gereizt und reizbar bis zum Jähzorn? Türmt sich eine einfache »To-do«-Liste mit vier Punkten oder weniger vor Ihnen auf wie ein Berg? Ertappen Sie sich dabei, wie Sie immer wieder denselben Absatz lesen und Ihnen die Galle hochkommt, weil Sie ihn einfach nicht kapieren? Falls diese Beschreibungen auf Sie zutreffen, befinden Sie sich heute ganz bestimmt in guter Gesellschaft. Ihnen geht es vielleicht nicht ganz genauso wie etwa der Investmentbankerin, die in einem aus den Fugen geratenden Markt zugleich ihre Familie zu ernähren und ihre Kunden zufriedenzustellen sucht, aber Sie teilen sehr wahrscheinlich ihre Denkweise. Wenn Sie Tage haben, an denen Sie so ruhelos sind, dass Ihre eigene Rastlosigkeit Sie ständig ablenkt, wenn Sie von den Zeiten träumen, in denen Sie problemlos einschlafen konnten, dann sind Sie, liebe Leserin, lieber Leser, ein typischer Typ II. Die gute Nachricht lautet: Sie können daran gehen, diese Träume in die Realität umzusetzen, denn ich habe genau die richtige Lösung für Sie.

Ernährung: Zur Abmilderung der unerwünschten Folgen eines von Stresshormonen überlasteten Organismus empfehle ich Ihnen eine entzündungshemmende Ernährung. Im Grunde ist das eine Ernährung nach dem Vorbild der Mittelmeerländer mit dem Schwergewicht auf leicht verdaulichen Proteinen (hauptsächlich Fisch), Vollkorn, Obst, Gemüse und Olivenöl. (Näheres über diese Nahrungsmittel finden Sie in Kapitel 4.) Beginnen Sie den Tag mit einem Shake auf Molkebasis mit hohem Antioxidantiengehalt plus zwei Esslöffeln Leinsamenschrot und einem Esslöffel Weizenkeimen oder warmem Getreidebrei mit je einem Esslöffel Weizenkeimen und Leinsamenschrot sowie 100 Gramm frischem Obst.

Da Überforderung und Nervosität zu Ihren Symptomen gehören, ist Ruhe angesagt. Für mich gehören Ruhe und Tee zusammen, und ich empfehle Ihnen täglich fünf Tassen Grün- oder Kräutertee, und sei es nur um des Beruhigungseffekts willen. Aber schütten Sie ihn nicht einfach nur runter. Der Sinn des Teetrinkens, von dessen antioxidativen Eigenschaften einmal abgesehen, liegt darin, dass Sie sich einige Minuten Zeit nehmen müssen, um ihn zuzubereiten und in kleinen Schlucken zu trinken – Minuten, die Sie von Ihren anderen Aufgaben ablenken und Ihnen helfen, Ihre innere Stechuhr neu zu stellen. Trinken Sie die fünf Tassen – entweder grünen Tee oder Kamillentee, wenn gewünscht gesüßt mit Honig – in regelmäßigen Abständen über den Tag und den Abend verteilt. Lassen Sie, solange Sie Ihren Tee genießen, die Arbeit liegen und tun Sie nichts anders, als daran zu denken, dass Sie sich selbst jetzt etwas Gutes tun. Irgendwann im Lauf des Tages sollten Sie auch 30 Gramm dunkle Schokolade genießen, die sich zunehmend als gesunde »Sünde« erweist. Ach, und habe ich das Wort *köstlich* schon verwendet?

Nahrungsergänzung:

- Zur allgemeinen Unterstützung der Entzündungsabwehr nehmen Sie ab sofort täglich 2 g Omega-3-Lachsöl.
- Zur Beruhigung versuchen Sie es mit der Aminosäure 5-Hydroxytryptophan, 100 mg zweimal täglich. (Achtung: nicht zusammen mit Antidepressiva einnehmen.)
- Für einen besseren Schlaf nehmen Sie vor dem Zubettgehen 1 mg Melatonin, 100 mg L-Theanin und eine Tasse Kamillentee mit Honig.
- Zur allgemeinen Versorgung mit Antioxidantien nehmen Sie täglich:
  - ein Multivitaminpräparat plus
  - Vitamin B$_{12}$, 1000 µg unter der Zunge zergehen lassen
  - Folsäure, 800 µg
  - Biotin, 500 bis 1000 µg

Bewegung: Damit Sie »runterkommen« und wieder besser durchblicken, empfehle ich Ihnen täglich mindestens 20 Minuten Walken oder Joggen (falls nötig unterteilt in Zehnminutenabschnitte) oder eine halbe Stunde Schwimmen, was dieselbe Wirkung erzielt. Vielleicht möchten Sie nur so zum Spaß – und wer bräuchte den heutzutage nicht – gelegentlich ein Mannschaftsspiel wie Basketball oder Tennis spielen. Die Bewegung ist sehr gut gegen das, was

Ihnen fehlt, und das Gemeinschaftserlebnis führt Ihnen sehr schön vor Augen, was im Leben wichtig ist.

Besondere Strategien: Akupunktur, Massage oder eine Stunde Yoga oder Tai Chi werden Sie wirksam zur Ruhe bringen. Auch Meditieren eignet sich sehr gut. Das kostet nichts und erfordert nur etwas Zeit. Blättern Sie also bitte zurück zu Kapitel 3 und suchen Sie sich eine der dort beschriebenen vier Meditationsformen aus. Es mag eine Weile dauern, bis Sie den Bogen raus haben, doch selbst am Anfang haben Sie ausschließlich Nutzen davon, wenn Sie eine Form von Meditation praktizieren.

Typ III: Emotional hypersensibel

Profil: Erinnern Sie sich noch an die Zeit kurz vor dem Schulabschluss? Büffeln für die Abschluss- und Aufnahmeprüfungen. Den eigenen Körper verabscheuen, glauben, alle anderen hielten einen für beknackt? Ich weiß es noch. Und ich weiß noch, dass das nicht sehr lustig war. Doch oft werde ich von vielen meiner Patienten daran erinnert, die von genau denselben Gefühlen berichten, wenn auch in anderen Zusammenhängen. Beispielsweise bekommt eine Marketing-Angestellte von ihrem Chef zu hören, ihr Bericht müsse überarbeitet werden. Sie interpretiert diese Worte umstandslos als:»Mein Chef kann mich nicht leiden. Er hält mich für eine Niete.« Nein, ermahne ich sie. Ihrem Chef hat lediglich Ihr *Bericht* nicht zugesagt. Oder ich gebe einem verunsicherten Medizinstudenten zu bedenken:»Vielleicht war Ihre Freundin am Freitagabend *wirklich* verhindert?« Glauben sie mir? Natürlich nicht. Diese Reaktionen kommen bei Typ III verbreitet vor, deshalb wundert es mich nicht, wenn sich ein solcher Mensch in Folge von Superstress emotional zutiefst getroffen fühlt oder sich Kritik übertrieben zu Herzen nimmt. Typ III hat jeden Humor verloren und neigt zu Weinerlichkeit oder Schwermut. Wenn Sie sich jetzt wiedererkennen, dann schlägt Ihnen selbst der kleinste Stressor vermutlich sofort auf den Magen. Jeder Knacks für Ihr Selbstwertgefühl löst einen Gefühlsaufruhr aus, der auf Ihre Verdauung durchschlägt. Und dann zeigt Ihr Magen oder Ihr Darm Belastungssymptome wie Völlegefühl, Blähungen, Magenkrämpfe, Durchfall oder Verstopfung. Alles typische Symptome eines Reizdarms. Es folgen Empfehlungen, wie Sie diesem unangenehmen Zustand ein Ende bereiten können:

Ernährung: Als Typ III tun Sie gut daran, sich an die Grundprinzipien einer einfachen Mittelmeerdiät zu halten (fettarmes tierisches Eiweiß und Meeresfrüchte in kleinen Mengen, viel Blattgemüse und reifes Obst), denn diese Kost wirkt einem Blähbauch entgegen. Denken Sie daran, nicht zu hastig zu essen, und sprechen Sie nicht beim Kauen. (Ehrlich. Durch Luftschlucken bekommen Sie mit Sicherheit einen Blähbauch.) Essen Sie mehr Putenfleisch, denn das darin enthaltene Tryptophan wirkt beruhigend. Für Huhn gilt das jedoch nicht. Geflügel ist nicht gleich Geflügel. Huhn, insbesondere das dunklere Fleisch, fördert Entzündungen in höherem Maß als Pute, weil es mehr entzündungsfördernde Arachidonsäure enthält. Fencheltee wirkt gegen Blähungen; trinken Sie ihn daher ein- oder zweimal täglich. Tee aus Weißdornbeeren wirkt leicht harntreibend und ist ebenfalls hilfreich. An Gemüse sollten Sie gedünsteten Grünkohl, Löwenzahnblätter und Mangold essen.

Nahrungsergänzung:

- Unterstützend gegen Entzündungen und zum Stimmungsausgleich nehmen Sie Omega-3-Lachsöl, 1 g pro Tag.
- Zur Beruhigung nehmen Sie zweimal täglich 200 mg Magnesiumglycinat.
- Zur allgemeinen Vitaminversorgung nehmen Sie täglich:
  - Vitamin B_{12}, 1000 µg, unter der Zunge zergehen lassen
  - Biotin, 500 bis 1000 µg
  - Vitamin B_6, 25 bis 50 mg
  - Vitamin C, 500 bis 1000 mg
  - Vitamin D_3, 25 bis 50 µg

Bewegung: Beginnen Sie mit einfachem täglichem Gehen in angenehmem Tempo für jeweils 20 Minuten. Zweck der Übung ist es, Ihrem Nervensystem ein neues Tempo vorzugeben. Wichtiger als die gelaufene Strecke oder die Geschwindigkeit ist daher, dass Sie täglich zu Fuß gehen. Wenn Sie sich mehr bewegen möchten, dann suchen Sie sich aus Kapitel 5 etwas aus, das Ihnen Spaß machen könnte. Versuchen Sie wiederum, täglich wenigstens ein bisschen was zu tun. Bewegung hebt nicht nur Ihr Selbstwertgefühl, sondern regt auch Ihre Verdauung an. Beides ist für von Typ-III-Superstress Betroffene wünschenswert.

Besondere Strategien: Bei hypersensiblen Menschen wirken positive Selbstbekräftigungen offenbar Wunder. Sie können gar nicht früh genug damit anfangen, sich selbst alle Ihre Stärken vor Augen zu führen. Schreiben Sie sie auf und schauen Sie sich dann genau an, auf wie vieles Sie stolz sein können. Als Nächstes schlage ich Ihnen vor, ein Band mit Selbstbekräftigungen zu produzieren: Sie lesen sie laut, während im Hintergrund Ihre Lieblingsmusik läuft. Hören Sie sich dieses Band täglich an und üben Sie dabei progressive Muskelentspannung. Natürlich können Sie auch weitere Bänder produzieren, wenn Ihr Selbstbild sich allmählich bessert. Auf einem zweiten Band halten Sie beispielsweise Ihre Vorstellung von Gelassenheit fest, und das können Sie sich dann zur Entspannung abends vor dem Schlafengehen anhören.

Typ IV: Getrieben, kontrollierend

Profil: Wenn Sie zum Typ IV gehören, sind Sie große Klasse, wenn es darum geht, sich ein Ziel zu setzen und es dann mit Volldampf zu verfolgen, bis Sie es erreichen. Jetzt aber kommt die schlechte Nachricht: Typ-IV-Menschen sind im Allgemeinen besessen von ihrer Arbeit. Deshalb wissen sie sich in Situationen, die ihnen über den Kopf wachsen, bald nur noch so zu helfen, dass sie Ziele absolut setzen, übertrieben auf Details herumreiten, sich in alles und jedes einmischen und nichts delegieren können. Eine meiner ersten Patienten, bei denen ich die Diagnose »gestresst« stellte, war die arbeitssüchtige Chefredakteurin einer Illustrierten. Sie kümmerte sich selbst um jeden Vorgang und gängelte alle Mitarbeiter in ihrer unmittelbaren Umgebung. Und sie *wusste*, dass sie das tat. Doch sie ließ es trotzdem nicht bleiben. Sie fühlte sich gestresst, weil sie mit ihrer Arbeit immer mehr in Rückstand geriet. Außerdem begriff sie nicht, so gestand sie mir, warum ihre Kollegen nach der Arbeit lieber heim, als noch einen mit ihr trinken gingen. Typ-IV-Verhalten überwuchert am Ende andere, für das seelische Gleichgewicht bedeutsame Lebensbereiche, etwa den Kontakt zu Familienangehörigen und Freunden. Typ-IV-Menschen legen die meisten sozialen Beziehungen auf Eis. Wenn Sie Ihr Leben so angehen, möchte ich darauf wetten, dass Sie Symptome zeigen, in denen sich innere Spannung niederschlägt, etwa Verstopfung, Nackenschmerzen und Magenbeschwerden.

Ernährung: Als Typ IV ernähren Sie sich am besten in Anlehnung an die Mittelmeerküche. Die für Sie nützlichsten Eiweißquellen sind Pute (voller Tryptophan, aus dem der Körper Serotonin herstellt, was wiederum die innere Ruhe stärkt), Kaltwasserfische und Hülsenfrüchte, insbesondere schwarze Bohnen. Andere Nahrungsmittel, die energiereiche Kohlehydrate liefern, sind Getreide wie Hirse, Reis und Quinoa. Knollengemüse wie Rote Bete und Süßkartoffeln sind vorteilhaft, weil sie reichlich Ballaststoffe liefern. Andere Ballaststoffquellen, die zudem den Magen mit einer schützenden Schleimschicht auskleiden, sind Leinsamen (geschrotet), Bockshornklee und *Psyllium* (Flohsamen). Essen Sie möglichst wenig Rohes und halten Sie sich an einfache Gerichte ohne üppige Saucen.

Nahrungsergänzung: Da viele Typ-IV-Patienten häufig unter Magen-Darm-Beschwerden leiden, verordne ich ihnen immer sofort probiotische Kulturen. Dabei handelt sich um Mikroorganismen der Arten *Acidophilus* und *Lactobacillus*, die Sie als Kapseln schlucken können. Auf diese Weise führen Sie Ihrem Verdauungstrakt natürliche Verdauungshelfer zu.

- Nehmen Sie etwa 6 bis 10 Millionen CFU (koloniebildende Einheiten) täglich (auf nüchternen Magen).
- Zur Unterstützung der Entzündungsabwehr nehmen Sie Omega-3-Lachsöl, 1 g pro Tag.
- Zur Stimmungsstabilisierung und zur Förderung der Entspannung nehmen Sie zweimal täglich 200 mg Magnesiumglycinat.
- Zur Verbesserung des Schlafs nehmen Sie 100 bis 200 mg L-Theanin, abends vor dem Schlafengehen.
- Zur allgemeinen Vitaminversorgung nehmen Sie täglich:
  - Vitamin B_{12}, 1000 μg, unter der Zunge zergehen lassen
  - Biotin, 500 bis 1000 μg
  - Vitamin B_6, 25 bis 50 mg
  - Vitamin C, 500 bis 1000 mg
  - Vitamin D_3, 25 bis 50 μg

Bewegung: Man möchte meinen, dass einem Menschen, der sich schlecht bremsen kann, eine beruhigende Übung gut täte, doch in Wirklichkeit ist ein Training mit ordentlich Tempo angebrachter, weil es hilft, »Dampf abzulassen«. Bauen Sie täglich mindestens eine halbe Stunde sportliche Betätigung in Ihren Tagesablauf ein. Versuchen Sie zwei- bis dreimal pro Woche Rad zu fahren, zu wandern, Basketball zu spielen oder Aerobic zu machen. Auch Joggen ist prima, doch wenn Sie joggen wollen, fangen Sie langsam an und vergessen Sie nicht, vorher und nachher Dehnübungen zu machen.

Besondere Strategien: Achten Sie auf Ihre Schlafgewohnheiten. Denken Sie daran, mindestens eine Stunde vor dem Schlafengehen den Fernseher auszuschalten. Sorgen Sie dafür, dass kein Licht Ihr Schlafzimmer erhellt, auch kein Nachtlicht. Nehmen Sie nach dem Abendessen ein ausgiebiges Lavendelölbad und trinken Sie einen Beruhigungstee.

Typ V: Cholerisch, kann nicht kürzer treten

Profil: Ich arbeitete einmal im selben Krankenhaus wie ein Chirurg, der geradezu als Paradebeispiel für Typ-V-Superstress herhalten könnte. Er packte unweigerlich Arbeit für zwei Tage in 24 Stunden hinein und wunderte sich dann, warum er am Ende der Woche auf dem Zahnfleisch kroch. Es hieß, er habe gegenüber jedem mit einer anderen Meinung einen sehr kurzen Geduldsfaden, und das war sicher der Grund, weshalb viele Schwestern die Zusammenarbeit mit ihm verweigerten. In unserer Welt laufen zahlreiche Typ-V-Menschen herum, gleich in welchem Berufsfeld. Bei ihnen führt Superstress zu aggressivem Verhalten und mangelnder Belastbarkeit gerade dann, wenn sie sie am nötigsten bräuchten. Typ-V-Menschen versuchen im Grunde mit allen Mitteln, alles um sie herum zu Höchstgeschwindigkeit anzutreiben – sie leben von Kaffee, Cola oder anderen aufputschenden, zuckerstrotzenden Nahrungs- und Genussmitteln. Superstress treibt diese Menschen in eine Lage, in der sie kaum noch Fehlertoleranz kennen. Wenn dann Fehler passieren, gehen sie buchstäblich hoch wie eine Rakete. Trifft das auf Sie zu? Falls ja, sollten Sie wissen, dass das Leben nicht so weitergehen muss. Sie können gleich jetzt erste Schritte hin zu innerer Ruhe einleiten.

Ernährung: Ruhe. Das steht auf Ihrer Tagesordnung. Und, ja, Sie können sich zu einem weniger chaotischen Dasein durchessen, wenn Sie es sich fest vornehmen. Im Idealfall schaffen Sie das durch eine einfache Mittelmeerkost mit Fisch (Lachs, Thunfisch, Sardinen und Forelle) als Proteinquelle und Vollkorn als Kohlehydratlieferant. Sollten Sie zucker- oder koffein»süchtig« sein, ist es jetzt an der Zeit für eine Entziehungskur. Doch auf keinen Fall sollten Sie einen kalten Entzug von Koffein machen, denn die Entzugssymptome sind sehr unangenehm. Von koffeinhaltigen Getränken (dazu gehören Kaffee, Cola und Energiegetränke) kommen Sie am besten folgendermaßen los: Wenn Sie fünf Tassen Kaffee pro Tag gewohnt waren, trinken Sie in den ersten vier Tagen nur noch jeweils vier. Dann in den nächsten drei Tagen drei Tassen am Tag und so weiter, bis Sie auf null sind. Und noch ein Wort zur Lieblingsdroge: Zucker. Es ist kein Geheimnis, dass Zucker als Notlösung wirkt, das heißt, als *vorübergehender* Muntermacher. Wenn Sie wirklich zum Typ V gehören, dann sind Sie ohnehin bereits überstimuliert. Deshalb würde es Ihnen nur guttun, vom Zucker abzulassen. Fangen Sie damit an, dass Sie Nahrungsmittel mit Zuckerzusatz durch solche mit natürlicher Süße wie Honig oder durch natursüße reife Ananas, Bananen und Feigen ersetzen. Der nächste Schritt des Zuckerentzugs besteht darin, zum Nachtisch nur noch Beeren und anderes Obst zu essen. In vielem, was wir essen, ist von Natur aus reichlich Zucker enthalten. Wenn Sie also die Etiketten sorgfältig lesen, werden Sie auf zugesetzten Zucker weitestgehend verzichten können. Probieren Sie es eine Woche lang aus. Sie werden staunen, wie gut Sie sich fühlen werden.

Nahrungsergänzung: Auch hier können Sie sich selbst helfen. Versuchen Sie Folgendes zusätzlich zu Ihrer Diät:

- Unterstützend gegen Entzündungen nehmen Sie Omega-3-Lachsöl, 1 g pro Tag.
- Zur Stimmungsstabilisierung und zur Förderung der Entspannung nehmen Sie zweimal täglich 200 mg Magnesiumglycinat.
- Zur Verbesserung des Schlafs nehmen Sie 100 bis 200 mg L-Theanin eine halbe Stunde vor dem Schlafengehen.
- Zur allgemeinen Vitaminversorgung nehmen Sie täglich:
  - Vitamin B_{12}, 1000 μg, unter der Zunge zergehen lassen
  - Biotin, 500 bis 1000 μg
  - Vitamin B_6, 25 bis 50 mg
  - Vitamin C, 500 bis 1000 mg
  - Vitamin D_3, 25 bis 50 μg

Bewegung: Jede Art sportlicher Betätigung wird Ihnen helfen, Ihre Wut und Zwanghaftigkeit loszuwerden. Das ist sogar das Grundprinzip: Ihren aufgestauten Gefühlen durch Herauslassen die Spitze zu nehmen. Laufen eignet sich hervorragend dazu. Ebenso Aerobic, Radfahren und sogar flottes Walking. Wenn Sie Zugang zu einem Fitnessstudio haben, so gibt es dort jede Menge Maschinen, an denen Sie sich abreagieren können. Noch wichtiger als die Zeitdauer des Trainings ist für Typ-V-Gestresste, dass Sie täglich *irgendetwas* tun. Keine Ausreden, von wegen, dass Sie nicht so viel Zeit am Stück erübrigen könnten. Sie können Ihr Training in kleine Abschnitte aufteilen, wenn Sie ein Zeitproblem haben. Wie das geht, können Sie in Kapitel 5 nachlesen.

Besondere Strategien: Vielleicht bringt Sie nichts besser auf den Boden zurück als eine stramme Wanderung durch den Wald oder ein Gebiet, das dem so nahe wie eben möglich kommt. Probieren Sie es im botanischen Garten, im Stadtpark, sogar in den Straßen Ihrer Wohngegend. Gehen Sie frühmorgens los. Bleiben Sie gelegentlich stehen und schließen Sie die Augen. Lauschen Sie dem Vogelgezwitscher oder dem Murmeln des Bachs. Atmen Sie den Geruch der Bäume und des Morgentaus auf dem Gras ein. Sehr beruhigend wirkt auch eine schöne, entspannende Massage oder Reiki-Behandlung. Probieren Sie eines. Probieren Sie beides. Es kann nicht schaden, nützt aber mit Sicherheit.

Strategien gegen Symptome

Nicht alle werden sich in den Typ-Profilen wiederfinden. Viele von Ihnen möchten vielleicht auch erst mal langsam anfangen und ein Superstress-Symptom nach dem anderen angehen. Zu diesem Zweck öffne ich hier meinen integrativen Arztkoffer für Sie – mit den Heilkräutern, ätherischen Ölen und anderem, das ich meinen Patienten häufig verordne. Ich empfehle Ihnen, sie unter Aufsicht eines Arztes oder qualifizierten Therapeuten auszuprobieren.

Zunächst jedoch eine warnende Vorbemerkung. Zwar empfehle ich Ihnen gegen jedes Symptom vorwiegend pflanzliche Heil- und Nahrungsergänzungsmittel, doch ich kann nicht nachdrücklich genug unterstreichen, wie wichtig es ist, dass Sie auch auf Ihre Lebensweise achten. Sie können nicht erwarten, dass Sie einfach nur die richtigen Heilkräuter und Ergänzungsmittel nehmen müssen und es Ihnen dann besser geht. Sie müssen sämtliche Lebensumstände berücksichtigen. Die besten Ergebnisse erzielen

Sie, wenn Sie reichlich trinken, um nicht auszutrocknen, sich ausreichend bewegen und Geist/Körper-Übungen machen.

Heilkräuter

Frei verkäufliche Heilkräuter (auch pflanzliche Arzneimittel
genannt) gelten als Lebensmittel und fallen unter die einschlä-
gigen Verordnungen. Der Wirkstoffgehalt ist bei den Produkten
der verschiedenen Hersteller unterschiedlich, doch Sie finden
Dosierungshinweise auf der Packung. Pflanzliche Heilmittel
gibt es in vielen Formen: frisch oder getrocknet, als Flüssig-
oder Trockenextrakt, als Tabletten, Kapseln, Pulver oder Tee-
beutel. Frische Ingwerwurzel beispielsweise finden Sie meist
in der Obst- und Gemüseabteilung des Supermarkts. Es gibt
sie aber auch als Tinktur oder Pulver, als Tee oder in Kapseln.
Oft ist auch ein einzelner chemischer Stoff oder eine bestimmte Stoffgruppe aus einer Pflanze isoliert und auf dem Etikett
angegeben. Diese isolierten Substanzen bezeichnet man oft als
wirksame Bestandteile oder kurz Wirkstoffe. Wenn Sie nähere
Information über die Dosierung von Pflanzenpräparaten suchen, so finden Sie diese auf der englischsprachigen Website des
American Botanical Council (http://abc.herbalgram.org) oder
der Website der National Institutes of Health über Nahrungsergänzungsmittel (http://ods.od.nih.gov/factsheets/botanical-
background.asp). Beide Quellen gelten als seriös.

Angst

Angst ist eine Reaktion auf eine wahrgenommene Gefahr oder auf
psychischen Stress. Diese Reaktion ist völlig normal, doch wenn
sie zu lange unaufgelöst anhält, kann sie sich zu einer Störung
auswachsen. Angststörungen machen sogar die Mehrzahl der
affektiven Störungen aus. Wenn es bei Ihnen schon so weit gekommen ist, kann Ihnen eine Gesprächs- oder kognitive Therapie
nützen. Sie hilft Ihnen auch aufzudecken, wie das Problem überhaupt entstanden ist. Aber Sie brauchen nicht erst bis zu einer

diagnostizierten Störung zu warten, bevor Sie eine Therapie aufnehmen. Meine Vorschläge sollten in jedem Stadium des Angstspektrums helfen.

Wichtig ist, alle Aufputschmittel (Kaffee, Zucker und so weiter) aus Ihrer Ernährung zu verbannen und für ausreichende Zufuhr von Omega-3-Fettsäuren zu sorgen. Das erreichen Sie, indem Sie zwei- bis dreimal in der Woche Lachs, Sardinen oder Hering essen. Falls Sie keinen Fisch mögen, nehmen Sie neben Vitaminen und Spurenelementen täglich ein bis drei Gramm Omega-3-Lachsöl oder ein bis drei Gramm Leinöl ein.

Atemarbeit ist eine der wirksamsten Methoden, um akute Angst in einer bestimmten Situation zu bewältigen, ein tragbares Werkzeug zur Beruhigung Ihres Nervensystems. Es gibt zahlreiche Atemübungen, und vier davon finden Sie in Kapitel 3. Akupunktur und Massagen stellen weitere Strategien dar, die Ihren Körper zu seiner natürlichen Entspannungsreaktion zurückführen können – selbst wenn er sie seit Jahren nicht mehr praktiziert hat. Suchen Sie sich noch heute einen qualifizierten Therapeuten!

Nahrungsergänzung: Nehmen Sie täglich eine oder mehrere der folgenden Substanzen:

* Magnesium, 200 bis 400 mg, oder eine Kombination von Magnesium und Calcium (1000 mg Calcium und 400 mg Magnesium)
* L-Theanin, 100 bis 200 mg
* Vitamin D_3, 25 bis 50 µg

Kräutertee: Gießen Sie sich mehrmals am Tag eine Tasse aus den folgenden Kräutern auf. Am einfachsten ist dies mit Hilfe einer Tinktur, von der Sie jeweils 10 bis 15 Tropfen in eine Tasse heißes Wasser geben:

* Hopfen (*Humulus lupulus*)
* Lindenblüten (*Tilia cordata* Miller)
* Baikal-Helmkraut (*Scutellaria baicalensis*)

- Passionsblume (*Passiflora incarnata*)
- Baldrain (*Valeriana officinalis*)
- Tulsi- oder Indisches Basilikum (*Oscimum sanctum*)

Depression

Die nach den Angststörungen zweithäufigste affektive Störung kann von leicht bis schwer ausgeprägt sein. Ein regelmäßiger Schlaf-Wach-Zyklus (aufwachen um 7 Uhr und einschlafen gegen 23 Uhr) und aerobes Training können die körperlichen Folgen einer Depression durch Veränderungen der Lebensweise abfangen.

Versuchen Sie es mit 30 Minuten aerobem Training, anfangs drei- bis viermal pro Woche. Wenn sich Ihre Depression im Winter verschlimmert, kann eine Lichttherapie hilfreich sein. Setzen Sie sich morgens für 10 bis 20 Minuten vor eine Speziallampe mit einer Lichtstärke von 10 000 Lux. Lux ist die Maßeinheit für die Beleuchtungsstärke. Licht dieser Helligkeit können Sie sich als die zur Behandlung von saisonal abhängiger Depression erforderliche Licht»dosis« vorstellen. Zusätzlich können Sie tägliche Meditation und vielleicht auch Psychotherapie in Erwägung ziehen.

Nahrungsergänzung: Die folgenden Substanzen sind für *leichte* Verstimmungen gedacht. Mittelschwere oder schwere Depressionen gehören in die Hand eines Arztes oder Psychotherapeuten. Nehmen Sie *nur eines* der folgenden drei Mittel ein:

- Johanniskraut (*Hypericum perforatum*), standardisiert auf 0,3 Prozent Hypericin oder 2 bis 4 Prozent Hyperforin, 900 mg täglich, aufgeteilt auf mehrere gleiche Dosen.
- S-Adenosylmethionin (SAM), 400 mg zweimal täglich.
- 5-Hydroxytryptophan, anfangs 50 mg dreimal täglich, dann steigern auf 100 mg dreimal täglich.

Nehmen Sie Johanniskraut oder eines der hier aufgeführten Ergänzungsmittel keinesfalls ohne ärztliche Aufsicht zusammen mit einem herkömmlichen Antidepressivum ein.

Antioxidantien: Nehmen Sie täglich:

- Vitamin B_{12}, 1000 µg, unter der Zunge zergehen lassen
- Vitamin B_6, 25 bis 20 mg
- Omega-3-Lachsöl, 3 g
- Vitamin D_3, 25 bis 50 µg
- Inositol (früher als Vitamin B_2 bezeichnet), 1 bis 4 g

Chronisches Erschöpfungssyndrom (CFS)

Diese Diagnose erfordert eine seit mindestens sechs Monaten bestehende, medizinisch nicht erklärbare Erschöpfung, die nicht auf körperliche Beanspruchung zurückgeht, sich durch Ruhe nicht bessert und den Alltag beeinträchtigt. Zusätzlich müssen mindestens vier der folgenden Kriterien erfüllt sein: schlechtes Kurzzeitgedächtnis, Halsschmerzen, druckschmerzhafte Lymphknoten, Muskelschmerzen, Schmerzen in mehr als einem Gelenk ohne Schwellung, Kopfschmerzen, nichterholsamer Schlaf und anhaltendes Krankheitsgefühl für mindestens 24 Stunden nach körperlicher Betätigung. Bei Menschen mit Superstress setzt ein Erschöpfungssyndrom im Allgemeinen nach einer intensiven Phase mit angestrengter Arbeit und starkem Stress ein. Manchmal verstärkt es sich durch einen grippalen Infekt oder ein psychisch stark belastendes Ereignis. Die letztendlichen Ursachen für chronische Erschöpfung sind noch nicht bekannt, die Symptome dagegen klar umrissen. Es gibt eine ganze Reihe verantwortlicher Faktoren. Doch selbst wenn die Diagnose eindeutig gestellt wurde, unterscheidet sich die individuelle Symptomatik der Betroffenen. Aus diesem Grund setzen die folgenden, scheinbar umfänglichen Empfehlungen an so vielen Stellen an, gilt es doch so vieles wieder auszugleichen und aufzubauen. Wenn Sie glauben, an einem Erschöpfungssyndrom zu leiden, empfehle ich Ihnen:

Nahrungsergänzung: Nehmen Sie zum Energieaufbau L-Carnitin, bis zu 3 g täglich in Kapselform, und zusätzlich *eines* der folgenden Präparate:

- Sibirischer Ginseng (Taigawurzel, *Eleutherococcus senticosus*): Nehmen Sie 2 bis 3 g täglich als Kapseln. Beachten Sie, dass dadurch der Blutdruck steigen kann.
- Ginseng (*Panax ginseng*): Nehmen Sie 400 mg bis 1 g täglich. Beachten Sie, dass dadurch der Blutdruck steigen kann.
- Amerikanischer Ginseng (*Panax quinquefolius*): Nehmen Sie 1 bis 3 g Pulver täglich. Beachten Sie, dass dadurch der Blutdruck steigen kann.
- *Rhodiola rosea* (Rosenwurz): Nehmen Sie 100 bis 300 mg täglich in Kapselform.

Als nachmittäglichen Muntermacher genießen Sie:

- Mate-Tee (*Ilex paraguariensis*)
- Süßholz-Tee: Beachten Sie, dass Süßholz wie alle anderen oben aufgeführten Energiespender den Blutdruck erhöhen kann.
- dunkle Schokolade: 30 g täglich sind ein kraftspendender Imbiss und ausgezeichnet zur Überwindung des Nachmittagstiefs.

Weitere unterstützende Strategien:

- regelmäßige Akupunktursitzungen
- immunstärkende pflanzliche Heilmittel wie *Astralagus*. Nehmen Sie täglich 4 bis 7 Gramm in Kapselform.
- Heilpilze wie Shiitake (1 bis 5 g täglich in Kapselform) und Reishi (1 bis 1,5 g täglich in Kapselform).
- Maitake (*Grifola frondosa*). Nehmen Sie täglich 3 g in Kapselform.
- Vitamin D_3. Nehmen Sie 25 bis 50 µg täglich.
- Vitamin B_6. Nehmen Sie 25 bis 50 mg täglich.
- Vitamin B_{12}. Lassen Sie 1000 µg täglich unter der Zunge zergehen.
- Nehmen Sie 600 mg Apfelsäure zweimal täglich. Das trägt zur Kräftigung der Muskeln bei.
- Nehmen Sie 100 mg Alpha-Liponsäure täglich. Das ist ein Antioxidans und leberunterstützendes Vitamin.

Magenbeschwerden/Reizdarm

Ich weiß nicht, wie viele supergestresste Menschen zusätzlich unter einem Reizdarm und seinen unangenehmen Begleiterscheinungen leiden, doch meiner Einschätzung nach ist es einer von vieren. Da das Gehirn einen direkten Draht zum Bauch hat, ist der Magen schon immer eines der ersten Organe, die Stress zu spüren bekommen. Welche Nahrungsmittel den Teufelskreis eines Reizmagens oder -darms in Gang setzen, ist bei jedem/r Betroffenen anders. Sollten Sie zu ihnen gehören, rate ich Ihnen, eine Woche lang ein Ernährungstagebuch zu führen. Notieren Sie, was Sie essen und wann Ihre Symptome auftreten. Halten Sie zudem die äußeren Umstände fest, die Ihrer Meinung nach zu Ihrem Stress beitragen. Mit Hilfe dieses Tagebuchs können Sie verdächtige Nahrungsmittel und Situationen dingfest machen. Anschließend können Sie sie meiden und schauen, was das bringt.

Wenn Sie an einem stressbedingten Reizdarm leiden, werden Ihnen alle in Kapitel 3 aufgeführten Geist/Körper-Übungen nützen. Ebenso die folgenden

Nahrungsergänzungsmittel:

- Fenchel (*Foeniculum vulgare* Mill): Nehmen Sie 2 bis 5 g als Tee zwei- bis viermal täglich.
- Glutamin, 1 bis 8 g täglich. Diese nichtessentielle Aminosäure hält die Darmwände intakt und verbessert die Funktion des Magen-Darm-Trakts.
- Probiotische Kulturen (*Lactobacillus, Acidophilus*): Nehmen Sie 10 Milliarden CFU täglich auf nüchternen Magen.
- Gegen Krämpfe können Sie zu den Mahlzeiten magensaftresistente Pfefferminzölkapseln einnehmen.

Unterstützung des Immunsystems

Supergestresste Menschen sind höchst anfällig für Virusinfektionen. Daher empfehle ich Ihnen als Vorbeugung in besonders stressigen Zeiten täglich Folgendes:

- getrocknete Tragantwurzel (*Astralagus*), 4 bis 7 g oder
- Ashwagandha (*Withania somnifera*, Schlafbeere), 3 bis 6 g
- Vitamin D_3 (Cholecalciferol), 25 bis 50 µg
- Maitake (*Grifola frondosa*), 1 g Pulver zweimal täglich
- Wenn Sie bereits an einer Virusinfektion leiden, probieren Sie Holunderbeeren (*Sambucus nigra*). Nehmen Sie 1 Teel. Holundersirup täglich. Zuweilen schwankt der Wirkstoffgehalt zwischen den Produkten verschiedener Hersteller; lesen Sie daher vorher das Etikett.

Schlaflosigkeit

Einige dieser Vorschläge finden sich in meinem Rezept für gesunden Schlaf auf Seite 140, und ich rate Ihnen, sie dort nachzuschlagen. Ich nenne jedoch hier noch einmal die wichtigsten Tipps:

Lassen Sie vor allem sämtliche anregenden Nahrungs- und Genussmittel weg. Dazu gehören Kaffee, schwarzer Tee, koffeinhaltige Cola- wie überhaupt alle koffeinhaltigen Erfrischungsgetränke. Schokolade enthält ebenfalls Koffein und andere Stimulantien. Wenn Sie es also ganz genau nehmen wollen, dann müssen Sie auf das Schokoladetäfelchen, das in den besseren Hotels auf dem Kopfkissen liegt, verzichten – oder es sich zumindest bis morgens aufsparen. Wenn Sie keinen Sport treiben, dann fangen Sie damit an, *aber trainieren Sie nicht in den letzten drei Stunden vor dem Schlafengehen.* Erfinden Sie ein Abendritual, das Ihren Körper auf Entspannung einstimmt.

Nahrungsergänzung:

- Melatonin. Nehmen Sie 1 bis 3 mg eine halbe Stunde vor dem Schlafengehen.
- Als zusätzliche Einschlafhilfe nehmen Sie eine halbe Stunde vor dem Schlafengehen 100 mg L-Theanin.

Unterstützung der Libido

Sexuelle Lustlosigkeit hat vielschichtige Ursachen, kommt jedoch bei Männern wie Frauen nicht selten vor. Superstress kann das Problem verursachen oder verschärfen. Bestimmte Medikamente und Substanzen hemmen das sexuelle Verlangen. Dazu gehören Alkohol, Antidepressiva und bestimmte Blutdrucksenker. Ein Urologe in Zusammenarbeit mit einem Psycho- oder Sexualtherapeuten kann Ihnen helfen. Doch auch die folgenden pflanzlichen Mittel sind unter Umständen hilfreich. Nehmen Sie *nur eines* davon.

- Maca (*Lepidium meyenii*), 1500 bis 3000 mg täglich
- Yohimbe (Rinde des Yohimbe-Baums *Pausinystalia yohimbe*), 15 bis 30 mg täglich. Kontrollieren Sie Ihren Blutdruck.

Verbesserung der Gedächtnisleistung

Supergestresste klagen sehr häufig über Zerstreutheit und schlechtes Erinnerungsvermögen. Der Grund liegt überwiegend darin, dass sie emotional durcheinander sind, mehrere Aufgaben gleichzeitig erledigen, sich den Tag zu voll stopfen und überreizt sind. Hilfreich sind in dieser Lage die folgenden Ergänzungsmittel, die Sie, wenn gewünscht, auch alle drei zusammen einnehmen können:

- Phosphatidylcholin: Nehmen Sie 500 mg täglich in mehreren gleich großen Dosen.
- Phosphatidylserin: Nehmen Sie 100 mg dreimal täglich.
- Huperzin: Nehmen Sie 50 bis 200 µg täglich.

PMS

Das prämenstruelle Syndrom betrifft 20 bis 50 Prozent aller Frauen. Die Ausprägung der Symptome schwankt von Frau zu Frau, unter Superstress jedoch verschlimmern sie sich. Sie können in einem Zeitraum von paar Stunden bis zu 14 Tagen vor Beginn der Periode einsetzen. Zu den körperlichen Symptomen gehören Rückenschmerzen, Völlegefühl, Spannungsgefühle in den Brüsten, Müdigkeit, Hitzewallungen, Schlaflosigkeit, Schlappheit, geschwollene Hände und Füße sowie Krämpfe. Zu den psychischen Symptomen gehören Erregung, Verwirrung, Tränenausbrüche, Depression, Konzentrationsschwierigkeiten, emotionale Überempfindlichkeit, Vergesslichkeit, Stimmungsschwankungen, Nervosität und sozialer Rückzug. Bescheidene Erfolge erzielte ich bei meinen Patientinnen (manche, aber eben nicht alle, kommen sehr gut damit zurecht) mit den folgenden Nahrungsergänzungsmitteln:

- Calcium, 1000 bis 1500 mg täglich
- Nachtkerze, 2 bis 4 g täglich
- Keuschlamm (*Vitex agnus castus*), 500 mg bis 1 g dreimal täglich
- Magnesiumglycinat, 200 mg täglich

Ätherische Öle

Ätherische Öle können Sie zusätzlich zu allen aufgeführten Ergänzungsmitteln anwenden. Ich setze gern ätherische Öle ein, weil sie leicht zu beschaffen, ortsungebunden verwendbar und oft sehr wirksam sind. Einer der Gründe für ihre Fähigkeit, Körper und Geist in Einklang zu bringen, liegt darin, dass der Geruchssinn unmittelbar mit dem limbischen System, der für Emotionen zuständigen Gehirnregion, verbunden ist. Einige kleinere klinische Studien haben gezeigt, dass nur sehr wenige Moleküle dieser ätherischen Öle genügen, um die Stimmung zu beeinflussen. Am besten wenden Sie diese Öle folgendermaßen an: Sie vermischen zwei oder drei Tropfen mit einem Teelöffel eines neutralen Öls wie Rapsöl und geben dieses in einen Verdunster. Das kann eine einfache Keramikschale sein oder ein elektrisches Gerät. In jedem Fall soll das Öl langsam verdampfen und sich im Raum verteilen. Sie können auch eine Aromalampe benutzen; das Öl wird in ein Schälchen mit Wasser getropft, das von einer Kerze erwärmt wird. Weitere Möglichkeiten sind Duftbäder mit 3 bis 15 Tropfen Öl oder mit 10 Tropfen auf 30 Gramm versetztes Massageöl. *Nehmen Sie niemals ätherische Öle ein, und tragen Sie sie niemals unverdünnt auf die Haut auf.* Studien zufolge können die aufgeführten Öle bei den folgenden Beschwerden hilfreich sein:

Angst
• Kamille
• Kiefer
• Rose
• Ylang-Ylang

Schlaflosigkeit
• Zeder
• Lavendel
• Sandelholz

Stress/Überarbeitung
• Kamille
• Eukalyptus
• Wacholder
• Lavendel

Zwar wirken all diese Heilmittel gegen die oben umrissenen stressbedingten Probleme, doch wenn auf Sie mehr als eine der genannten Diagnosen zutrifft, sollten Sie sich vor Augen führen, dass das Vierwochenprogramm zwar mehr Aufwand erfordert, Ihnen aber im Umgang mit ihren Problemen letztlich nachhaltiger helfen könnte. Das liegt natürlich daran, dass Superstress gewöhnlich eine vielschichtige Intervention erfordert – Lebensstilveränderungen *plus* beliebig viele der oben vorgeschlagenen problemspezifischen Lösungen.

Schlussgedanken
Leben in Gelassenheit

Ich gratuliere Ihnen zu Ihrer Beharrlichkeit und Ihrem aufrichtigen Bemühen, sich auf eine andere Lebensweise einzulassen – es ist nicht leicht, in den Spiegel zu schauen und zu erkennen, dass die Dinge nicht mehr so sind wie früher und dass eine Veränderung nötig ist.

Aber Sie haben das geschafft. Sie haben die Ärmel aufgekrempelt und an sich geglaubt.

Ich hoffe, es ist mir gelungen, Ihnen so viel Einblicke und Informationen über den integrativen Ansatz zu vermitteln, dass Sie ihn auf Ihre Bedürfnisse zuschneiden konnten. Ob er wirkt, hängt davon ab, ob Sie sich weiter an Ihre Vorsätze halten.

Jede Veränderung erfolgt in immer wiederkehrenden Kreisläufen oder Zyklen. Was aufsteigt, muss auch wieder herunterkommen, auf den Tag folgt die Nacht und so weiter. Ähnlich birgt eine Veränderung auch immer das Risiko des Scheiterns. Oder zumindest interpretieren die Menschen das so, wenn sie zum ersten Mal auf ein Hindernis stoßen. Das ist eine natürliche Reaktion auf Veränderungen. Dahinter steckt, dass Ihr »altes Ich« gerade erfährt, wie sich Ihr »neues Ich« anfühlt – und zwar durch den Kontrast. Sollten Sie zufällig eine Zeitlang vom Wege abkommen und wieder in die Stressfalle tappen, dann habe ich eine gute Nachricht für Sie: Sie wissen jetzt, wie gut es sich anfühlt, das Leben im Griff zu haben, und daher vermute ich, dass Sie dieses Gefühl wieder empfinden möchten. Wenn Sie sich dann erneut an den Plan halten – und ich weiß, dass Sie das tun werden –, fühlen Sie sich bestimmt gleich wieder heimisch, denn Sie haben ihn ja schon einmal durchgehalten.

Das Wichtigste, was Sie über das Vierwochenprogramm gegen Superstress gelernt haben sollten: Es ist flexibel. Sein Erfolg hängt nicht davon ab, dass es stur bis aufs i-Tüpfelchen ausgeführt wird, sondern dass Sie es elastisch an Ihr Leben anpassen.

Ich habe Ihnen in diesem Buch viele Botschaften vermittelt. Ich habe Ihnen Geschichten aus meinem Leben und dem meiner Patienten erzählt. Sie sind mit mir nach Mikronesien und zurück gereist. Wenn ich Ihnen nach all dem einen letzten Rat zum bestmöglichen Umgang mit Superstress geben müsste, dann diesen: Wenden Sie sich einem anderen Menschen zu. Arthur Pine, der Vater einer guten Freundin, drückte das in seinem Buch so aus: »Mitmenschlichkeit kann einen Dominoeffekt auslösen.«[1] Öffnen Sie Ihr Herz und öffnen Sie es weit. Setzen Sie sich für einen anderen Menschen ein oder unterstützen Sie ihn. Anderen die Hand zu reichen, erinnert uns daran, wie sehr wir Menschen aufeinander angewiesen sind und dass wir die Fähigkeit besitzen, nach menschlicher Vollkommenheit zu streben – etwas, das wir häufig vergessen.

Anhang
Normalkostpläne für das Vierwochenprogramm

Im Anschluss finden Sie »Normalkost«-Speisepläne für 14 Tage. Nach diesen, bei Bedarf nach Ihren Bedürfnissen abgewandelten Plänen ernähren Sie sich in der ersten, dritten und vierten Woche des Vierwochenprogramms. Alle Rezepte ergeben, sofern nicht anders angegeben, eine Portion. Beachten Sie, dass alle Shakes mit jeder Art von Milch zubereitet werden können. Allerdings bevorzuge ich ungesüßte Mandelmilch, da sie den niedrigsten Kaloriengehalt hat.

1. Tag

Frühstück
Proteinshake
250 g Naturjoghurt mit lebenden Kulturen, fettarm
1 Teel. Vanilleextrakt
150 g Heidelbeeren
2 Teel. Honig
30 g Minze (Pfefferminze), nach Möglichkeit frisch
1 Essl. Leinsamenschrot
1 Essl. Weizenkeime
⅛ l fettarme Milch oder ⅛ l Mandel-, Soja- oder entrahmte Milch
wenn gewünscht: 2 Teel. Weizen-, Hanf- oder Reisproteinpulver
oder
Getreidebrei/Porridge
35 g Haferschrot gekocht in 80 ml fettarmer oder Mandelmilch

1 Essl. Leinsamenschrot (erst ganz zum Schluss dazugeben) und
1 Essl. Weizenkeime
2 Teel. Honig oder Rohzucker

Kaffee oder Tee

Zweites Frühstück
1 Apfel

Mittagessen
2 Handvoll römischer oder gemischter Salat
30 g gehackte oder geraspelte Karotten oder kleine Karottensticks
50 g Kirschtomaten
60 g Puten- oder Hähnchenfleisch, magerer Schinken oder Tofu
wenn gewünscht: ¼ Avocado in Scheiben oder 30 g Käse
Dressing: Saft einer halben Zitrone, 2 Essl. Olivenöl, 2 Spritzer
einer Universalwürze

Imbiss
1 Apfel oder 30 g dunkle Schokolade
Tee

Der tolle Tee von Masies Mutter
Probieren Sie als Extravergnügen in dieser Woche oder jedem anderen Abschnitt der Diät diesen köstlichen Tee!

Geben Sie in eine luftdicht verschließbare Dose Ihren offenen
Lieblingstee (Rooibos oder Ceylon eignen sich gut), und fügen Sie
85 g getrocknete Kirschen hinzu. Der Tee nimmt umso mehr Geschmack an, je länger er mit den Kirschen vermischt lagert. Achten
Sie beim Aufbrühen des Tees darauf, ein paar Kirschen in die Tasse
zu bekommen. Sie schmecken köstlich, wenn Sie sie nach dem
Teetrinken verzehren. Gießen Sie einen Schuss Milch und etwas

Mandel- oder Vanilleextrakt dazu, wenn Sie mögen. Ein prima Tee vor dem Schlafengehen. Ein Schnellrezept: Geben Sie ein paar eingemachte Kirschen in die Tasse Tee, und Sie haben eine schnelle, süße Leckerei.

Abendessen

¼ l Misosuppe (1 bis 2 Teel. Miso [Sojabohnenpaste] auf ¼ l heißes Wasser)
120 g gekochter Naturreis
250 g gedünsteter Rosenkohl
Asiatische Gemüselinsen

Asiatische Gemüselinsen
60 g gekochte Linsen
2 Knoblauchzehen, fein gehackt
½ Teel. Currypulver
90 g gehacktes Koriandergrün
½ Zwiebel
⅛ l Wasser
220 g kleingeschnittenes Gemüse wie Zwiebeln, Karotten, Tomaten, Paprika, Erbsen
wenn gewünscht: ½ Würfel Hühnerbrühe (aufgelöst in dem Wasser)
½ Teel. Senfkörner

Braten Sie die Linsen mit Knoblauch, Curry, Koriander und Zwiebeln an, und lassen Sie sie in ⅛ l Wasser mit oder ohne den Hühnerbrühwürfel schmoren, bis sie weich sind. Geben Sie das Gemüse und falls gewünscht die Senfkörner dazu.

Nachtisch
Gebackene Birne
1 Birne
2 Essl. Rotwein

2 Essl. Wasser
Schale einer halben Zitrone
1 Essl. Zucker
½ Zimtstange oder 1 Teel. gemahlener Zimt

Geben Sie alles in ein ofenfestes Gefäß mit Deckel, und schieben Sie es bei 190° für eine Stunde in den Backofen.
Abgewandelt nach *Julia Child's Kitchen*.[1]

2. Tag

Frühstück
150 g 5-Korn-Mischung für Getreidebrei mit ¼ l Mandelmilch oder entrahmter Milch
150 g Beeren (Heidel-, Brom- oder Himbeeren)
oder
2 Stück Eiweißpfannkuchen

Eiweißpfannkuchen (8 bis 10 Portionen)
½ Essl. Olivenöl
10 große Handvoll Spinat- oder Rucolablätter
2 feingehackte Knoblauchzehen
2 gehackte Frühlingszwiebeln (weiße und grüne Teile)
8 geschlagene Eier oder dieser Menge entsprechende Eiweiße
30 g Parmesankäse (gerieben)
½ Teel. gehackte frische Kräuter (Rosmarin, Thymian, Oregano, Salbei) oder 1 Teel. getrocknete Kräuter
wenn gewünscht: 1 Teel. Zitronenschale

Heizen Sie den Backofen auf 160° vor. Geben Sie Olivenöl, Spinat, Knoblauch und Frühlingszwiebeln in eine große Kasserolle, und lassen Sie alles 3 bis 5 Minuten köcheln. Gießen Sie die Flüssigkeit ab.
    Geben Sie Spinatmischung und Ei in eine Schüssel, und würzen

Sie mit Parmesan und Kräutern. Ölen Sie ein Auflaufgefäß mit 23 cm Durchmesser dünn mit Olivenöl ein, und gießen Sie die Mischung hinein. Backen Sie sie bei 160° 25 bis 30 Minuten, bis die Eier goldgelb und fest sind.

Kaffee oder Tee

Zweites Frühstück
40 g Mandeln
1 Apfel

Mittagessen
150 g Bohnensalat
4 Reiscracker mit 1 Essl. Nusscreme

Bohnensalat
60 g Kidney-Bohnen
60 g Kichererbsen
2 Frühlingszwiebeln, feingehackt
50 g Kirschtomaten
30 g Petersilie, feingehackt
Mit einem Essl. von Dr. Lees berühmtem Salatdressing vermischen.

Dr. Lees berühmtes Salatdressing
4 Essl. Olivenöl
1 Essl. Reisessig
1 Teel. Dijonsenf
1 Teel. Honig
½ Knoblauchzehe, gehackt
1 Spritzer Universalwürze
wenn gewünscht: Basilikum, Oregano oder Thymian, gehackt, nach Geschmack

Imbiss
150 g getrocknete Kirschen
30 g dunkle Schokolade
Tee

Abendessen
100 g gegrillte Hühnerbrust, garniert mit Zitronen- und gegrillten Gemüsezwiebelscheiben
120 g Naturreis
120 g Erbsen

Salat aus Romanasalat, Kirschtomaten, Apfelstücken und gerösteten Pinienkernen mit Dr. Lees berühmtem Salatdressing (siehe oben)

Nachtisch
Orange mit Walnüssen
1 Navelorange, geschält und filiert
2 Essl. gehackte Walnüsse
3 Essl. Honig
Vermischen Sie Walnüsse und Honig mit den Orangenfilets. Garnieren Sie mit Minzeblättchen.

3. Tag

Frühstück
Proteinshake
⅛ l Mandelmilch, entrahmte Milch, fettarme Sojamilch oder Reismilch
1 Nektarine oder 120 g Pfirsich, frisch oder gefroren
2 Essl. gehackte Kokosnuss
2 Essl. Molkepulver

250 g fettarmer Naturjoghurt
½ Teel. Vanilleextrakt
oder
2 Stücke Eiweißpfannkuchen (siehe Seite 302)
oder
150 g 5-Korn-Mischung für Getreidebrei mit ¼ l Mandelmilch
oder entrahmter Milch

Kaffee oder Tee

Zweites Frühstück
60 g getrocknete Cranberrys, Johannisbeeren oder Kirschen
30 g Mandeln
1 Apfel

Mittagessen
2 Putenfrikadellen (Rezept siehe unten)
oder
75 g Hummus (Kichererbsenpüree mit Sesampaste)
250 g Mischung aus Babykarotten, geschnittener Paprika, Stangensellerie und Kirschtomaten
½ mit Zitronensaft beträufelte Avocado
1 Pitabrot

Putenfrikadellen (ergibt 6 Stück)
450 g Putenhackfleisch
1 Ei
60 g Semmelbrösel
1 Teel. gehackte Zwiebeln
¼ Teel. Knoblauchpulver
⅛ Teel. schwarzer Pfeffer
1 Essl. Tomatenmark oder 2 Essl. Ketchup

Heizen Sie den Backofen auf 200° vor. Vermischen Sie alle Zutaten gründlich. Formen Sie aus je 1 Essl. der Masse eine Frikadelle. Backen Sie sie auf einem dünn eingeölten Blech 15 bis 20 Minuten oder bis die Frikadellen innen nicht mehr rosa sind.

Beachten Sie, dass dieses Rezept mehr als nur zwei Frikadellen ergibt. Sie sind aber so gut, dass Sie vielleicht Freunden davon abgeben oder die Hälfte für eine weitere Mahlzeit im Kühlschrank aufbewahren möchten.

Imbiss
1 Orange
40 g Sonnenblumenkerne
Tee

Abendessen
120 g Lachs, gegrillt, garniert mit dünngeschnittenen, gebratenen Zwiebeln und dünnen Zitronenscheibchen
1 mittelgroße Ofenkartoffel mit ½ Teel. Butter
150 g gedünsteter Brokkoli mit 60 g geriebenem Parmesan
150 g gedünsteter Spargel mit 1 Teel. Olivenöl, ½ feingehackten Knoblauchzehe und gehacktem Thymian und Oregano

Nachtisch
2 Kiwis
180 g Vanillejoghurt

4. Tag

Frühstück
Proteinshake
Je 40 g Heidelbeeren, Pfirsich, Erdbeeren, Bananenscheiben

2 Essl. Molkepulver
250 g fettarmer Naturjoghurt
⅛ l Mandelmilch oder entrahmte Milch
1 Teel. Vanille
oder
2 Scheiben Vollkorntoast
1 Bio-Ei, nach Belieben zubereitet
½ Grapefruit

Kaffee oder Tee

Zweites Frühstück
2 Reiskuchen mit 2 Essl. Mandelmus

Mittagessen
Thunfischsalat-Sandwich
60 g Babykarotten
60 g Mandeln
1 Apfel

Thunfischsalat-Sandwich
100 g Thunfisch im eigenen Saft
2 Essl. Mayonnaise oder Dijonsenf
¼ Teel. gemahlene Senfkörner (weglassen, wenn Sie Dijonsenf nehmen)
¼ Teel. Currypulver
2 Essl. gewürfelter Stangensellerie
2 Essl. gewürfelte Zwiebel
2 Tomatenscheiben
1 Salatblatt oder eine kleine Handvoll Alfalfasprossen
2 Scheiben Vollkornbrot

Imbiss
1 mittelgroße Birne oder 1 Apfel
Tee

Abendessen
Potpourri von Roter Bete
Salat

Potpourri von Roter Bete (für 2 Personen)
3 rote Bete mit Grün (junge Blätter)
90 g Shiitake in Scheiben
160 g Kirschtomaten
½ Zwiebel, geschnitten
1 Block frischer oder gegrillter Tofu (600 g)

Hacken Sie die Blätter der roten Bete, und braten Sie sie kurz an. Geben Sie die Knollen mit dem übrigen Gemüse und dem Tofu sowie 2 Essl. Olivenöl hinzu, und braten Sie alles unter ständigem Rühren an. Geben Sie 3 Scheiben frische Ingwerwurzel hinzu, und würzen Sie mit Sojasauce. Mit 120 g Naturreis servieren.

Salat
90 g helle Rosinen
250 g geraspelte Karotten
1 Teel. Zitronensaft
1 Teel. geriebener Ingwer
1 Teel. Olivenöl
Alle Zutaten gut vermengen.

Nachtisch
½ Cantaloupe-Melone

5. Tag

Frühstück

Shake

⅛ l Wasser oder Mandel-, fettarme Soja- oder entrahmte Milch

125 g Tofu (wenn gewünscht; sehr gut für Frauen über 45, da Tofu ein natürlicher Lieferant pflanzlicher Östrogene ist)

2 Teel. Honig

2 Essl. Weizenkeime

60 g Aprikosen, Erdbeeren, Pfirsiche oder 2 geschälte Kiwis

oder

2 Stücke des Pfannkuchens

2 Scheiben Vollkorntoast mit einem Klacks Butter

Kaffee oder Tee

Zweites Frühstück

60 g Mandeln

Mittagessen

Sandwich mit Aufstrich aus schwarzen Bohnen

1 Banane

60 g Mandeln oder Haselnüsse

Aufstrich aus schwarzen Bohnen

120 gekochte schwarze Bohnen

2 Essl. Tomatenmark

1 Teel. Basilikum, nach Möglichkeit frisch

2 Teel. Reisessig oder Balsamico

1 kleine Stange Sellerie, gehackt

½ Teel. Knoblauchpulver

wenn gewünscht: ½ Teel. Kreuzkümmel

Zerkleinern Sie die Zutaten im Mixer bis zur Konsistenz von Erdnusscreme mit Stückchen.

Bestreichen Sie 1 oder 2 Scheiben Vollkorntoast damit, und belegen Sie sie mit Gurken- und Tomatenscheiben und Alfalfasprossen oder Salat. Legen Sie eine Scheibe fettarmen Käse obendrauf, wenn Sie möchten.

Imbiss
1 Apfel
90 g Datteln
Tee

Abendessen
Überraschungsforelle
Gebackene Süßkartoffel
Gurkensalat

Überraschungsforelle
Heizen Sie den Backofen auf 200° vor. Wickeln Sie 1 mittelgroße Regenbogenforelle in Alufolie oder Backpapier. Füllen Sie sie vorher mit dünnen Zwiebel- und Zitronenscheiben. Reiben Sie den Fisch außen mit ½ Teel. Olivenöl ein. Würzen Sie ihn leicht mit Thymian; Salz und Pfeffer nach Geschmack. 25 Minuten garen; er soll nicht trocken werden.

Gurkensalat (für 2 Personen)
⅛ l Reisessig
½ Teel. Zucker
1 Gurke geschält und in Scheiben geschnitten

Vermischen Sie Essig und Zucker. Marinieren Sie die Gurkenscheiben mehrere Stunden darin. Servieren Sie den Salat zimmerwarm oder gekühlt.

Nachtisch
1 (5 cm breites) Stück Biskuitkuchen mit 75 g Erdbeeren, gesüßt mit 1 Teel. Zucker

6. Tag

Frühstück
Smoothie
1 Banane
1 Teel. Erdnusscreme
⅛ l fettarme, Soja-, Mandel- oder entrahmte Milch
2 Teel. Honig
250 g fettarmer Naturjoghurt
oder
75 g Haferschrot, gekocht in 85 ml fettarmer Milch oder Mandelmilch
1 Essl. Leinsamenschrot und 1 Essl. Weizenkeime (nach dem Kochen zugeben)
2 Teel. Honig oder Rohzucker

Kaffee oder Tee

Zweites Frühstück
4 Roggencracker mit 2 Essl. Mandelmus

Mittagessen
Pitatasche
40 g Oliven
40 g Avocado
4 Gurkenscheiben
3 Tomatenscheiben

40 g Karotten
1 Essl. Tahini-Salatdressing

Vermengen Sie alle Zutaten in einer Schüssel mit dem Dressing, und füllen Sie alles in ein Pitabrot.

Tahini-Salatdressing
150 g Tahini-Paste (geröstete, gemahlene Sesamsaat)
⅛ l Olivenöl
Saft einer Zitrone
⅛ l Wasser
1 Essl. Sojasauce
wenn gewünscht: 1 Knoblauchzehe oder ½ Teel. Knoblauchpulver und ein paar Chiliflocken

Imbiss
30 g dunkle Schokolade
Tee

Abendessen
Asiatischer Nudelsalat (für 2 Personen)
100 g gegrillte Hühnerbrust, kleingeschnitten, oder 100 g gekochte, geschälte Garnelen
2 Handvoll geschnittener Romanasalat
80 g Kirschtomaten
2 Frühlingszwiebeln, gehackt (weiße und grüne Teile)
3 Essl. gehacktes Koriandergrün
60 g Zuckererbsen
2 oder 3 Essl. asiatisches Dressing
500 g dünne chinesische Nudeln oder japanische Soba-Nudeln (Buchweizen) oder dünne Suppennudeln

Rechnen Sie ein Viertel der Packung pro Portion, und geben Sie die Nudeln 3 bis 4 Minuten in kochendes Wasser, bis sie *al dente* sind. Sie dürfen nicht zu weich werden. Lösen Sie sie während des Kochens voneinander. Schütten Sie sie in ein Sieb und schrecken Sie sie sofort mit kaltem Wasser ab. Kühlen Sie die Nudeln im Kühlschrank. Vermengen Sie sie mit den anderen Zutaten und dem Dressing.

Asiatisches Dressing
2 Essl. dunkles Sesamöl
2 Essl. helle Sojasauce
2 Essl. Balsamico oder Reisessig
2 Essl. Zucker
1 Essl. Erdnusscreme
2 Essl. geriebener Ingwer
abgeriebene Schale einer ½ Zitrone
½ Teel. Knoblauchpulver

Nachtisch
150 g Heidelbeeren

7. Tag

Frühstück
Proteinshake
⅛ l Orangensaft
1 Würfel weicher Tofu oder 1 Essl. Molke- oder Reisproteinpulver
1 Banane
¼ Teel. Vanilleextrakt
1 Essl. Weizenkeime
2 Essl. Leinsamenschrot
oder
1 Vollkornmuffin
1 Essl. Erdnusscreme
1 mittelgroße Banane

Kaffee oder Tee

Zweites Frühstück
8 Reiscracker und 30 g Käse

Mittagessen
½ l fettarme Erbsensuppe
8 Reiscracker
Gurken-Tomaten-Salat aus ½ Gurke, geschält und gehobelt, 150 g
Kirschtomaten, 1 Essl. Olivenöl und 1 Teel. Zitronensaft

Adeles kalorienarme Erbsensuppe
270 g Tiefkühlerbsen
½ l heißes Wasser
1 Würfel Hühner- oder Gemüsebrühe
wenn gewünscht: 2 Essl. frische Pfefferminze
Salz nach Geschmack

Alle Zutaten mixen, bis die Masse glatt ist. Servieren Sie die
Suppe kalt, oder erhitzen Sie sie 1 bis 2 Minuten in der Mikro-
welle.
Streuen Sie Chiliflocken darüber, wenn Sie etwas Pep mögen.

Imbiss
1 Apfel
Tee

Abendessen
Chinesischer Heilbutt
Grüner Kartoffelbrei
Salat

Chinesischer Heilbutt
120 g gebratener oder gegrillter Heilbutt
½ Teel. Sojasauce
1 Essl. geriebener Ingwer
½ Teel. feingehackter Knoblauch
1 Essl. Olivenöl

Heizen Sie den Backofen auf 200° vor. Legen Sie den Heilbutt auf ein Stück Alufolie, und würzen Sie ihn mit Sojasauce, Ingwer, Knoblauch und Olivenöl. Verschließen Sie die Alufolie, und geben Sie das Päckchen 8 bis 10 Minuten in den Ofen, bis der Fisch gar ist.

Grüner Kartoffelbrei
Kochen Sie 1 mittelgroße, geschälte Kartoffel. Geben Sie sie mit knapp 300 g Spinat in die Küchenmaschine. Durchrühren, erhitzen und servieren.

Salat
Beträufeln Sie Tomatenscheiben mit Olivenöl, und verteilen Sie 25 g gehackte rote Zwiebeln darüber.

Nachtisch
2 Handvoll Popcorn ohne Fett
oder
2 Mandarinen

8. Tag

Frühstück
Smoothie
1 Banane
75 g Ananas (frisch oder aus der Dose)

⅛ l Mandel- oder Sojamilch, Orangensaft oder Wasser
2 Essl. Proteinpulver
1 Essl. Weizenkeime
1 Essl. Kokosflocken
oder
75 g Haferschrot, gekocht in 85 ml fettarmer oder Mandelmilch
1 Essl. Leinsamenschrot (am Schluss zugeben)
1 Essl. Weizenkeime
2 Teel. Honig oder Rohzucker

Kaffee oder Tee

Zweites Frühstück
4 Roggencracker mit 2 Essl. Cashewcreme

Mittagessen
75 g Hummus
250 g kleingeschnittenes Gemüse (Stangensellerie, Gurke, Rettich,
Paprika, Babykarotten, Kirschtomaten)
90 g Schinken, Huhn oder Pute
1 Apfel

Imbiss
30 g dunkle Schokolade
Tee
wenn gewünscht: 2 Grahamcracker

Abendessen
Pasta mit Pesto und Garnelen
Salat aus einer Handvoll Rucola mit 2 Essl. gehobeltem Parmesan
und Himbeeressigdressing

Pasta mit Pesto und Garnelen
250 g gekochte Vollkornspaghetti oder Spinatfettuccine
2 Essl. Pesto
6 Garnelen (geschält, Darm entfernt)
1 Essl. Olivenöl
½ gehackte Zwiebel
30 g Erbsen

Braten Sie die Garnelen mit Zwiebeln und Erbsen unter ständigem Rühren in dem Olivenöl an. Geben Sie die Nudeln dazu und vermischen Sie alles mit dem Pesto.

Himbeeressigdressing
1 Essl. Himbeeressig
2 Essl. Olivenöl
½ Knoblauchzehe, fein gehackt
1 Teel. Basilikum
½ Teel. Oregano
½ Teel. Thymian

Vermengen Sie alle Zutaten gründlich.

Nachtisch
140 g Erdbeeren, gesüßt mit 1 Teel. Zucker

9. Tag

Frühstück
Smoothie
85 ml Açai-Beeren-Saft (erhältlich in Bioläden)
⅛ l Mandel-, Soja- oder entrahmte Milch
1 Teel. Honig
1 Essl. Leinsamenschrot

1 Essl. Weizenkeime
½ Banane
oder
150 g 5-Korn-Mischung für Getreidebrei mit ¼ l Mandel- oder entrahmter Milch
Kaffee oder Tee

Zweites Frühstück
1 Banane
oder
70 g getrocknete Cranberrys und 40 g Walnüsse

Mittagessen
Salat-Käse-Sandwich
40 g Babykarotten

Salat-Käse-Sandwich
2 Scheiben Vollkornweizenbrot
Gurkenscheiben
Tomatenscheiben
2 Scheiben fettarmer Käse
Alfalfasprossen oder Salatblätter
90 g Huhn, Rindfleisch, Schinken oder gebratene Tofuscheiben
Aufstrich: Dijonsenf

Imbiss
150 g Grapefruit
Tee

Abendessen
Garnelen-Gemüse-Pfanne
200 g Naturreis

1 gegarte Artischocke (Dip: Olivenöl, ⅓ gehackte Knoblauchzehe, Saft einer ½ Zitrone)

Garnelen-Gemüse-Pfanne (für 2 Personen)
60 g gehackte Zwiebeln
30 g Shiitake in Scheiben
150 g Stangensellerie, schräg geschnitten
40 g Cashewnüsse
40 g Paprika in Streifen
8 Garnelen, geschält, Darm entfernt

Braten Sie das Gemüse in 1 Essl. Olivenöl in einer heißen Pfanne an, so dass es knackig bleibt. Geben Sie die Garnelen hinzu, und braten Sie weiter, bis sie rosa und gar sind.

Nachtisch
75 g getrocknete Aprikosen

10. Tag

Frühstück
Smoothie
70 g Heidelbeeren
70 g Brombeeren
70 g Erdbeeren
⅛ l Mandel-, Soja, Hanf- oder entrahmte Milch
2 Essl. Molke- oder Proteinpulver
2 Essl. Honig
1 Essl. Leinsamenschrot
oder
75 g Haferschrot, gekocht in 85 ml fettarmer oder Mandelmilch

Kaffee oder Tee

Zweites Frühstück
75 g getrocknete Kirschen und 40 g Mandeln

Mittagessen
1 Vollkornburrito, gefüllt mit 40 g gekochten, zerdrückten Pinto-
bohnen, 90 g geriebenem fettarmem Käse, 2 Essl. Salsa und 1 Teel.
gehacktem, frischem Koriandergrün
40 g Karottensticks oder Babykarotten
1 Orange

Imbiss
10 Vanillewaffeln
Tee

Abendessen
1 Maiskolben (gekocht)
90 g Heilbutt, gebraten
180 g gedünsteter Brokkoli mit 1 Teel. geriebenem Parmesan

Heilbutt
90 g Heilbutt
60 g Olivenöl
1 Knoblauchzehe, zerdrückt
30 g gehacktes Koriandergrün
2 Teel. Kreuzkümmel, gemahlen
1 Essl. frischer Limettensaft
½ Teel. Chiliflocken

Reiben Sie den Fisch vor dem Braten auf beiden Seiten mit einer
Mischung aus Olivenöl, Knoblauch, Koriander, Kreuzkümmel,
Limettensaft und Chiliflocken ein.

Nachtisch
Bratapfel

Stechen Sie das Kerngehäuse eines Apfel aus, und schälen Sie die Oberseite. Streuen Sie Rohzucker und Zimt darüber, und geben Sie ein paar Rosinen in das Loch. Setzen Sie ihn in eine mikrowellengeeignete Schale, decken Sie sie mit Frischhaltefolie ab, und stellen Sie sie 2 bis 3 Minuten in die Mikrowelle, bis der Apfel weich ist. Sie können ihn auch zugedeckt bei 175° in 15 bis 20 Minuten im Backofen garen.

11. Tag

Frühstück
Smoothie
¼ l Cranberrysaft
70 g Erdbeeren
70 g Himbeeren
2 Essl. Molkepulver
1 Essl. Weizenkeime
1 Essl. Leinsamenschrot
125 g fettarmer Naturjoghurt
100 g Eis
1 Teel. Honig
oder
150 g 5-Korn-Mischung für Getreidebrei mit ¼ l Mandel- oder entrahmter Milch

Kaffee oder Tee

Zweites Frühstück
1 Essl. Erdnusscreme
8 Grahamcracker

Mittagessen

200 g geschnittenes Rotkraut
30 g Kidneybohnen
75 g Kirschtomaten
30 g frisch geriebener Parmesan
2 Essl. Pinienkerne
60 g Pute in Streifen oder Würfeln
1 Essl. Dr. Lees berühmtes Salatdressing
1 Frühlingszwiebel in Streifen (weiße und grüne Teile)
1 Scheibe Roggenbrot
1 Birne oder ½ Grapefruit in Segmenten

Imbiss

1 Apfel

Abendessen

Curry-Kokosnuss-Eintopf
200 g Naturreis (wenn gewünscht mit 2 Essl. frischgehacktem Koriandergrün)
Gurkensalat (siehe Seite 310)

Curry-Kokosnuss-Eintopf (für 2 Personen)
3 Essl. Olivenöl
2 Knoblauchzehen, gehackt
½ Essl. schwarze Senfkörner
2 Teel. Currypulver
2 Essl. Kokosflocken
120 g gehackte Zwiebel
120 g TK-Erbsen
180 g geviertelte Kartoffeln
120 g Karotten in Scheiben
75 g Tomaten, gewürfelt
180 g Blumenkohl
50 g Rosinen

⅛ l Wasser
1 Teel. Salz

Erhitzen Sie das Olivenöl in einer Bratreine oder einem Schmortopf auf mittlerer Flamme. Geben Sie den gehackten Knoblauch hinzu, dann die Senfkörner, das Currypulver und die Kokosflocken. Braten Sie alles mehrere Minuten lang. Geben Sie dann auf einmal hinzu: Zwiebelwürfel, Erbsen, Kartoffelviertel, Karotten, Tomatenwürfel, Blumenkohlröschen, Rosinen, Wasser und Salz. Lassen Sie alles 20 bis 30 Minuten kochen, bis die Kartoffeln weich sind.

Nachtisch
75 g Pfirsiche aus der Dose, leicht gezuckert
oder
1 ganzer frischer Pfirsich oder 1 Nektarine

12. Tag

Frühstück
Smoothie
75 g Mango in Scheiben (frisch oder gefroren)
125 g zerstoßenes Eis
⅛ l Mandel-, Soja-, Hanf- oder entrahmte Milch
wenn gewünscht: 250 g fettarmer Vanillejoghurt
oder
75 g Haferschrot, gekocht in 85 ml fettarmer oder Mandelmilch

Kaffee oder Tee

Zweites Frühstück
75 g Stangenselleriestücke
65 g Babykarotten oder Karottensticks

Mittagessen
Putensandwich
2 Scheiben Vollkornweizenbrot
90 g Putenbraten in Scheiben
2 Essl. fettarme Mayonnaise
2 Tomatenscheiben
¼ Avocado in Scheiben
1 Romanasalatblatt

Imbiss
1 Handvoll Popcorn ohne Fett

Abendessen
Dr. Lees Rotweinhähnchen
200 g Naturreis oder 200 g Vollkornnudeln
75 g Erbsen

Dr. Lees Rotweinhähnchen (für 2 Personen)
1 Essl. Olivenöl
2 Knoblauchzehen, zerdrückt
75 g gewürfelte Tomaten
2 Hähnchenbrüste
120 g Zwiebeln, gehackt
90 g Pilze in Scheiben
¼ l vollmundiger Rotwein
¼ l Hühnerbrühe (¼ l Wasser mit ½ Würfel Hühner- oder Gemüsebouillon)
¼ Teel. Thymian

Geben Sie Olivenöl in einen Schmortopf, und braten Sie den Knoblauch auf mittlerer Flamme kurz an. Geben Sie dann die Tomaten hinzu, und lassen Sie sie 5 Minuten garen. Geben Sie Hähnchenbrüste, Zwiebeln, Pilze, Wein, Brühe und Thymian hinzu. Reduzieren Sie die Hitze, und lassen alles 40 bis 50 Minuten köcheln, bis das Fleisch durch ist.

Nachtisch
1 in Schnitze geschnittene Birne mit 15 g zerkrümeltem Blauschimmelkäse

13. Tag

Frühstück
Smoothie
70 g Himbeeren
1 Banane
½ Teel. Vanilleextrakt
250 g fettarmer Naturjoghurt
125 g Eis
½ Teel. frische Minze
⅛ l Mandel- oder entrahmte Milch
wenn gewünscht: ½ Teel. Kakao und 2 Teel. Honig
oder
75 g Haferschrot, gekocht in 85 ml fettarmer oder Mandelmilch

Kaffee oder Tee

Zweites Frühstück
30 g Schweizer Käse
6 Reiscracker

Mittagessen
Fettarme Karotten-Ingwer-Suppe
1 Scheibe Vollkorntoast

150 g Heidelbeeren oder getrocknete Cranberrys
1 Apfel

Fettarme Karotten-Ingwer-Suppe (für 2 Personen)
1 Paket gefrorene Karotten
⅜ l heißes Wasser
1 Würfel Gemüse- oder Hühnerbouillon
⅛ l entrahmte Milch
1 Teel. Ingwer, gerieben
1 Teel. Honig

Pürieren Sie alle Zutaten in einem Mixer, und erhitzen Sie die Suppe 2 Minuten in der Mikrowelle.

Imbiss
60 g dunkle Schokolade
Tee

Abendessen
Chili
200 g Naturreis
300 g gar gebratene Kohlblätter mit 2 Essl. Pesto, 1 mittelgroßen gewürfelten Tomate und 60 g Zwiebelscheiben

Chili (für 2 Personen)
1 Essl. Olivenöl
120 g schwarze Bohnen aus der Dose
60 g Maiskörner
75 g Tomaten, gewürfelt
60 g Zwiebeln, gehackt
40 g Paprika, gewürfelt
½ Teel. Chilipulver
½ Teel. Kreuzkümmel
1 Knoblauchzehe, zerdrückt

1 Teel. Oregano
½ Teel. Thymian
25 g Koriandergrün
½ Teel. Cayennepfeffer oder ¼ Teel. Chiliflocken (wenn gewünscht)

Geben Sie alles (auch Cayennepfeffer oder Chiliflocken nach Geschmack) in einen Schmortopf, und lassen Sie es 1 Stunde köcheln.

Nachtisch
1 Tasse heiße Schokolade, gewürzt mit 1 Essl. Honig und/oder Zimt

14. Tag

Frühstück
Smoothie
250 g fettarmer Naturjoghurt
1 Teel. Vanilleextrakt
70 g Heidelbeeren
2 Teel. Honig
25 g frische Minze oder ⅛ Teel. Minzeextrakt
1 Essl. Leinsamenschrot
1 Essl. Weizenkeime
⅛ l Mandel-, Soja-, entrahmte oder Hanfmilch
wenn gewünscht: 2 Essl. Molke-, Hanf- oder Reisproteinpulver

Kaffee oder Tee

Zweites Frühstück
3 Feigenfruchtriegel
Tee

Mittagessen
75 g Hummus
120 g Babykarotten
75 g Kirschtomaten
40 g Paprika
4 Scheiben Roggenknäckebrot
140 g Beeren
1 Apfel

Imbiss
60 g dunkle Schokolade
Tee

Abendessen
90 g Rotbarsch, gebraten, vor dem Braten mariniert mit 1 Teel.
Olivenöl, 1 Teel. Koriandergrün, 1 Teel. Frühlingszwiebel und Saft
einer ½ Zitrone
200 g Vollkornfettuccine mit ½ Teel. Pesto
150 g gedünsteter Spargel, beträufelt mit Olivenöl und Zitronensaft

Nachtisch
Dr. Lees Mokka-Meringue (für 2 Personen)
100 g Puderzucker
1 Essl. Kakao
⅛ Teel. Zimt
½ Teel. Instantkaffeepulver
4 Eiweiß
½ Teel. Vanilleextrakt
40 g Mandelstifte
¼ Teel. Salz

Heizen Sie den Backofen auf 120° vor. Fetten Sie ein Backblech dünn ein. Sieben Sie Zucker, Kakao, Kaffeepulver und Salz durch. Geben Sie die trockene Mischung und die Mandeln in den Mixer, und mahlen Sie sie, bis ein feines Pulver entstanden ist. Schlagen Sie das Eiweiß mit dem Vanilleextrakt auf, bis es steif ist. Heben Sie das Pulver unter. Setzen Sie mit 2 Esslöffeln die Meringuen auf das Backblech. Lassen Sie sie 2 bis 3 Stunden trocknen, schalten Sie dann den Ofen aus, lassen Sie sie noch 20 Minuten darin, und servieren Sie sie dann.

Abgewandelt aus *The Moosewood Cookbook* von Mollie Katzen.[2]

Die Anti-Superstress-Entgiftungsdiät

Mit Entgiftung oder fachsprachlich Detoxikation meine ich den natürlichen, im Organismus ständig ablaufenden Prozess, mit dem der Körper Schadstoffe oder Toxine unschädlich macht oder beseitigt, um gesund zu bleiben. Toxine sind alle Stoffe, die Körpergewebe schädigen können. Der Körper befreit sich unaufhörlich selbst von allen Abfallprodukten des Stoffwechsels. Diese Abfallprodukte können schädlich sein, wenn sie nicht neutralisiert oder aus dem Körper entfernt werden. Das für diesen Prozess wichtigste Organ ist die Leber. Hat sie ihre Aufgabe erfüllt, werden die »Schlacken« von vier Organsystemen entsorgt: Darm, Nieren, Haut und Lungen.

Im Allgemeinen erstreckt sich eine Entgiftungsdiät nur über eine kurze Zeitspanne. Auf den folgenden Seiten finden Sie eine aus Nahrungsmitteln, welche dem Körper die für die Entgiftung benötigten Vitamine, Nährstoffe und Antioxidantien liefern, zusammengestellte Kost. Zudem enthält die Diät viele Ballaststoffe und viel Wasser, was Schadstoffe bindet und sie durch häufigere Toilettengänge aus dem Körper entfernt. *Bei jeder Entgiftungsdiät muss der Körper unbedingt gut mit Flüssigkeit versorgt bleiben.* Sie sollten täglich *mindestens* zwei Liter Wasser trinken. Wenn Sie an täglichen Kaffeekonsum gewöhnt sind, sollten Sie in dieser Woche auf grünen Tee umsteigen. Damit senken Sie Ihre Koffeinaufnahme und steigern zugleich Ihre Vitaminzufuhr. Aber machen Sie keinen kalten Koffeinentzug, sonst könnten Sie Entzugskopfschmerzen bekommen.

Ihnen fällt bestimmt auf, dass diese Diät nicht sehr abwechslungsreich ist. Das ist durchaus gewollt, denn in dieser Woche soll sich Ihr Verdauungssystem ausruhen, und das kann es besser, wenn Sie täglich das Gleiche essen.

Achtung: Wer sich einer Entgiftungsdiät unterziehen will, insbesondere schwangere Frauen oder chronisch Kranke, sollte zuvor den Rat eines qualifizierten Fachmanns oder seines Arztes einholen. Eine solche Diät länger als eine Woche fortzusetzen, kann zu ernährungsbedingten Mangelerscheinungen führen.

Frühstücksobstshakes

Trinken Sie täglich zum Frühstück einen der folgenden Shakes. Fügen Sie zur Erhöhung des Vitamingehalts 1 Essl. eines »grünen Pulvers« hinzu, beispielsweise »Berry Green«-Pulver oder »Barlean's Greens«. Eine andere Möglichkeit ist die Zugabe von jeweils 2 Essl. püriertem Spinat.

Trinken Sie jeweils zum Frühstück, zum zweiten Frühstück und als Imbiss einen dieser Shakes oder ersetzen Sie die Zwischenmahlzeiten durch einen Grünen Muntermacherdrink (siehe unten).

Shake 1
Geben Sie in den Mixer:
250 g fettarmen Naturjoghurt (mit lebenden Kulturen)
1 Teel. Vanilleextrakt
150 g Heidelbeeren
2 Teel. Honig
30 g frische Minze oder ⅛ Teel. Minzeextrakt
1 Essl. Leinsamenschrot
1 Essl. Weizenkeime
⅛ l Mandel-, Soja-, entrahmte oder Hanfmilch
wenn gewünscht: 2 Essl. Molke-, Hanf- oder Reisproteinpulver

Shake 2
Geben Sie in den Mixer:
⅛ l Mandel-, entrahmte, fettarme Soja- oder Reismilch

1 Nektarine oder 75 g frische oder gefrorene Pfirsiche
2 Essl. Molkepulver
250 g fettarmen Naturjoghurt
½ Teel. Vanilleextrakt

Shake 3
Geben Sie in den Mixer:
je 35 g Heidelbeeren, Pfirsiche, Erdbeeren, Bananenscheiben
2 Essl. Molkepulver
250 g fettarmen Naturjoghurt
⅛ l Mandel-, Soja- oder entrahmte Milch
1 Teel. Vanilleextrakt

Shake 4
Geben Sie in den Mixer:
85 ml Açai-Beeren-Saft
⅛ l Mandel-, Soja- oder entrahmte Milch
1 Teel. Honig
1 Essl. Leinsamenschrot
1 Essl. Weizenkeime
½ Banane

Grüner Muntermacherdrink als zweites Frühstück oder Imbiss
Geben Sie in den Mixer:
1 großen oder 2 mittelgroße geschälte Granny-Smith-Äpfel
1 15 cm langes Stück Staudensellerie, in Stücke geschnitten
2 geschälte Kiwis
125 g Eis
⅛ l ungesüßten grünen Tee
Saft einer ¼ Zitrone, fügen Sie die abgeriebene Schale (Zesten) zur
Verstärkung der Vitaminwirkung hinzu
1 Scheibchen geschälte Ingwerwurzel
1 Teel. Honig

Suppe zum Mittagessen

Kürbissuppe
270 g Kürbisfleisch, etwa Flaschen- oder Eichelkürbis
½ l heißes Wasser
1 Brühwürfel (Huhn oder Gemüse)
Salz nach Geschmack

Geben Sie die Zutaten in den Mixer, pürieren Sie alles, und erhitzen Sie es dann in der Mikrowelle.

Beachten Sie: Ersetzen Sie den Kürbis zur Abwechslung durch gefrorenen Spinat, Erbsen oder Spargel. Zur Erhöhung des Kaloriengehalts nehmen Sie statt Wasser ¼ l ungesüßte Mandelmilch oder geben Sie 125 g Seidentofu zum Wasser.

Zusätzlich zur Suppe können Sie 200 g Naturreis, garniert mit ½ Avocado, 2 Teel. Mandelstiften und je einem Spritzer Olivenöl und Zitronensaft essen. Würzen Sie mit Sojasauce und Sesamkörnern, wenn gewünscht.

Abendmahlzeit

200 g Naturreis
350 g gehackter gedünsteter Kohl, Mangold, Brokkoli, Blumenkohl oder Rote-Bete-Blätter, gewürzt mit Zitronensaft, Olivenöl oder Sojasauce
60 g gekochte Linsen oder schwarze Bohnen, gewürzt mit Knoblauch, Salz und Pfeffer

Wenn Sie mögen, können Sie auch einen Teller von der Suppe meines Großvaters genießen.
Die Suppe meines Großvaters
1 l Wasser
1 Zwiebel, halbiert
½ Tüte Babykarotten oder Karottensticks

2 Selleriestangen
1 oder 2 Hühnerbrühwürfel
2 enthäutete Hähnchenbrüste in Würfeln
2 Scheiben Ingwerwurzel
je 60 bis 90 g folgender Zutaten:
  Goji- oder Bocksdornbeeren (stärken Leber und Nieren)
  Tragantwurzel (*Astralagus*) (stärkt das Immunsystem)
  Codonopsis-Wurzel (chinesischer Vogelknöterich) (stärkt die
  Lebensenergie, das Qi)
  Dioscorea oder Lichtwurzel (chinesische Yams) (stärkt Lungen
  und Nieren)

Zugedeckt zwei Stunden köcheln lassen.

Achtung: Asiatische Lebensmittelgeschäfte verkaufen diese Suppe mit den aufgeführten chinesischen Gewürzen bereits fertig abgepackt. Sie heißt Suppe des Jahreszeitenwechsels und soll helfen, den Übergang in den Herbst und Winter ohne Erkrankung zu überstehen. Im Haus meines Großvaters aßen wir sie zur Stärkung der Gesundheit, wann immer wir uns angeschlagen oder ausgelaugt fühlten, und mein Großvater brachte sie allen Nachbarn und Freunden, die sich nicht ganz auf der Höhe fühlten.

Dank

Da dies mein erstes Buch ist und so viele Begebenheiten aus meiner Vergangenheit eingeflossen sind, hat die Liste der Menschen, denen ich Dank schulde, eine beachtliche Länge. An erster Stelle möchte ich meinen Patienten danken, dass sie mir gestattet haben, an ihrer Behandlung mitzuwirken. Es macht mir Freude, Anteil an ihren Erfolgen zu nehmen und ihnen auf dem Weg zu ihrem persönlichen Wohlergehen weiterzuhelfen. Sie belohnen mich mit neuen Einsichten über die enge Verflechtung von Körper und Geist und deren zuweilen unerwartetes Wechselspiel.

Manchmal fragt man mich, wie ich zur integrativen Medizin gekommen bin. Mein Interesse geht zurück auf meine Großeltern mütterlicherseits, bei denen ich in meiner Kindheit die meisten Wochenenden zubrachte. Ich bin Amerikanerin chinesischer Abstammung, und mein Großvater war als Familienoberhaupt auch der Chefkoch. Ich hatte die Aufgabe, ihm in der Küche zu helfen. Er besaß ein umfangreiches Wissen über Kräuter und Heilkost, und ich als sein Lehrling habe viel bei ihm gelernt. Ich hätte nie den Wert traditioneller Heiler und ihrer pflanzlichen Heilmittel schätzen gelernt, wären nicht diese frühen Jahre bei meinen Großeltern gewesen. Mein Vater Curtis, meine Schwester Sabrina, meine Stiefschwester Lindy und mein Halbbruder Chris haben mich großartig unterstützt, und ich danke ihnen, dass sie in schwierigen Momenten, wenn meine Kraft erlahmte, zur Stelle waren und mich bei meiner Autorentätigkeit anfeuerten. Danken möchte ich zudem, auch wenn sie bereits verstorben sind, meiner Stiefschwester Lori, meiner Mutter Cynthia und meiner Stiefmutter Millie.

Das Leben und Arbeiten in einer anderen Kultur wie Mikronesien, wo die traditionellen Heiler und die Alten des Gemeinwesens hohe Wertschätzung genießen, säten meine ersten Zweifel an manchen Dogmen der westlichen Schulmedizin. Die Ärzte und Verwaltungsmitarbeiter des Gesundheitssystems, mit denen ich während meiner Aufenthalte in Mikronesien zusammenarbeitete – insbesondere diejenigen, die seit vielen Jahren außerhalb der Vereinigten Staaten im Einsatz waren –, formten meine Erkenntnisse über die heilsamen Qualitäten des Insellebens mit. Zudem lernte ich viel durch die Arbeit mit Dr. Victor Yano, der sowohl ein hochgeachteter palauischer Häuptling als auch ein im Westen ausgebildeter Arzt ist. Er hat in seiner Privatpraxis eine palauische Form von integrativer Medizin geschaffen, lange bevor dieser Begriff in den Vereinigten Staaten aufkam. Er verschmolz traditionelle palauische Heilpraxis und Kultur mit herkömmlicher Medizin. Wir schlossen Freundschaft, und ich konnte aus nächster Nähe beobachten, wie nachhaltig positiv sich das Zusammenwirken von Familienleben und Gemeinschaft auf die Gesundheit und das Wohlbefinden auswirken kann. Ich möchte auch allen einheimischen Ärzten, Mitarbeitern des Gesundheitswesens und anderen medizinischen Fachleuten auf Yap und Palau danken, mit denen ich zusammengearbeitet habe. Alle nahmen mich mit offenen Armen auf und schenkten mir ihre Freundschaft; so fühlte ich mich als Mitglied ihrer Gemeinschaft willkommen. Darüber hinaus danke ich den Familien Etpison, Kitalong, Yano, Soaladoab und Beck, die mir das Gefühl gaben, zur Familie zu gehören, und diesem Buch ihren Stempel aufgedrückt haben.

Wenn man sich ganz auf die mikronesischen Inseln einlässt, trägt man sie danach immer im Herzen. Deshalb schloss ich mich meinem Forschungskollegen Michael Balick vom New York Botanical Garden an, als er 1998 wieder nach Mikronesien fuhr, um traditionelle Heiler zu befragen und die Verwendung von Pflanzen zu Heilzwecken auf Pohnpei und Palau zu dokumentieren. Zum Zeitpunkt der Niederschrift dieses Buches arbeiteten Balick und ich (und das NYBG-Team) nun schon seit über zehn Jahren an diesem Projekt. Ich danke ihm sehr, dass er in all der Zeit unermüdlich zahllose gemeinsam verfasste Aufsätze, Forschungsmittelanträge und Artikel kritisch geprüft hat. Dies ist zwar kein ethnobotanisches Buch, doch unsere gemeinsame Arbeit schärfte meinen Blick dafür, wie sehr sich Tempo und Werte der westlichen Gesellschaft von anderen in aller Welt unterscheiden.

Das Studium bei Andrew Weil und die offizielle Ausbildung in integrativer Medizin im Rahmen des Program in Integrative Medicine (PIM) an der University of Arizona gab meiner Laufbahn eine Richtung, die sich bis heute fortsetzt. Seit jenen Tagen hat mir Andrew Weil weit mehr Unterstützung zuteil werden lassen als nur die zwei Jahre Assistenzarztzeit in Tucson in Arizona. Es bewegt mich tief, wie großzügig er mit seiner Zeit und seiner Unterstützung umgegangen ist. Dank schulde ich überdies Victoria Maizes, Tieronna Low Dog, Randy Horowitz, Dean Emeritus James Dalen, Joseph Alpert und anderen Angehörigen des PIM-Lehrkörpers für ihre Unterstützung und ihre Großmut.

Danken möchte ich zudem allen, die zu meiner Ausbildung im PIM in jenen frühen Jahren beigetragen haben: Tracy Gaudet, John Tarrant, Sue Fleishman, Colleen Growchowski und der ursprünglichen »ersten PIM-Viererbande«, meinen Mitabsolventen Russell Greenfield, Karen Koffler und Wendy Kohatsu sowie allen anderen »Mitassistenzärzten«. Wir hatten viele Gastredner und Dozenten, deren gesammeltes Wissen in dieses Buch eingeflossen ist. Namentlich nennen möchte ich: Jon Kabat-Zinn, Saki Santorelli, Rachel Naomi Remen, Harriet Beinfield, Effrem Korngold, Linda Russek, Gary Schwartz, Iris Bell, Fredi Kronenberg, Mark Blumenthal, Paul Stamets, Tom Newmark, Paul Schulick, Mark Hyman, Dean Ornish, Vic Sierpina, Mary Jo Kreizer, Susan Folkman, Mary Hardy, Dave Rakel und andere, nicht namentlich genannte, die ebenfalls dazu beigetragen haben, die Fackel der integrativen Medizin in mir zu entzünden und sie weiterzutragen.

Die Eröffnung des Continuum Center for Health and Healing (CCHH) in New York ist nach wie vor ein weiteres enormes Geschenk von Lebenserfahrungen. Ich bin seit der Gründung des Centers dabei und danke allen Ärzten und Angehörigen der Heilberufe, insbesondere Woodson Merrell, Barbara Glickstein, Caths Schaffer und Ben Kligler – sie haben den Traum von einem menschlicheren

Gesundheitswesen verwirklicht und gewährten meinem Buchprojekt ihre volle Unterstützung. Besonderer Dank und Anerkennung gilt Bill Sarnoff für seine großzügige Beratertätigkeit und seinen Beistand bei der Einrichtung des CCHH im Beth Israel Medical Center. Die Arbeit im Center ist eine Gemeinschaftsaufgabe, und ich bin allen Ärzten, Pflegekräften und Mitarbeitern der Verwaltung dankbar. Mein Assistent Troy Garriga sorgte zuverlässig dafür, dass ich in chaotischen Phasen des Schreibens zur richtigen Zeit am richtigen Ort war. Ein Hoch auf Bonnie Everhart für die Koordination von Beistand und Unterstützung.

Freunde und Kollegen in der Heilkunst trugen ebenfalls maßgeblich dazu bei, das Projekt am Leben zu erhalten. Danken möchte ich Ruth Nerken für ihre Hilfe bei der Entwicklung eines klaren Konzepts für das Buch sowie Kelly Campbell und Alison Bradley für fotografische Unterstützung. Weitere Menschen, die dazu beitrugen, der Vision Konturen zu verleihen, sind: Susan Main, Shelley Berc, Alejandro Fogel, Annie Fox, Rusty Bergen, Selma Rondon, Andrea Balick, Karen Reivich, Andrew Shatté, Sonja Lyubomirsky, Todd Kashden, Jan Bruce, Beth Dill, Elishiva Gordis, Carol Ann Valentino, Toddi Gutner, Susan Stautberg, Eddie Weiner, Rita Foley und alle Mitglieder des »Belizian Grove«-Clubs. Ihnen allen danke ich für ihre Unterstützung. Ein Dank auch an Dewey und Xena für eure nicht nachlassende Begeisterung. Und Dank an Adele Lutz, dass sie das Geheimnis ihrer Suppe gelüftet hat – so einfach und so schmackhaft. Danken möchte ich zudem Gideon Pine für seinen Beistand sowie Steven und Kimberley Rockefeller jr. für ihre Freundschaft, ihre Unterstützung des Buches und Hilfe beim Auffinden von richtigen Orten zum Fotografieren im Rockefeller State Park.

Zwei Menschen eröffneten mir ganz neue Perspektiven, was meine Ansichten zu Stress und seinen Folgewirkungen angeht: Ich danke Rabbi Joseph Teluskin und Rabbi Simon Jacobson für ihre großzügige Hilfe in dieser Hinsicht.

Ina Yalof ist eine großartige Autorin, die mir eine großartige Freundin geworden ist. Ihr Geschick schimmert auf jeder Seite dieses Buches durch.

Hinter jedem schriftstellerischen Projekt steckt viel redaktionelle Unterstützung. Dieses Buch bildete da keine Ausnahme. Meinen Lektoren und sonstigen Unterstützern bei Random House Gina Centrello, Marnie Cochran, Tom Perry, Sanyu Dillon, Avideh Bashirrad, Stacey Witcraft, Matthew Schwartz, Andrea Sheehan, Ken Wohlrob, Sally Marvin und allen anderen – vielen Dank. Es war ein Vergnügen, von Ihnen allen angeleitet und begleitet zu werden. Besonderer Dank an Paul Bogaards, Sheila O'Shea und Will Murphy.

InkWell Management war eine weitere sprudelnde Quelle der Unterstützung. Ich danke euch, Michael Carlisle, Kim Witherspoon, Elisa Petrini, Rose Marie Morse, Alexis Hurley, Peter, Ethan, Nathaniel, Charlie, Julie, Rosemarie, Jennie und Libby (die jetzt Jura studiert) für eure Hilfe, euren Humor und Optimismus. Masie Cochran danke ich für das Rezept des tollen Kirschtees ihrer Mutter – das war ein wunderbares Geschenk von euch beiden, und ich bin dankbar für eure Großzügigkeit.

Das letzte Dankeschön spare ich auf für meinen Agenten Richard Pine, einen enorm scharfsinnigen, humorvollen und geduldigen Menschen, den ich auch einen geschätzten Freund nennen darf. Danke für die zahlreichen freimütigen und nachdenklichen, mit Humor gewürzten Gespräche. Ich freue mich auf weitere Bücher und Gespräche.

Anmerkungen

Einführung

1 Gallegos, Demetria: »Americans Spend More Time With Computer Than Spouse.« *The Denver Post* online, 24. Januar 2007. http://www.denverpost.com/search/ci_5075438

Kapitel 1

1 McEwen, B. S.: »Protective and Damaging Effects of Stress Mediators.« *New England Journal of Medicine* 338 (1998) S. 171–179.
2 Adler, N. et al.: »Relationship of Subjective and Objective Social Status With Psychological and Physiological Functioning: Preliminary Data in Healthy White Women.« *Health Psychology* 6 (2000) S. 586–592.
3 dies.: »Socioeconomic Status And Health: The Challenge of the Gradient«, *American Psychologist* 49 (1994) S. 15–24.
4 Rosman, Katherine: »Blackberry Orphans.« *Wall Street Journal*, 8. Dezember 2006.
5 Studie vorgetragen von Charles Nemeroff auf der 161. Jahresversammlung der American Psychiatric Association. Wie abgedruckt in *Neuro-Psychiatry Review* 9, Nr. 6 (2008).
6 Bower B.: »Well-Groomed Rodents Stay Cool, Calm: Individual Rat Response To Stress Influenced By Mother's Style Of Nurturing.« *Science News*, 13. September 1997.
7 Shansky, R. M. et al.: »Estrogen Mediates Sex Differences in Stress-Induced Prefrontal Cortex Dysfunction.« *Molecular Psychiatry* 9, Nr. 5 (2004) S. 531–538.
8 Sadeh, Avi: Vortrag vor der Konferenz der Association of Sleep Societies, Juni 2001. Wie abgedruckt auf der Website Franklin Institute Resources for Science and Learning. http://www.fi.edu/learn/brain/sleep.html
9 Vgontzas, A. et al.: »Middle-Aged Men Show Higher Sensitivity of Sleep

to the Arousing Effects of Corticotropin-Releasing Hormone Than Young Men: Clinical Implications.« *The Journal of Clinical Endocrinology & Metabolism* 86, Nr. 4 (2001) S. 1489–1495.

10 dies.: »Chronic Insomnia Is Associated with Nyctohemeral Activation of the Hypothalamic-Pituitary-Adrenal Axis: Clinical Implications.« Ebd., S. 3787–3794.

11 Coren, S.: »Sleep Deprivation, Psychosis, and Mental Efficiency.« *Psychiatric Times*, Bd. 15, Nr. 3 (März 1998) www.psychiatrictimes.com.

12 Spiegel, K. et al.: »Impact of Sleep Debt on Metabolic and Endocrine Function.« *Lancet* 354, Nr. 9188, S. 1435–1439.

13 Anwar, Yamin: »Sleep Loss Likened To Psychiatric Disorders.« Wie abgedruckt auf der Website UC Berkeley News. http://berkeley.edu/news/media/releases/2007/10/22_sleeploss.shtml

14 Epel E. et al.: »Accelerated Telomere Shortening In Response To Life Stress.« *Proceedings of the National Academy of Sciences* 101, Nr. 49, S. 17312–17315.

Kapitel 3

1 Kienle, G. S. und Kiene, H.: »The Powerful Placebo Effect: Fact or Fiction?« *Journal of Clinical Epidemiology* 50, Nr. 12, S. 1311–1318.

2 Die Kirtan-Kriya-Studie 2003 war ein gemeinsames Forschungsprojekt der Alzheimer's Research and Prevention Foundation und der der University of California in Irvine angegliederten Amen Clinic in Newport Beach, Kalifornien. Weitere Information auf: http://www.alzheimersprevention.org/research.htm.

3 Field, T. et al.: »Lavender Bath Oil Reduces Stress And Crying And Enhances Sleep In Very Young Infants.« *Early Human Development* 84, Nr. 6, S. 399–401.

4 MacLean, C.R.K. et al.: »Effects of transcendental meditation program on adaptive mechanisms: Changes in hormone levels and responses to stress after four months of practice.« *Psychoneuroendocrinology* Bd. 22, Nr. 4 (1997) S. 277–295.

5 Jin, P.: »Efficacy of Tai Chi, brisk walking, meditation, and reading in reducing mental and emotional stress.« *Journal of Psychosomatic Research* 36, Nr. 4 (1992) S. 361–369.

6 Von der Website des Pacific College of Oriental Medicine: »Einer NIH-Umfrage von 2002 zufolge haben sich etwa 8,2 Millionen Amerikaner mit Akupunktur behandeln lassen, und 2,1 Millionen haben sich im vorangegangenen Jahr akupunktieren lassen.« www.pacificcollege.edu/prospective/profession.html

7 Field, T. et al.: »Massage Therapy Reduces Anxiety and Enhances EEG

Pattern of Alertness and Math Computations.« *International Journal of Neuroscience* 86 (1996) S. 197–205.

Kapitel 4

1. Umfrage der American Psychological Association 2007 *Stress in America.*
2. Gotthardt, Melissa: »The Miracle Diet.« *AARP Magazine,* Januar/Februar 2008.
3. Vinson, J. A., Proch, J. und Bose, P.: »MegaNatural® Gold Grapeseed Extract: In Vitro Antioxidant and In Vitro Human Supplement Studies.« *Journal of Medicinal Food* Bd. 4 (2001) S. 17–26.
4. Diese Studie wurde in Auftrag gegeben vom Food and Mood Project. Die Information stammt von www.foodandmood.org. Sie wurde auf die Website von Mind übertragen, als das Food and Mood Project im Januar 2009 beendet wurde. Die neue Adresse lautet: http://www.mind.org.uk/foodandmood
5. Alpert, J. E. und Fava, M.: »Nutrition and depression: The Role of Folate.« *Nutrition Review* Bd. 55, Nr. 5 (1997) S. 145–149.

Kapitel 5

1. Wahbeh, H. et al.: »Binaural Beat Technology in Humans: A Pilot Study to Assess Psychologic and Physiologic Effects.« *Journal of Alternative and Complementary Medicine* 13, Nr. 1 (2007) S. 25–32.
2. Whang, W. et al.: »Physical Exertion, Exercise, and Sudden Cardiac Death in Women.« *Journal of the American Medical Association* 295 (2006) S. 1399–1403.
3. Web, Tim: »Double Calories Burned With Five Minutes Of Exercise!« Auf der Website Medical Health Reports (2005) http://www.medhealthreports.com/General/Fitness/Double-Calories-Burned-With-Five-Minutes-Of-Exercise!.html

Kapitel 6

1. Tiger, Lionel: *Optimism: The Biology of Hope.* Cary, North Carolina (Kodansha America Inc.) 1995.
2. Shenk, Joshua Wolf: »What Makes Us Happy?« *The Atlantic,* Juni 2009.

3 Danner, D. D. et al.: »Positive Emotions In Early Life And Longevity: Findings From The Nun Study.« *Journal of Personality and Social Psychology* 80, Nr. 5 (2001) S. 804–813.

4 Poon, L. W. et al.: »Individual Similarities and Differences of the Oldest-Old in the Georgia Centenarian Study.« *The Gerontologist* 29, Nr. 43 (1989).

5 Frederickson, Barbara: *Positivity.* New York (Crown) 2009.

6 Wade, Nicholas: *The Science Times Book of Language and Linguistics.* Guilford, Connecticut (Globe Pequot) 2000, S. 175.

7 »University Of Maryland School Of Medicine Study Shows Laughter Helps Blood Vessels Function Better.« Die Ergebnisse der am Medical Center der University of Maryland durchgeführten Studie wurden auf der Wissenschaftskonferenz des American College of Cardiology am 7. März 2005 in Orlando, Florida, vorgestellt. http://www.umm.edu/news/releases/laughter2.htm

8 Lyubomirsky, Sonja: *Glücklich sein: warum Sie es in der Hand haben, zufrieden zu leben.* Frankfurt (Campus) 2008.

9 Emmons, Roger: *Vom Glück, dankbar zu sein.* Frankfurt (Campus) 2008.

10 Reivich, Karen und Shatte, Andrew: *The Resilience Factor: 7 Keys to Finding Your Inner Strength and Overcoming Life's Hurdles.* New York (Broadway) 2003.

Kapitel 7

1 Smith-Lovin, L. und McPherson, M.: »Social Isolation in America: Changes in Core Discussion Networks Over Two Decades.« *American Sociological Review* 71, Nr. 3 (Juni 2006).

2 Rubens, Jim: *OverSuccess: Healing The American Obsession With Wealth, Fame, Power, and Perfection.* Austin, Texas (Greenleaf Book Group) 2008.

3 Haralson, Rob: »Hi There. I'm the Internet. I Like Romantic Dinners, Long Walks on the Beach and …« *Research Policy*, Online-Ausgabe 463 (Oktober 2007). Umfrage von 463 Communications und Zogby International. http://www.463.blogs.com/the_463/2007/10/hi-there-im-the.html

4 Hawkley, L. et al.: »Loneliness is a Unique Predictor of Age-Related Differences in Systolic Blood Pressure.« *Psychology and Aging* Bd. 21 (März 2006) S. 152–164.

5 Pressman, S. et al.: »Loneliness, Social Network Size, and Immune Response to Influenza Vaccination in College Freshmen.« *Health Psychology* 24, Nr. 3 (2006) S. 297–306.

6 Cohen, Sheldon und Lemay, Edward, P.: »Why Would Social Networks Be Linked to Affect and Health Practices?« *Health Psychology* Bd. 26, Nr. 4 (2007), S. 410–417.

7 Crowley, Chris und Lodge, Henry: »How Friendships Keep You Healthy.« *The Daily Star*, Januar/Februar 2007. http://www.thedailystar. net/magazine/2007/01/02/ls.htm

8 Bloom, Howard: »Isolation, The Ultimate Poison.« In: *The Lucifer Principle: A Scientific Expedition Into the Forces of History*. New York (Atlantic Monthly Press) 1997.

9 Jackson, T.: »Social Support and Health Practices Within Community Samples of American Women and Men.« *Journal of Psychology* 140, Nr. 3 (2006) S. 229–246.

10 Mitchinson, A. R. et al.: »Social Connectedness and Patient Recovery After Major Operations.« *Journal of the American College of Surgeons* 206, Nr. 2 (2008) S. 292–300.

11 LeBlanc, Gabrielle: »Five Things Happy Women Do.« *O: The Oprah Magazine*, März 2008.

Kapitel 8

1 McCullough, M. E. et al.: »Religious Involvement and Mortality: A Meta-Analytic Review.« *Health Psychology* Bd. 19, Nr. 3 (2000) S. 211–222.

2 »Religious Involvement Linked to Good Health.« Studie des National Institute for Health. Im Online-Journal *Life Positive*. http://www.lifepositive.com/mind/psychology/stress/mental-health.asp

3 Krause, N.: »Gratitude Toward God, Stress, and Health in Late Life.« *Research on Aging*, 28, Nr. 2 (2006) S. 163–183.

4 Wiseman, Rosalind: *Queen Bees and Wannabes: Helping Your Daughter Survive Cliques, Gossip, Boyfriends, and Other Realities of Adolescence*. New York (Three Rivers Press) 2003.

5 Dostojewskij, Fjodor M.: *Die Brüder Karamasow*. Zürich (Manesse) 1964, S. 495.

6 Luks, Allan: *The Healing Power of Doing Good: The Health and Spiritual Benefits of Helping Others*. New York (iUniverse.com) 2001.

7 Borysenko, Joan: *Minding The Body, Mending The Mind*. Boston (Addison-Wesley) 1987, S. 176.

8 Custer, Dan: *The Miracle Of Mind Power*. Englewood Cliffs, New Jersey (Prentice Hall) 1960.

9 Fernandez, Alvaro: »Meditation on the Brain: A Conversation with Andrew Newberg.« Auf der Website Sharp Brains: The Brain Fitness Authority, 4. Dezember 2008. http://www.sharpbrains.com/

blog/2008/12/04/meditation-on-the-brain-a-conversation-with-an-drew-newberg/

10 Benson, Herbert und Klipper, Miriam Z.: *Gesund im Stress: eine Anleitung zur Entspannungsreaktion.* Berlin/Frankfurt (Ullstein) 1978.
11 Koenig, Harold, McCullogh, Michael E., Larson, David B.: *Handbook of Religion and Health: A Century of Research Reviewed.* New York (Oxford University Press) 2001.

Schlussgedanken – Leben in Gelassenheit

1 Pine, Arthur: *When One Door Closes, Another Door Opens: Turning Your Setbacks into Comebacks.* New York (Delacorte Press) 1993.

Anhang

1 Child, Julia: *From Julia Child's Kitchen.* New York (Gramercy) 1999.
2 Katzen, Mollie: *The Moosewood Cookbook.* Berkeley (Ten Speed Press) 1992.

Register